丛书主编／袁祖社

观念会通与理论创新 丛书

肖士英 著

前提批判的内在逻辑及其多维展开

中国社会科学出版社

图书在版编目(CIP)数据

前提批判的内在逻辑及其多维展开 / 肖士英著. —北京：中国社会科学出版社，2019.12
　ISBN 978-7-5203-5346-5

Ⅰ.①前… Ⅱ.①肖… Ⅲ.①马克思主义—政治哲学—研究　Ⅳ.①A811.64

中国版本图书馆 CIP 数据核字（2019）第 230532 号

出 版 人	赵剑英
责任编辑	朱华彬
责任校对	张爱华
责任印制	张雪娇
出　　版	中国社会科学出版社
社　　址	北京鼓楼西大街甲 158 号
邮　　编	100720
网　　址	http://www.csspw.cn
发 行 部	010-84083685
门 市 部	010-84029450
经　　销	新华书店及其他书店
印刷装订	北京君升印刷有限公司
版　　次	2019 年 12 月第 1 版
印　　次	2019 年 12 月第 1 次印刷
开　　本	710×1000　1/16
印　　张	19.75
插　　页	2
字　　数	304 千字
定　　价	118.00 元

凡购买中国社会科学出版社图书，如有质量问题请与本社营销中心联系调换
电话：010-84083683
版权所有　侵权必究

"观念会通与理论创新丛书"编委会

主　编　袁祖社

副主编　许　宁　石碧球

编委会　刘学智　林乐昌　丁为祥　寇东亮
　　　　　宋宽锋　戴　晖　庄振华

总　　序

　　哲学发展史的历程表明，任何最为抽象的哲学观念、哲学理论的提出，在归根结底的意义上，都有其深厚的人类生存与生活的根基，都是对于某种现实问题的回应、诠释和批判性反思。马克思指出："任何真正的哲学，都是自己时代的精神上的精华，……哲学不仅在内部通过自己的内容，而且在外部通过自己的表现，同自己时代的现实世界接触并相互作用。……各种外部表现证明，哲学正在获得这样的意义，哲学正变成文化的活的灵魂。"① 马克思的上述论断深刻地表明，任何一个富有时代气息和旺盛的生命力哲学，都担负着时代赋予它的使命，都必须回答时代提出的最根本问题，都必须密切关注、思考和回答现实中提出的重大问题。

　　置身"百年未有之大变局"，当此人类文明转型的新的历史时期，当代世界正在发生广泛而深刻的变革，当今中国也正在经历更为全面、更为深层次的社会转型。面对愈益复杂的历史变迁格局，如何运用哲学思维把握和引领这个大变革、大转型时代，是重要的时代课题。

　　本套丛书的选题，从论域来看，涵盖了中国哲学、西方哲学、马克思主义哲学、伦理学、科技哲学等多个学科。本套丛书的作者，均是陕西师范大学哲学系一线教学科研人员，多年来专心致力于相关理论的研究，具有深厚的哲学理论素养和扎实的学术功底。

　　本套丛书的鲜明特点，概括起来，主要有以下四个方面：

　　1. 倡导中西马的辩证融通与对话。丛书编辑的主题思想，在于倡导

---

① ［德］马克思：《〈科隆日报〉第179号的社论（1842年）》，载《马克思恩格斯全集》第1卷，人民出版社1995年版，第220页。

中国哲学、西方哲学、马克思主义哲学在哲学观上的会通。随着经济全球化，哲学在精神领域从过去的各守门户、独持己见而开始走向融通、对话与和解。不容否认，中国传统哲学、西方哲学、马克思主义哲学在理解世界、认识人类发展命运上都独具自己的认识和思考。中国传统哲学、西方哲学和马克思主义哲学是横向层面的哲学形态，它们之间不是简单的相加和并列关系，而是一种"互补互用"的互动关系。中国传统哲学的整体性思维，对理解世界与科学的复杂现象提供了具有中国文化精神特质的历史思维渊源；西方哲学则从个体性、多样性，多角度地阐释科学人本内涵的复杂性和深刻性；马克思主义哲学基于"全部社会生活在本质上是实践的"的科学论断，以"问题在于改变世界"的姿态，深入而全面地阐述了人及其实践与世界关系的理论，努力推动哲学由传统向现代形态的转变。随着中国现代化步伐的加快，中国哲学界的主体意识的觉醒，迫切需要通过中西哲学的对话，以及现代与传统中国思想之间的融通，找到一条适合当代中国哲学未来发展的路径，探寻哲学创新的突破口。

2. 返本与开新并重基础上的创新努力。在研究方法上，本套丛书的作者们严格遵循"立本经"、求"本义"宗旨，力戒空疏的抽象诠释，务求"实事求是"的学风和求真、求实的治学精神，从而在新的时代和语义环境中实现返本开新意义上的当代哲学创新。创新是一个艰深的理论难题，其目的在于以新理念、新视角、新范式、新理解、新体会或新解释等形式出现的对时代精神的高度提炼和精准把握。无疑，思想、时代与社会现实是内在地统一在一起的。换言之，只有切入时代的思想，从问题意识、问答逻辑、问题表征和问题域等方面展开对问题范式内涵的分析，才能真正把握社会现实的真谛。同时，也只有反映社会现实的思想，才能真正切入时代。"问题范式"内含于"哲学范式"中之中，以问题导向展现研究者的致思路径，通过对时代问题的总结归纳，实现从不同视角表达哲学范式及范式转换的主旨。本套丛书分属不同的哲学研究领域，涉及不同的思想主题，但其共同的特点在于，所有的作者要么是基于对于特定问题研究中一种约定俗成的观念的质疑，要么是致力于核心理念、研究范式的纠偏和，要么强调思维逻辑的变革与创新。

3. 敏锐的问题意识与强烈的现实关切情怀境界中的使命担当。对哲学和现实关系问题的不同回答，实质上是不同时期的哲学家各自立场和世界观的真实反映。基于现实问题的基础理论探讨，本套丛书着眼于现实问题的多维度哲学反思，致力于文明转型新时期人类生存与生活现实的深刻的哲学理论思考与精到诠释，力求在慎思明辨中国实现以问题为导向的对"具体"现实问题的理论自觉。中西哲学史的演进史表明，一种具有深刻创见的哲学理论和观念的出场，都是通过回答时代提出的问题，客观地正视现实、理解现实、推动现实，务求真正把哲学创新落到实处。在这方面，马克思主义经典作家堪称典范。马克思所实现的哲学观变革，所确立的新的哲学观，是对社会现实进行无情批判的"批判哲学"，变革了以往哲学的思维范式，提升了人类哲学思维的境界，开辟了关注现实个体之生活世界的"生活哲学"；关注现实人的生存境遇与发展命运的"人的哲学"；改变现存世界的"实践哲学"；不断修正和完善自己理论的与时俱进的哲学；善于自我批判和自我超越的开放哲学。

4. "辨章学术，考镜源流"的治学规范与学术理性坚守。"辨章学术，考镜源流"出自《校雠通义序》："校雠之义，盖自刘向父子部次条别，将以辨章学术，考镜源流。非深明于道术精微、群言得失之故者，不足语此。"在中西文化交流中，梁启超有感于"中体西用论"和"西学中源论"的争辩，用于变革传统的"学术"概念，梁启超指出："吾国向以学术二字相连属为一名辞（《礼记》乡饮酒义云：'古之学术道者。'《庄子·天下篇》云：'天下之治方术者多矣'。又云：'古之所谓道术者，果恶乎在？'凡此所谓术者即学也。惟《汉书·霞光传》赞称光不学无术，学与术对举始此。近世泰西学问大盛，学者始将学与术之分野，厘然画出，各勤厥职以前民用。试语其概要，则学也者，观察事物而发明其真理者也；术也者，取所发明之真理而致诸用者也。例如以石投水则沉，投以木则浮，观察此事实，以证明水之有浮力，此物理也。应用此真理以驾驶船舶，则航海术也。"① 论及"学"与"术"之间的关系，梁启超指出："学者术之体，术者学之用，二者如辅车相依而不可离。学

---

① 《梁启超全集》第四册，北京出版社 1999 版，第 2351 页。

而不足以应用于术者,无益之学也;术而不以科学上之真理为基础者,欺世误人之术也。"① 梁启超既不赞同一味考据帖括学,皓首穷经,而不能为治世所用的做法,同时也反对那种离学论术,模仿照抄他人经验的学舌之术。

袁祖社　谨识

2019 年 12 月

---

① 《梁启超全集》第四册,北京出版社 1999 版,第 2351 页。

目 录

第一编　马克思哲学内在逻辑的反思

第一章　马克思历史决定论"决定"语义解析 …………………… 3
第二章　历史唯物主义：何种改造世界的哲学
　　　　——基于对理论与实践关系反思的诠释 ………………… 24
第三章　马克思关于生产关系变革完整根据思想解蔽 ………… 46
第四章　生产关系对生产力反向决定的内容、性质与机理解析 ……… 64
第五章　理论与实践地位关系"高低说"证伪及其地位
　　　　本然关系阐发 ……………………………………………… 101

第二编　前提批判视域中的意识形态

第六章　马克思恩格斯"意识形态"概念的多义性及其实践意蕴 … 131
第七章　"分析"合法性的知识意识形态阻障及其规避途径 ……… 153
第八章　意识形态与乌托邦对立关系的构成、历史演替及其
　　　　意蕴探析 …………………………………………………… 168
第九章　历史唯物主义问题意识中的意识形态认同合法形态解蔽 … 182

第三编　科学批判确当性的哲学反思

第十章　由非前提性批判走向前提性批判：科学规范批判
　　　　合法形态解析 ……………………………………………… 201
第十一章　科学观：由优位论走向内位论 …………………… 215
第十二章　马克思知识论对知识社会学空间的扩展与品位的提升 … 236

第四编 伦理实践的唯物史观透视

第十三章 道德冷漠感与制度性道德关怀 …………… 255
第十四章 走出困境的抉择：协调性道德的转换与提升 ………… 267
第十五章 人本与物本的融通
　　　　——资源节约型社会的合法形态 …………… 281
第十六章 道德他律合理性的确证与道德建设路径的创新 ………… 294

后　记 ………………………………………………… 308

第一编

马克思哲学内在逻辑的反思

第一章　马克思历史决定论"决定"语义解析

　　学界对马克思历史决定论真理性的评判，呈现出否定和肯定两种对立观点。否定的观点或认为历史运动"不能归结为经济规律，也不能用任何一种经济原因来解释"[①]，或断定"历史假说向来不是全称命题，而只是关于每个个别事件或一些这样事件的单称命题"[②]，从而坚称"历史决定论是一种拙劣的方法"[③]，或指责"马克思的唯物辩证法，与其纯经济的历史观，一切皆属命定必然，个人的地位也全抹杀了"[④]。肯定论者或认为"马克思主义的决定论成分不在于认为社会存在和社会意识发生关系这一概念，而在于认为社会意识包括个人意识的特定内容及其对于革命的主观潜能这个简单化的概念"[⑤]，从而肯定马克思历史决定论包容人的能动地位；或通过所谓功能解释理论，来确证生产力对生产关系、经济基础对上层建筑的首要地位[⑥]，以论证经济规律及其对社会形态归结底的决定作用的实在性，从而为马克思历史决定论辩护。显然，对消解关于马克思历史决定论真理性问题这种聚讼难平的局面而言，问题的

[①] [德] 马克斯·韦伯：《新教伦理与资本主义精神》，于晓、陈维纲译，生活·读书·新知三联书店1987年版，第138页。
[②] [英] 卡尔·波普：《历史决定论的贫困》，杜汝楫等译，华夏出版社1987年版，第85页。
[③] [英] 卡尔·波普：《历史决定论的贫困》，序，杜汝楫等译，华夏出版社1987年版，第1页。
[④] 钱穆：《中国思想通俗讲话》，生活·读书·新知三联书店2002年版，第18页。
[⑤] [美] 赫伯特·马尔库塞等：《现代美学析疑》，绿原译，文化艺术出版社1987年版，第5页。
[⑥] [英] G. A. 科亨：《卡尔·马克思的历史理论——一个辩护》，岳长龄译，重庆出版社1989年版，第162页。

关键并不在于如何对上述不同观点作出合理性评判，而在于弄清如此歧见形成的根源何在。而弄清该根源的关键，则在于弄清作为马克思历史决定论全部内容根本支撑点的"决定"这一核心概念的本然含义。再者，马克思历史决定论作为公认的一元决定论，分别肯定了"经济的前提和条件"与"上层建筑的各种因素"，都起一定"决定"①作用。其对"决定"概念的使用如此不同，逻辑上是否融贯自洽？若是融贯自洽的，那么这种融贯自洽是何以得到保障的？若非融贯自洽的，这对马克思历史决定论意味着什么？可见，"决定"涵义的状况，也直接关乎马克思历史决定论内在融贯性状况，进而直接关乎在"历史过程中的决定性因素归根到底是现实生活的生产和再生产"②前提下，人能动性究竟如何使这一人们惯常的困惑得到消解。这表明，诠释该语境中"决定"的涵义，就成为准确理解和有效评判马克思历史决定论真理性状况的基础性工作。然而，该工作在学界迄今尚处于缺场状态。鉴于此，本文对其进行尝试性诠释，以期推动该问题得到有效解决。

一 "决定"涵义的思想史考察

"决定"并非当代才生成的概念，而是一个具有久远历史、又被久远历史赋予丰富动态涵义的概念。因此，要弄清其基本涵义，就须深入考察其历史演化状况。庆幸的是，英国著名学者雷蒙·威廉斯已在其名著《关键词：文化与社会的词汇》中，对"决定"涵义历史演化作了要义如下的详尽考察：

雷蒙·威廉斯指出，"决定"英文为"Determine"。其"可追溯的最早词源是意为'设定界线'的拉丁文 terminare"③。显然，其"最早词源"形态的涵义，有两个基本义项：其一为约束或限制；其二为使动性约束限制，因此是一个主动或能动的过程。从这两个义项可看出，在其

---

① 《马克思恩格斯选集》第4卷，人民出版社1995年版，第695页。
② 同上书，第695—696页。
③ ［英］雷蒙·威廉斯：《关键词：文化与社会的词汇》，刘建基译，生活·读书·新知三联书店2005年版，第118页。

最早的词源处,"决定"不但已具有了"约束或限制"这一最基本、最一般的涵义,且"约束或限制"具有人为使动或施动的色彩。

威廉斯进而指出:"当 determine 被用作'设定一个过程的范围,并进一步去终结这个过程'时,它便有'完全的结束'之意……在提到一个过程的范围(limit)与结束(end)的时候,determine 这个词及其衍生出来的词常常被使用,意指问题或争议已经由权威人士'裁决'(determined)。Determine 的这个用法以及其在法律上的用法,广义的来说与 decide(决定)同义。这里的 determine 的意涵与 settle 等同,意指通过观察、估算及其结论来'确定'……determine 在这些用法之中,所隐含'最后的决定、安排以及定夺'的特点,本来就内在于一个'过程'之中。"① 可看出,该处在前述解释的基础上,把"决定"的涵义不但解释为由权威力量施与的"约束或限制",而且指出这种"约束或限制"是一种"终结性完全性完成性的约束或限定"。这就使得"决定"呈现为一种由权威力量根本支配的过程、状态和结果。

威廉斯接着解释:"Determine""一个已经被'决定'的过程——可以由它可预知的最后结果回过头来说明"这一意涵"主要是源自于神学的概念:上帝可以决定(have determined)人一生的境遇……Determination 这个词'被决定而无法改变的事情'的意涵主要就是从这里开始,不过这层意涵自始至终都无法涵盖 determinate 的所有意涵。当人们不断争论 determinate 的意涵到底是'决定过程的条件',还是'由可预知的最后结果所决定的过程'时,determinate 的意义变得相当令人困惑。"② 该解释不但说明"决定"具有"被最高权威力量支配而无法改变"的涵义,而且使人们在确定其进一步意涵时,面对在两种可能的意涵中择定其涵义所遭遇的困惑。其实,不难看出,如此困惑,只不过是人们把上述两种可能的意涵僵硬对立起来,人为导致的诠解困境而已。这显示了人们对其涵义认识的曲折性,也显示了其涵义的复杂性、多环节性和整体性。

---

① [英]雷蒙·威廉斯:《关键词:文化与社会的词汇》,刘建基译,生活·读书·新知三联书店2005年版,第118—119页。
② 同上书,第119—120页。

威廉斯继而指出:"19世纪'决定论'(determinism)出现"。"决定论""最广泛的用法是指那些可以决定'事件过程'的'先决条件'以及一般的'外部条件'。'外部'通常指在'那些参与过程的人其意志与欲望'所能掌握之外;'决定性的条件'仍然是内在于'过程'本身。"① "在物理学的例子里,'决定论'意指'可以完全由已知的原因来预测事件'的狭义意涵变成一种传统,以至于当人们在观察那些'本质上不可预测的事件'或'仅仅是可能发生的事件'时,便又产生了'决定论'的相反词——'非决定论';20世纪以来,'非决定论'就像早期'决定论'一样,被草率地应用到其他领域之中。从这个时期开始,'决定论'不只具有'不可避免的因素'的意涵,也具有'基本的外在因素'的意涵"②。该解释的要义在于:其一,"决定论"中的"决定"指事件先决条件或外在条件。其二,作为"外在条件"外在于人意志的掌控,如此"决定"是客观性的。其三,事件或过程的根本支配性的条件,内在于其本身。其四,物理学意义上的决定论与非决定论,分别指称关于事物是否具有因果必然联系以及是否具有由此决定的可预测性的理论。其五,20世纪以后,"非决定论"和"决定论"涵义,仅仅在物理学意义上被理解,从而把其涵义草率而狭隘地误解了。这就是说,其上述诸涵义被遮蔽了。而这种误解和遮蔽,在一定程度上构成了今天人们对"决定""决定论""非决定论"涵义的理解陷入歧见的诱因。其六,"决定"不但仍具有"约束或限定"这一最一般的涵义,而且这种"约束或限定"呈现为客观的因果关系作用的过程。

整合威廉斯上述考察,可看出,他所勾勒出的"决定"涵义上述演化历程显示,"决定"不但具有"约束或限定"这一最基本、最一般的涵义,而且其这种作为"约束或限定"的涵义的演化,呈现出彰显客观性约束限定的取向,和彰显主观性约束限定的取向这样两种取向的演化路径。前一路径的意涵,主要与"limit(限定)和end(结果)"相关,

---

① [英]雷蒙·威廉斯:《关键词:文化与社会的词汇》,刘建基译,生活·读书·新知三联书店2005年版,第120—121页。
② 同上书,第121页。

也与"'外部因素'(external cause)"相关,从而使"决定"涵义的演化,运行在彰显客观性取向的约束的路径中。后一路径的意涵,则与上述"limit(限定)和 end(结果)"无关,也与"'外部因素'(external cause)"无关,"但却特别与'意志的行为'(acts of will)有关,例如说:我'决定'(determined)去做这件事。"这一涵义与"resolve(决定)与 resolution(决心)的词义演化有关。"具体来说,"自从 16 世纪初期,determine 与 determined 通常用于'自己下定决心'这方面的意涵"①。可见,"决定"意涵的演化,也存在着彰显主观性取向的约束这一演化路径。

威廉斯对上述思想史的分析,既然揭示了"决定"呈现为客观力量的约束限定和主观力量的约束限定双重意涵,既是客观法则效力的体现,也是人主观意志效力的体现,那就意味着其这一理论发现,为决定论是涵盖客观性决定力量和主观性决定力量的理论,提供了思想史根据,也为消解必然决定论与意志自由论的对立,提供了文献史依据,从而表明必然决定论和意志自由论,都是决定论的不同形式。

当然,"决定"这两层面的含义,终究不过是事物间限制与被限制、约束与被约束、引起与被引起的关系。对此,有论者指出:"'决定'(determine)一词来源于拉丁语,意指对事件加以限制。我们所说的'决定论'就是指一个情境中存在着各种限制因素,使某些抉择成为不可能,或者必然导致某种后果。"②"决定总是取决于正在受到限制"或"给可能具有的抉择加上了限制。"③ 还有论者主张:"决定论:一件事情引起另一件事情。"④ 由于"决定论"作为一种理论,不是"一件事情引起另一件事情"的过程,而只能是主张事物间关系呈现为"一件事情引起另一件事情的过程"这样的关系的理论,故该论者实际定义的就并非"决定

---

① [英]雷蒙·威廉斯:《关键词:文化与社会的词汇》,刘建基译,生活·读书·新知三联书店 2005 年版,第 123 页。
② [美]里奇拉克:《发现自由意志与个人责任》,许苏民等译,贵州人民出版社 1994 年版,第 28 页。
③ 同上书,第 8 页。
④ [英]克里斯·霍奈尔等:《哲学是什么》,夏国军等译,中国人民大学出版社 2014 年版,第 4 页。

论"，而是"决定"的涵义。两论者对"决定"如此定义，与威廉斯上述定义在本质上显然是相通的。

二 马克思历史决定论语境中"决定"的基本涵义

前述对思想史的考察显示，"决定"概念经过漫长的历史演化，形成了既有着多样性又有着内在相对统一性的丰富涵义。就其多样性而言，它既呈现为主观性能动性力量作用的过程及其结果，又呈现为客观性力量作用的过程及其结果；既呈现为一般性的限制，又呈现为支配性的规定；既意味着能动的使动过程，又意味着从属和统一于不可改变的客观秩序的过程；既意味着内在的施动，又意味着外在的强制。而其涵义的相对统一性，则呈现为其上述丰富的涵义，尽管有着这样那样的差异，但既是事物之间约束与被约束、限制与被限制、引起与被引起的过程这一一般性、基本性涵义的不同表现形式，也是或主观性力量或客观性力量或主客观相互作用的力量间的限制与被限制、约束与被约束、引起与被引起的过程的不同表现形式。语言的社会性和历史性，决定了马克思历史决定论中的"决定"概念，当然也只能在社会历史演化过程所逐渐形成的"决定"概念的上述一般涵义中，获得其具体规定性。这就使得马克思历史决定论所使用的"决定"概念，可能具有由漫长的历史过程赋予的前述丰富的多样性的涵义，同时又难免不具有由漫长的历史过程赋予其的一定的内在统一性。这意味着马克思历史决定论中"决定"概念可能的涵义，不可能是主观任意的，只能呈现为漫长的历史过程凝聚积淀而成的一般"决定"概念，所可能具有的那些涵义。当然，在此前提下，马克思历史决定论中"决定"概念实际具有的涵义，是由该决定论使用"决定"概念的实际情形决定的。从漫长的历史过程凝聚积淀而成的"决定"概念前述涵义，和马克思历史决定论目前可见的使用该概念的文献的实际情形这二者相结合的角度来看，马克思历史决定论中的"决定"概念的涵义，主要呈现为如下不同的具体规定性：

（一）"决定"即历史中某一前件对其他后件的规定和制约。马克思指出:"人们用以生产自己的生活资料的方式,首先取决于他们已有的和需要再生产的生活资料本身的特性。"① 该论述揭示的"人们"选择的"用以生产自己的生活资料的方式"的属性,"取决于他们已有的和需要再生产的生活资料本身的特性"这一事实表明,马克思历史决定论中"决定"的涵义,呈现为一种社会力量对另一种社会力量属性的一般性限定。而该涵义的实质,即一事物对另一事物的限定这一"决定"的前述最一般、最抽象的涵义。

(二)"决定"即社会要素间的相互作用。马克思指出:"一定的生产决定一定的消费、分配、交换和这些不同要素相互间的一定关系。当然,生产就其单方面形式来说也决定于其他要素……最后,消费的需要决定着生产。不同要素之间存在着相互作用。每一个有机整体都是这样。"② 该论述肯定了不同社会要素相互都决定着对方,而一种要素对其他要素的决定,并不排斥和否定其他要素相向决定的可能性。这样,所谓"决定",其本质即"不同要素之间存在着相互作用"。

(三)"决定"呈现为不同对偶性涵义。马克思不同论述中散含着"决定"的诸多对偶涵义。但该对偶涵义的对偶方并非同时出现在同一语境,而是分别出现在不同论述中,是一种间接的对偶涵义。

其一,"决定"呈现出前件对后件施予终极基础性的限定,和前件对后件施予非终极基础性的约束限定这样的对偶性涵义。其中,上对偶方的涵义体现在如下论述中:"全部人类历史的第一个前提无疑是有生命的个人的存在。"③ 该论述尽管未直接用"决定"概念,但由于前提是事物得以存在的限定条件,因而"决定"前述的基本涵义就是限定约束。故马克思该命题无非是说个人的存在是"决定"全部人类历史的第一个条件。而"有生命的个人存在"又依赖于"物质生活的生产"④,这就是说,"物质生活的生产"这一前件支撑限定也是"决定""全部人类历史"这一后件生成存在的可能性。任何事物都依赖其前提和基础而存在,

---

① 《马克思恩格斯文集》第 1 卷,人民出版社 2009 年版,第 519 页。
② 《马克思恩格斯文集》第 8 卷,人民出版社 2009 年版,第 23 页。
③ 《马克思恩格斯文集》第 1 卷,人民出版社 2009 年版,第 519 页。
④ 同上。

前提批判的内在逻辑及其多维展开

既然"物质生活的生产""决定""全部人类历史"存在的可能性，那就意味着该论述中"决定"的涵义即前件对后件施予前提性基础性约束限定的过程与状态。该论述还显示，这种约束限定构成了"全部人类历史的第一个前提"，故此处"决定"的涵义即前件作为终极前提性基础性力量，对后件存在可能性的支配限定。此处"决定"的这一涵义，得到了如下论述的印证："每一历史时代主要的经济生产方式和交换方式以及必然由此产生的社会结构，是该时代政治的和精神的历史所赖以确立的基础，并且只有从这一基础出发，这一历史才能得到说明。"①下对偶方的涵义体现在如下论述中："经济状况是基础，但是对历史斗争的进程发生影响并且在许多情况下主要是决定着这一斗争的形式的，还有上层建筑的各种因素……其中经济的前提和条件归根到底是决定性的。但是政治等等的前提和条件，甚至那些萦回于人们头脑中的传统，也起着一定的作用，虽然不是决定性的作用。"② 这就是说，"上层建筑的各种因素"这种本来依赖和从属于社会存在的力量，以其特定形式约束限定社会形态。可见，该语境中"决定"的涵义，也呈现为依赖和从属于终极性基础前提的次生性继起性社会要素，对社会历史的约束限定。这就是说，"决定"呈现为前件对后件施予非终极基础性约束限定的过程与状态。由于基础性限定与非基础性限定性质正相反对，这表明，该语境中"决定"的上述两种涵义，呈对偶性关系。

其二，"决定"呈现为前件对后件绝对主导性约束限定，与前件对后件相对主导性约束限定这样的对偶性涵义。其中，上对偶方的涵义体现在如下论述中："经济关系不管受到其他关系……多大影响，归根到底还是具有决定意义的，它构成一条贯串始终的、唯一有助于理解的红线。"③"在一切社会形式中都有一种一定的生产决定其他一切生产的地位和影响，因而它的关系也决定其他一切关系的地位和影响。这是一种普照的光，它掩盖了一切其他色彩，改变着它们的特点，这是一种特殊的以太，

---

① ［德］马克思、［德］恩格斯：《共产党宣言》，人民出版社1995年版，第12页。
② 《马克思恩格斯选集》第4卷，人民出版社1995年版，第695页。
③ 同上书，第723页。

第一章 马克思历史决定论"决定"语义解析

它决定着它里面暴露出来的一切存在的比重。"① 既然"决定"指"经济必然性"作为"一条贯串始终的、唯一有助于理解的红线",那就表明,此"决定"是前件对后件绝对主导性的约束限定的过程与状态。下对偶方的涵义,呈现为马克思在肯定生产方式对历史具有前述绝对主导性约束限定效能的前提下,又认为历史还受其他非主导性要素约束限定。他指出:"在将来某个特定的时候应该做些什么,应该马上做些什么,这当然完全取决于人们将不得不在其中活动的那个特定的历史环境。"② 这意味着特定条件下的历史运动,并非直接由生产方式主导,而是由特定要素主导约束的。但这种主导约束又是以生产方式对历史前述绝对主导性约束为前提的,从而就呈现为相对主导性约束。如此意义的"决定",意味着直接当下性地约束限定特定条件下的历史过程及其现实状况的变量,是不确定的,从而历史过程面对的直接当下性的挑战及其应对方式,也就是不确定的。因此,作为如此约束的"决定",其涵义是前件对后件特定条件下相对主导性的约束限定。显然,前件对后件绝对主导性约束限定,与前件对后件相对主导性约束限定的性质正相反对,这表明在该语境中,"决定"上述前后两种涵义,具有对偶性关系。

其三,"决定"呈现为作为客观规律的前件支配后件的过程,与作为价值变量的前件对后件实施特定价值化的过程这样的对偶性涵义。其中,上对偶方涵义的例证如:"各民族之间的相互关系取决于每一个民族的生产力、分工和内部交往的发展程度。这个原理是公认的。然而不仅一个民族与其他民族的关系,而且这个民族本身的整个内部结构也取决于自己的生产以及自己内部和外部的交往的发展程度。"③ "生产力、分工和内部交往"作为生产方式对"各民族之间的相互关系"的这种决定既然是公认的原理,那就意味着这种决定具有普遍有效性,从而这种决定关系就呈现为一种客观规律。"这种种细致的分工的相互关系取决于农业劳动、工业劳动和商业劳动的经营方式(父权制、奴隶制、等级、阶级)

---

① 《马克思恩格斯选集》第 2 卷,人民出版社 1995 年版,第 24 页。
② 《马克思恩格斯选集》第 4 卷,人民出版社 1995 年版,第 643 页。
③ 《马克思恩格斯文集》第 1 卷,人民出版社 2009 年版,第 520 页。

决定的。在交往比较发达的条件下，同样的情况也会在各民族间的相互关系中出现。"①该论述强调"同样的关系也会在各民族间的相互关系中出现"，那就表明，"农业劳动、工业劳动和商业劳动的经营方式"对"这种种细致的分工的相互关系"的决定关系，也是普遍有效的客观规律。可见，该语境中，"决定"具有作为客观规律的前件支配后件的涵义。下对偶方的涵义体现在如下论述中："经济状况是基础，但是对历史斗争的进程发生影响并且在许多情况下主要是决定着这一斗争的形式的，还有上层建筑的各种因素"；"其中经济的前提和条件归根到底是决定性的。但是政治等等的前提和条件，甚至那些萦回于人们头脑中的传统，也起着一定的作用，虽然不是决定性的作用"②。"上层建筑"及"人们头脑中的传统"功能，主要在于规定社会的价值秩序。其如此功能是"经济状况""经济的前提和条件"不具备的。这意味着所谓"决定"即作为价值变量的前件，是作为社会形态的后件赋予特定价值属性的过程与状态。规律的客观必然性和价值的主观诉求性，既然意味着二者性质相反方向相对立，而该语境中"决定"上述两种涵义既然分别具有前述规律约束取向和价值约束取向，那就表明，该两种涵义呈现对偶性。

其四，"决定"呈现为确定性、普遍性、必然性约束，与不确定性、特殊性、偶然性约束的对偶性涵义。其中，上对偶方涵义的例证如："人们所达到的生产力的总和决定着社会状况，因而，始终必须把'人类的历史'同工业和交换的历史联系起来研究和探讨。"③可见，所谓"决定"即生产力对社会状况普遍必然确定的约束限定。正是基于对如此意义的"决定"关系的肯定，马克思才相应地指出："无论哪一个社会形态，在它所能容纳的全部生产力发挥出来以前，是决不会灭亡的；而新的更高的生产关系，在它的物质存在条件在旧社会的胎胞里成熟以前，是决不会出现的。"④显然，如此"决定"的实质，是一事物对另一事物确定必然普遍的约束限定。下对偶方的涵义的例证，如马克思指出："如

---

① 《马克思恩格斯文集》第1卷，人民出版社2009年版，第520页。
② 《马克思恩格斯选集》第4卷，人民出版社1995年版，第701页。
③ [德]马克思、[德]恩格斯：《德意志意识形态》，人民出版社2003年版，第24页。
④ 《马克思恩格斯选集》第2卷，人民出版社1995年版，第32页。

果'偶然性'不起任何作用的话,那末世界历史就会带有非常神秘的性质。这些偶然性本身纳入总的发展过程中,并且为其他偶然性所补偿。但是,发展的加速和延缓在很大程度上是取决于这些'偶然性'的。"① 该语境中,"发展的加速和延缓在很大程度上是取决于这些'偶然性'的"命题,正是"决定"作为偶然性、不确定性、特殊性力量对事物约束限定的体现。由于普遍性、必然性、确定性力量对事物的约束限定,和特殊性、偶然性、不确定性力量对事物的约束限定,显然性质相反,可见,该语境中,"决定"上述两种涵义具有对偶性。

"决定"的对偶性涵义未必局限于上述类型,但这已足以表明,该语境赋予"决定"某种涵义,并不否定和排斥其他涵义,也表明"决定"不同涵义并非孤立的,而是相互关联、相互呼应的。

(四)"决定"即物质必然性对个人生存可能性的限定,与个人能动活动生成和承载物质必然性这二者相向作用的一体性过程。马克思指出:"人们用以生产自己的生活资料的方式,首先取决于他们已有的和需要再生产的生活资料本身的特性。这种生产方式不应当只从它是个人肉体存在的再生产这方面加以考察。更确切地说,它是这些个人的一定的活动方式,是他们表现自己生命的一定方式、他们的一定的生活方式。个人怎样表现自己的生命,他们自己就是怎样。因此,他们是什么样的,这同他们的生产是一致的——既和他们生产什么一致,又和他们怎样生产一致。因而,个人是什么样的,这取决于他们进行生产的物质条件。"② 他还指出:"以一定的方式进行生产活动的一定的个人,发生一定的社会关系和政治关系。……社会结构和国家总是从一定的个人的生活过程中产生的。……这些个人是从事活动的,进行物质生产的,因而是在一定的物质的、不受他们任意支配的界限、前提和条件下活动着的。"③ 此论述中,个人是怎样的既然取决于生产方式这种物质必然性,那就表明此处所谓"决定"即物质必然性存在对个人生存可能性的限定。此论述虽

---

① 《马克思恩格斯全集》第33卷,人民出版社1973年版,第210页。
② 《马克思恩格斯文集》第1卷,人民出版社2009年版,第520页。
③ 同上书,第523—524页。

然判定这些个人"是在一定的物质的、不受他们任意支配的界限、前提和条件下活动着的",毕竟"这些个人是从事活动的,进行物质生产的",没有个人的活动就不可能有作为"这些个人的一定的活动方式"的生产方式这种物质力量。这表明,个人能动活动生成和承载生产方式这种贯穿着客观必然性的物质力量。可见,该论述也在判定个人能动活动,约束限定支撑着生产方式这种物质力量。承前可知,约束限定是"决定"最基本的涵义,该论述也潜在、间接地判定,"决定"即个人能动活动孕育生成和支撑着作为客观必然性存在形式的生产方式生成存在可能性的过程。由于该论述判定个人通过物质生活的生产活动孕育生成支撑生产方式,而生产方式也在限定个人这种活动的"界限、前提和条件",可见,该论述判定这两种约束限定共处于个人生产物质生活的活动中。这就使得此所谓"决定",即物质必然性限定个人生存可能性,与个人活动生成和承载物质必然性这两种相向作用的一体性过程。

(五)"决定"呈现为必然因果性的约束限定和自由因果性的约束限定的综合作用。马克思指出,"经济状况是基础,但是对历史斗争的进程发生影响并且在许多情况下主要是决定着这一斗争的形式的,还有上层建筑的各种因素";"其中经济的前提和条件归根到底是决定性的。但是政治等等的前提和条件,甚至那些萦回于人们头脑中的传统,也起着一定的作用,虽然不是决定性的作用"①。显然,经济状况对历史斗争的决定是通过经济必然性实现的。这意味着"决定"呈现为必然因果性的约束限定;而上层建筑作为"决定着这一斗争的形式"的另一种力量,则是自由意志的体现,从而其所体现的"决定"就呈现为自由因果性的约束限定。由于该处论述判定这两种性质的力量共同限定历史斗争,这就使得此处所谓"决定",呈现为必然因果性的约束限定和自由因果性的约束限定的综合作用过程。

(六)"决定"即一社会变量孕育生成另一社会变量的过程与状态。马克思指出:"'思想'一旦离开'利益',就一定会使自己出丑。"② 之

---

① 《马克思恩格斯选集》第4卷,人民出版社1995年版,第701页。
② 《马克思恩格斯文集》第1卷,人民出版社2009年版,第286页。

所以如此,其根源在于思想是以物质生活为母体生成的。所以,"不是人们的意识决定人们的存在,相反,是人们的社会存在决定人们的意识"①。"意识并非一开始就是'纯粹的'意识。'精神'从一开始就很倒霉,受到物质的'纠缠',……意识一开始就是社会的产物,而且只要人们存在着,它就仍然是这种产物。"② 可见,所谓社会存在决定社会意识,即前者孕育生成后者。这意味着所谓"决定"即某社会力量作为源泉,孕育生成另一社会力量的过程与状态。

由漫长的历史过程凝聚积淀而成的"决定"概念前述涵义,和马克思历史决定论目前可见的使用该概念的文献的实际情形,这二者共同限定的"决定"概念,在马克思历史决定论中所呈现出的上述多层面涵义,相互之间尽管存在这样那样的差异,从不同角度彰显着该决定论中"决定"涵义的复杂性深邃性,且该概念在该决定论中的涵义是丰富多样的,但这些不同涵义,本质上都是前文所揭示的由社会历史过程积淀凝聚而成的"决定"的约束与被约束、限定与被限定、引起与被引起的不同的具体表现形式而已,且这种作为约束与被约束、限定与被限定、引起与被引起的过程,也都不过是或主观性力量或客观性力量或主客观相互作用的力量间的限制与被限制、约束与被约束、引起与被引起的过程的不同表现形式,它们相互之间因此具有内在的统一性。

三 马克思历史决定论语境中"决定"涵义的基本特征

如前所述,马克思历史决定论语境中的"决定"概念具有既丰富多样又内在统一的涵义。这种既相互区别又相互统一的关系,既使它们相互限定相互约束,又使它们互为背景互为参照,从而使它们结合在一起,共同构成该概念整体涵义的基本内容。由于事物的特征是由其内容、性质及内在联系决定的,事物有怎样的内容、性质及内在联系,它就客观

---

① 《马克思恩格斯选集》第2卷,人民出版社1995年版,第32页。
② 《马克思恩格斯文集》第1卷,人民出版社2009年版,第533页。

地具有怎样的特征，所以，与马克思历史决定论语境中"决定"概念所具有的上述内容、性质和内在联系的涵义相对应，该概念的涵义，也就相应地具有如下基本特征：

其一，对偶互文特征。"决定"既具有前件对后件终极基础性前提性约束限定的涵义，也具有前件对后件施予非终极基础性非终极前提性约束限定的涵义；既具有作为客观必然性的前件，支配后件、把其纳入特定客观必然性框架中的涵义，也具有作为价值诉求的前件对后件实施特定价值化、赋予其特定价值属性的涵义；既具有前件对后件施予客观性限定约束的涵义，也具有前件对后件施予主观性限定约束的涵义；既具有前件对后件施予绝对主导性限定和约束的涵义，也具有前件对后件施予相对主导性限定约束的涵义。显然，"决定"的上述涵义，不但具有显著的成对出现的特征，而且每一成对出现的涵义的双方，不但在逻辑上只有对应于其对方的涵义，才是能够成立的，进而也只有对应于对方涵义、与对方涵义相结合，才可能获得其完整性彻底性全面性。这表明，"决定"前述涵义，不仅具有对偶性，而且对偶双方的涵义，具有相互蕴涵、互相渗透、相互指涉、相互呼应、互相补充、相互诠释的内在性逻辑关联，从而呈现出"互文"的特征。所谓互文，作为一种训诂学理论，其核心理念为"互文见义""互文相足""互文相备""参互成文，合而见义"，就是"两个相对独立的语言结构单位，互相呼应，彼此渗透，相互牵连而表达一个完整的内容"①。因此，并不能孤立封闭地理解对偶双方各自的涵义，只有把对偶双方涵义作为一个相互关联的有机体，才能透彻完整地理解其本然涵义。二者间这种关系，决定了在马克思历史决定论中，"决定"的某种具有成对出现这一特征的涵义，虽然在某一具体论述中未直接成对出现，但其中某一方在某一具体论述中的出现，在逻辑上潜涵着对应的另一方的存在和潜在的出现，双方涵义也始终处于统一体关系中：其自身涵义依赖对方涵义而得以成立，也依赖于对方涵义的结合，从而获得其自身涵义的完整性。

其二，非等差的层级性与平面性相交融的特征。前述分析既然显示，

---

① 戚雨村、董达武、许以理等编：《语言学百科辞典》，上海辞书出版社1993年版，第39页。

"决定"在该语境中有基础性决定与继起性决定、绝对主导性决定与相对主导性、必然因果性决定与自由因果性决定、物质基础性决定与价值秩序性决定等不同性质。这些成对的不同性质的"决定"的共同特征出现的原因在于：每一对"决定"的前一方都作为前提限定着后一方，而后一方则不但不能归结为前一方，而且还在约束、限定着前一方。可见，它们并非处于同一层级。这就使得"决定"涵义具有层级性特征。该特征决定了此语境中的"决定"，并非单一类型、单一层级决定力量孤立实施决定的过程，而是不同的成对存在的异层级决定力量的集群，在相互作用中共同决定历史进程的有机性总体性过程。恩格斯关于历史发展动力的合力论，即该特征的精确概括。因此，任何把该语境中的决定力量仅理解为某种单一决定力量、从而把马克思历史决定论归结为某种单一变量决定论的观点，都是关于决定力量构成思想、进而关于马克思历史决定论本身的根本误解和歪曲。这意味着不能把该语境中"决定"的某一层面涵义，误作其全部涵义或唯一涵义，也不能用一个层面的含义，替代或者遮蔽其他层面的含义。不过，该语境中"决定"涵义的这种层次性，并非只是不同决定力量间一般层次性差异，而是以物质生活的生产方式为终极基础性决定力量前提下、基础上的层次差异性，其他不同层级的决定，都依赖和建基于这种终极基础性决定。这意味着该语境中的"决定"尽管呈现为不同层级，但这种层级并不是一种均衡的等差层级，而是非均衡、非等差的层级。再者，无论"决定"的上述不同层级有着怎样的性质差异，由于如前所述，马克思历史决定论毕竟也在约束与被约束、引起与被引起意义上使用"决定"概念，从而前述不同层级的"决定"，本质上都体现为社会形态中一种力量引起和规定另一种力量的过程和状态，而在这种意义上的"决定"中，决定方与被决定方的地位没有差异，它们相互间又有着内在的统一性和共同本质，决定了它们处于同一地位层面上。这决定了该语境中的"决定"，呈现为处于同一地位的不同决定力量间的约束与被约束、引起与被引起关系，相应地，也就决定了该语境中的"决定"具有平面性特征，即"决定"呈现为约束力强度和地位无差别的不同决定项，在同一层面相互约束、相互规定的过程与状态。可见，"决定"并不总是纵向的、居高临下的。上述分析显示，该语境中"决定"既呈现为不同力度不同地位不同层级的要素间支配与被支配过程，也呈现为同一力度和地位的不同要素间相互约束、相互规定的过程，那就表明，该语境中的"决定"具有非等差的层级性与平面性相交融的特征。

其三，主客观双重约束相互作用进而共同塑造历史的动态升华特征。该特征体现在马克思历史决定论如下论述中："经济状况是基础，但是对历史斗争的进程发生影响并且在许多情况下主要是决定着这一斗争的形式的，还有上层建筑的各种因素……其中经济的前提和条件归根到底是决定性的。但是政治等等的前提和条件，甚至那些萦回于人们头脑中的传统，也起着一定的作用，虽然不是决定性的作用。"① 该论述中，"经济状况是基础""经济的前提和条件归根到底是决定性的"这两个命题，揭示了作为前件的客观必然性对作为后件的历史过程的约束限定；而"决定着这一斗争的形式的，还有上层建筑的各种因素""政治等等的前提和条件，甚至那些萦回于人们头脑中的传统，也起着一定的作用"这两个命题，则揭示的是作为前件的主观性变量对历史的约束限定。"决定"的这两种不同涵义并非相互孤立的，而是在前述对偶性互文性关系中，作为一个相互作用、相互渗透的有机整体而存在的：作为前件对后件主观价值性约束意义上的"决定"，既服从前件对后件客观规律性约束意义上的"决定"，但又通过创造条件来运用这种意义上的"决定"，使其为特定价值目的服务。这表明，该语境中的"决定"，既是客观变量决定历史的过程，又是主观变量决定历史的过程，且这双重"决定"相互作用，从而作为一个整体，而共同决定历史。这就使得该语境中的"决定"，既具有双重决定相向决定的特征，又具有双重决定共同作用从而综合决定第三方的特征，其结果使"决定"具有由简单到复杂、由初级到高级动态提升演进的特征。这意味着"决定"不是一次性的作用过程，而是一种逐级展开的历史升华过程。

其四，涵义的多样性与统一性相贯通的特征。"决定"前述不同层级涵义，体现了多样性和丰富性。但无论其涵义有着怎样的层级差异性和

---

① 《马克思恩格斯选集》第4卷，人民出版社1995年版，第701页。

多样性，它们本质上都是前述前件约束限定后件、前件引起后件这一基本涵义的不同表现形式。这决定了该语境中"决定"涵义既具有多样性，又具有统一性，呈现出多样性与统一性相贯通的特征。该基本特征，既意味着该语境中"决定"涵义具有一般性、普遍性、彻底性和完整性，而非仅在局部层面，从而避免了片面性、狭隘性缺陷；也意味着"决定"不同层级的涵义，都有其特定属性，不能相互替代、相互归结，因此不能把其不同涵义相混同。

其五，不同涵义的连贯性总体性特征。"决定"涵义尽管呈现出前述不同层级，但不同层级并非相互隔绝，而是相互贯通的有机整体。具体来看，前述前件对后件终极基础性约束限定意义上的"决定"，构成了其他一切涵义的基础，赋予了其他一切涵义生成绽现的根本可能性，其他一切涵义的"决定"都依赖于该涵义的"决定"，都是该涵义的"决定"的继起、延伸、转换和间接存在形态。就此而言，"决定"不同层级的涵义就直接、间接地相互贯通为有机整体。

从马克思历史决定论语境中"决定"涵义的上述特征来看，它们尽管互有差异，从而尽管分别呈现出了该涵义不同层面、不同向度的多样性特征，但它们相互之间显然又有着这样一个基本的共同点，即它们都共同地表明，该语境中"决定"概念的涵义，不是某种单一的"孤义"，而是不同层面、不同向度的涵义，通过既相互限定、相互约束、相互独立，又相互映衬、相互背书、相互兼容关系，构成涵义群或涵义系统。

四 结语

马克思历史决定论语境中"决定"概念上述涵义得以绽现的意义，并不主要在于这种绽现能够满足人们还原事物本来面目这种颇类原教旨取向的精神洁癖的要求，而主要在于它势必会产生多向度的深刻理论效应，从而使一些长期模糊不清的理论问题走向澄明获得了必要的理论条件，也使得人们有效反思长期以来对马克思历史决定论的理论诠释和科学性评价的得失获得了新的着眼点。这一切，势必有助于马克思历史决定论内在科学性的充分释放。

其一，贯穿于马克思历史决定论中的"决定"涵义具有多质性，"决定"形式具有多样性。在马克思历史决定论看来，历史就是由如此多内涵、多形式、多向度的"决定"共同"决定"的。就此而言，马克思历史决定论就是一种多质多向度的综合决定论。但诸种"决定"的地位并非处于同一层级，其中"物质生活的生产方式"这种决定力量，对其他各种形式的"决定"乃至全部人类历史的一切内容和过程，都始终居于终极性前提、基础和根据的地位，其他各种形式的"决定"都依赖和从属于它。这决定了马克思历史决定论就是一种一元多层决定论。由于马克思历史决定论中的"决定"具有相互约束、相互限定的涵义，因而不存在一种力量只约束限定其他约束限定项，而不为其他约束限定项所约束限定的问题，以至于各种约束限定项都在一定程度上相互内在于其他约束限定项中，失去了相互脱节隔绝的可能，所以，这就决定了马克思历史决定论呈现为一种有机决定论。把上述各重属性整合在一起，马克思历史决定论的完整属性，就势必呈现为一元多质多层多向度的有机综合决定论。

其二，事物的前提、基础和根据，虽赋予事物得以存在的可能性，但不能把事物完全封闭于其支配之下，不能赋予事物全部规定性，不能使事物的存在失去其独立性、开放性，也并不能排除和否定其他力量约束限定事物的可能性。如前述，在马克思历史决定论中，"物质生活的生产"对历史的"决定"作用，是其对整个人类活动具有的终极性前提、基础和根据地位。其对历史如此性质如此涵义的"决定"，意味着其在支配着历史存在的可能性的同时，并不能剥夺历史的不同领域、不同层面存在的相对独立性、开放性和存在内容的多样性，从而使历史的内容及其运动还能具有由其他力量所施予的不同的可能属性。也就是说，前述终极基础和前提尽管生成和支撑着人类历史，提供并限定着历史存在的可能性，但并不取代和完全同化它，更不能使它回归和还原。否则，这种终极基础和前提就成为柏拉图主义者所张扬的共相，而不再具有前提和基础的性质。因此，其对历史如此性质如此内容的"决定"，不但不排斥和否定历史的其他构成环节，对历史施予其他性质、其他向度、其他层面的"决定"，反而能够以与历史其他构成环节，对历史其他意义上的"决定"作用,相互结合、相互补充、相互贯通的形式共同塑造历史。这样,对马克思历史决定论而言,其内部各种不同"决定"命题间不仅具有融贯性,而且前述马克斯·韦伯那种认为它把历史运动"归结为经济规律"的观点、卡尔·波普前述那种认为它错误地用"全称命题"而未用"单称命题"解释历史的观点、钱穆前述那种认为它仅主张"命定必然"从而"全抹杀了""个人的地位"的观点,因忽视了它主张的"物质生活的生产"对历史的前述终极性基础前提地位,及其与制约历史的其他变量间上述融贯关系,而不具有成立的根据,成为彻底的伪论。

其三,自从马克思历史决定论遭遇前述指责以来,学界为其合法性辩护的努力纷至沓来。不过,既有辩护都是在未对"决定"这一马克思历史决定论核心概念内涵做任何解析的情形下展开的。然而,一切辩护若不能基于对"决定"涵义深入具体的解析展开,就不能有效解决马克思历史决定论关于历史的不同"决定"命题间相互融贯问题,从而势必使由不同"决定"命题支撑的马克思历史决定论难以成立,进而也势必使得各种辩护本身,既因所辩护的不过是一种不具有内在融贯性历史决定论,也因不能有效解释不同"决定"命题间的融贯性问题,而最终使其呈现为无效的辩护。例如,"历史过程中的决定性因素归根到底是现实生活的生产和再生产",是马克思历史决定论一个基本的命题。为了回击那种把马克思历史决定论指责为"经济决定论"的观点,卢卡奇主张:"不是经济动机在历史解释中的首要地位,而是总体的观点,使马克思主义同资产阶级科学有决定性的区别。"① 卢卡奇用这种"总体性范畴"来解释马克思历史决定论,即便可以回击上述指责,却在马克思历史决定论主张前述基本命题的前提下,未能通过对该基本命题中"决定"涵义的具体解析,合乎逻辑地回答物质生产之外的因素何以能对历史过程发挥影响、从而"总体性"历史何以可能的问题,结果使这种辩护终归陷于无效。科亨用所谓"被解释项的特征由其对解释它的项的作用来决定"② 的

---

① [匈]卢卡奇:《历史与阶级意识》,杜章智等译,商务印书馆2009年版,第79页。
② [英] G. A. 科亨:《卡尔·马克思的历史理论——一个辩护》,岳长龄译,重庆出版社1989年版,第278页。

"功能解释"理论,既为生产力对生产关系、经济基础对上层建筑的首要地位辩护,又为生产关系对生产力、上层建筑对经济基础的能动地位辩护。但在马克思历史决定论主张前述基本命题的前提下,科亨也因未通过解释"决定"的具体涵义,对解释项的功能何以可能的问题给出合乎逻辑的回答,而使其消解"经济决定论"指责的努力陷于无效。国内学界通过把马克思历史决定论解释为"辩证的历史决定论"[①],来抗击关于其"机械决定论"指责的努力,也同样因未能通过解释"决定"的具体涵义,而合乎逻辑地回答在马克思历史决定论主张前述基本命题的前提下,"辩证的历史决定论"何以可能的问题,而陷于无效。可见,准确把握"决定"涵义,是关于马克思历史决定论合法性辩护得以有效的语义论基础。

其四,对马克思历史决定论而言,其"决定"涵义前述对偶互文特征,表明其并未赋予"决定"极端、片面的涵义。它在主张某种性质的变量约束历史的同时,并不意味着它否定和排斥性质相反的另一变量约束历史的可能性。因此,不能因为看到它主张某种性质的变量约束历史,就据此把它理解为任何片面的历史决定论。一切把它理解为某种片面的历史决定论的观点,都是因为未把握"决定"涵义前述对偶互文特征,而对它误读的结果。

其五,"决定"概念在马克思历史决定论中既然有多层面不同含义,那就不能把其中某一层面的具体含义误作"决定"的全部含义,不能用某一层面的含义替代或遮蔽其他层面的含义。当然,这诸多层面的含义无论有着怎样的差别,它们在本质上都体现为社会形态中一种力量约束和限定另一种力量、一种力量引起和规定另一种力量的过程和状态,从而又有着其内在的统一性和共同本质。

其六,"决定"涵义的复杂性、歧异性所导致对该语境中"决定"涵义本然形态的遮蔽,及由此导致的对马克思历史决定论的误解、歪曲,与其说是马克思历史决定论的悲剧,不如说是诠释者诠释态度的悲剧。

---

① 李明华:《马克思的历史决定论是辩证的决定论》,《上海社会科学院学术季刊》1991年第2期。

正是诠释者对该语境中"决定"涵义缺乏清晰透彻完整的分析、未揭示该语境中"决定"涵义的多样性、未揭示该语境中"决定"不同涵义的内在关联性、贯通性和整体性，使其对该语境中"决定"涵义的理解陷入片面、狭隘、破碎和分裂状态，进而导致了对马克思历史决定论断章取义性的根本误解。就此而言，对马克思历史决定论的诠释，映现着诠释者的诠释态度、诠释能力，在一定程度上是诠释者对诠释素养的自我诠释。

第二章　历史唯物主义：何种改造世界的哲学

——基于对理论与实践关系反思的诠释

一　问题的提出

马克思哲学内在的统一性，决定了其历史唯物主义与其主张改造世界的实践唯物主义是根本相通的，从而是一种改造世界的哲学。而若"马克思的哲学就是历史唯物主义，成熟时期的马克思没有提出过历史唯物主义以外的其他任何哲学理论"①。那马克思哲学就是以历史唯物主义作为其改造世界的哲学的具体形式的。有论者指出："马克思的哲学观开启了一个新的哲学时代，他的伟大的原创性远远地超出了自己时代的理解水平，即使在今天我们也不容易完整地把握这种哲学的新精神。"② 那么，马克思赋予历史唯物主义改造世界的哲学原创性意涵，究竟是怎样的？是否尚在今人既有理解视野之外？

目前，国内外学界关于该问题理解的代表性观点有：其一，作为理论外在参与性地改造世界的哲学。如卡尔·柯尔施认为，马克思哲学"是一种革命的哲学，它的任务是以一个特殊的领域——哲学——里的战斗来参加在社会的一切领域里进行的反对整个现存秩序的革命斗争"③。该观点把马克思哲学作为改造世界的哲学，认为其作为理论外在地"参

---

① 俞吾金：《传统重估与思想移位》，黑龙江大学出版社2007年版，第337页。
② 高清海：《马克思的哲学观变革及其当代意义》，《天津社会科学》2001年第5期。
③ ［德］卡尔·柯尔施：《马克思主义和哲学》，王南湜等译，重庆出版社1989年版，第37—38页。

加"对世界的改造,而并未将其理解为马克思哲学,直接作为实践来改造世界。其二,现实批判取向的改造世界的哲学。例如,认为马克思哲学"是从'现实的人及其历史发展'出发而展开'意识形态批判'",所以"才不再是'解释世界'的旧哲学,而只是'改变世界'的新哲学"。① 这种观点把马克思哲学作为改造世界的哲学,理解为它作为理论,着眼于现实"展开'意识形态批判'",从而遮蔽了它直接作为实践改造世界的可能性。其三,以思想为工具以改造世界为目的哲学。如认为:"一种哲学首先必须是'解释世界'的理论,然后才谈得上是'改造世界'的哲学。……前者为后者提供了'本体性'的前提和根据,后者是前者在行动和实践层面上的自然引申和体现。"② 该观点尽管把马克思哲学作为改造世界的哲学,理解为"行动和实践层面上"的过程的逻辑,但又认为"哲学的改变世界……所直接凭借的只能是思想的力量",因而难以自洽。

显然,既有不同研究都把历史唯物主义作为改造世界的哲学,理解为以不同方式统一于改造世界的理论形态的哲学。如此理解尽管有其合理性,但遮蔽了更主要的内容,把对问题的理解狭隘化了。而这种遮蔽的根源,就在于对问题的理解,是基于被扭曲了的理论与实践关系来进行的。鉴于此,笔者拟基于对理论与实践合法关系的反思,尝试性地揭示问题可能的完整答案。

二 关于"理论"与"实践"关系的思想演变史

亚里士多德关于人类活动区分为实践、创制与理论三个领域的思想,开启了关于理论与实践关系认识的先河。他认为,理论的对象是"出于必然而无条件存在的东西",特点是沉思,目的在于求知,是最高贵的活动。实践"以可变事物为对象",表现为伦理与政治行为,特点是行动,

---

① 孙正聿:《怎样理解马克思的哲学革命》,《吉林大学社会科学学报》2005年第3期。
② 贺来:《论马克思哲学研究中的两个教条及其超越》,《求是学刊》2004年第1期。

目的则在于求善。创制则主要指生产和技艺，是最低贱的活动。①

亚里士多德尽管率先规定了理论与实践的关系，但这种规定存在着严重缺陷：其一，把现实地改造世界的活动仅理解为伦理、政治活动，对实践的把握还是局部性、破碎性的。其二，把理论、制作和伦理政治活动等改造世界的活动的不同构成环节简单地并列起来，既把其关系看成是相互外在的，也未把其作为一个整体。这表明其对改造世界的活动的不同环节及其关系的整体的认识还是模糊的、朦胧的。其三，屈从于阶级意识、政治偏见和价值意识形态的限制，把改造世界活动的不同环节，看作价值地位有差别的等级系列。其四，未把理论视为改造世界的活动的映现和特殊存在形式，封堵了理论回归改造世界的活动（即今天意义上的实践）、作为其而存在的自觉性。其五，未把改造世界的活动各层面内容、仅把"出于必然而无条件存在的东西"确定为理论的对象，把理论活动简单化、狭隘化了。亚里士多德如上思想，长期误导着后人对理论与实践关系的认识，将其看成是二元性、外在性和并列性的。

到了近代，沃尔夫尽管率先秉承亚里士多德上述思想，把哲学划分为理论哲学（包括理智逻辑和形而上学）和实践哲学（包括自然法、道德学、国际法或政治学、经济学）②，但创制在其实践哲学中消失了，从而使两种哲学的区分失去了意义。其后康德认为，"理论哲学"探究的是"自然的可能性或必然性"，从而是"作为自然学说"而存在的；"实践哲学"探究的是"通过意志而成为可能（或必然）的东西"，从而是"作为道德学说"而存在的。在他看来，这二者是"完全独立"③的，从而也就是相互分离、外在的。由于他所谓的实践只是运用意志践履道德规范的活动，创制这种直接现实的改造世界的活动并不被其看作实践，可见，其实践观仍未超出亚里士多德的框架。弗·培根把哲学划分为观

---

① ［古希腊］亚里士多德：《尼各马可伦理学》，雷喜宁等译，中国会科学出版社1990年版，第117—118页。

② ［德］黑格尔：《哲学史讲演录》第4卷，贺麟、王太庆译，商务印书馆1995年版，第189页。

③ ［德］康德：《判断力批判》，邓晓芒译，人民出版社2002年版，第6页。

第二章 历史唯物主义：何种改造世界的哲学

察与致用的自然哲学，和研究人类个体与群体的哲学①，其中后者相当于其实践哲学。他并未明确把其要研究的行为界定为直接现实地改造世界的感性活动，从而也就未达到亚里士多德的思想高度。笛卡儿尽管把由形而上学、物理学、医学、力学、伦理学等组成的体系叫作"实践哲学"②，但只有其中的伦理学类似于属于亚里士多德的实践哲学。而直接现实地改造世界的感性活动，并未进入其实践哲学视野。

现当代哲学家中，伽达默尔所谓"实践哲学当然是一种'科学'，一种可传授的、具有普遍意义的知识"③，这尽管从一定意义上回到了亚里士多德，但却未像后者那样关注创制这种直接现实地改造世界的感性活动。哈贝马斯致力于实现实践观"从生产活动向交往行为的范式转换"④，从而把实践活动的意涵狭隘化了。他认为："留给哲学、并且也是它力所能及的任务，是解释性地联结专门知识和需要定向的日常实践。"⑤这就使得哲学成为在日常生活世界和各种文化间发挥媒介作用的解释者，且这种解释须运用以论证性话语形式，须守住理论思维的特色，从而就把哲学看作是外在于现实地改造世界的感性活动的理论性活动。可见，他在实践与理论关系问题上，仍未走出亚里士多德的思路。萨特认为："实践是通过内在化由客观向对象的过渡；计划作为对象向客观性的超越，在环境的客观条件和可能性场域的客观结构之间的展开，它在自身中代表了主观性和客观性这些活动的基本规定性的运动统一。于是，主观就表现为客观过程的一个必要契机。为了成为实践的真正条件，主宰人类关系的无知条件应该在特殊性中被体验。"⑥ 萨特既然从主观性与客观性的互动及其统一理解实践，从而使主观性与客观性都内在于实践中，这就逻辑地把理论看成是内在于、而不是与实践并列的东西，从而一定程度上超出了亚里士多德的实践观。但他毕竟未清晰、明确地论述这一

---

① 余丽嫦：《培根及其哲学》，人民出版社1997年版，第156—157页。
② 全增嘏：《西方哲学史》，上海人民出版社1983年版，第496—497页。
③ [德] 伽达默尔：《科学时代的理性》，薛华等译，国际文化出版公司，1988年版，第81页。
④ [德] 哈贝马斯：《现代性的哲学话语》，曹卫东译，译林出版社2004年版，第94页。
⑤ [德] 哈贝马斯：《后形而上学思想》，曹卫东、付德根译，译林出版社2001年版，第17页。
⑥ [法] 萨特：《辩证理性批判》，安徽文艺出版社1998年版，第81页。

点。汉娜·阿伦特在将人类"最基本的活动"划分为"劳动、工作和行动"① 的同时,认为"理论则是由各种各样的活动创造出来的"②,从而逻辑上势必判定理论内生于上述三种活动中,这一定程度上就异于亚里士多德的划分。不过,她毕竟未明确断定和论证理论内生、内在于上述活动中,所以,终未能真正超出亚里士多德关于理论与实践二分的思想框架。

经过对上述思想史的梳理显示,尽管亚里士多德关于理论与实践二分的思想,构成了延续至今的关于该问题主导性的思想框架,但这并不意味着该思想框架未在后人那里遭遇根本性颠覆。不过,这种颠覆仅发生在马克思那里。遗憾的是,马克思对理论与实践关系所做的异于亚里士多德范式的诠释,似仍处于被漠视中,以至于对历史唯物主义作为改造世界的哲学意涵的理解,仍笼罩在亚里士多德思想阴影之中。

三 马克思关于实践与理论关系的定位

马克思关于理论与实践本然关系所作的异于亚里士多德范式全新诠释,主要由如下内容构成:

其一,理论是实践内容的摹写和映现,是实践的理论态存在形式,实践决定着理论存在的根据、必要性和意义。在马克思看来,"我的一般意识不过是以现实的共同体、社会为活生生的形态的那个东西的理论的形态,但是在今天,一般意识是撇开了现实生活的抽象物,并且作为这样的抽象物是与现实生活相敌对的。因此,我的一般意识的活动本身也是我作为社会存在物的理论的存在。"③ 按照马克思对该论断的逻辑,理论就不具有独立性,本质上不过是实践的理论形态的存在形式。他还指出,"意识在任何时候都只能是被意识到了的存在,而人们的存在就是他们的现实生活过程。"④ 这就判定意识是被发现、揭示和领悟了的生活实

---

① [德] 阿伦特:《人的条件》,竺乾威等译,上海人民出版社1999年版,第1页。
② 同上书,第87页。
③ [德] 马克思:《1844年经济学—哲学手稿》,刘丕坤译,人民出版社1979年版,第76页。
④ 《马克思恩格斯文集》第1卷,人民出版社2009年版,第525页。

践过程，是被发现、领悟了的生活实践内容的某种摹写、映现，它没有"独立性的外观"，也"没有历史，没有发展"。它的存在和发展只能取决于和从动于实践的存在和发展。毕竟，"不是意识决定生活，而是生活决定意识"①。这决定了理论所表述和阐发的内容，只能作为实践活动而存在，进而理论只有并能绽现为实践活动，理论才是有意义的。

其二，理论是实践的内在环节。马克思断言："思想、观念、意识的生产""最初是直接与人们的物质活动，与人们的物质交往，与现实生活的语言交织在一起的。"这意味着作为"思想、观念、意识"的理论，与作为"人们的物质活动""人们的物质交往"和"现实生活的语言"的实践活动是不可分割的。而既然"人们是自己的观念、思想等等的生产者，但这里所说的人们是现实的、从事活动的人们，他们受自己的生产力和与之相适应的交往的一定发展——直到交往的最遥远的形态——所制约"②。那就意味着理论孕育、生成和展开于生产方式中人们的现实实践"活动"，并内在于其中，从而是其内在环节。马克思还指出，理论是"从对人类历史发展的考察中抽象出来的最一般的结果的概括"，"这些抽象本身离开了现实的历史"，"就没有任何价值"，它"绝不提供可以适用于各个历史时代的药方或公式"③。可见，理论的内容本来就内在于"人类历史发展"实践中，是"人类历史发展"实践中固有东西的理论态存在形式，其价值和生命活力像鱼只能存活于水中一样，不能离开人类实践活动。

其三，理论是实践的自我意识。马克思指出，"法律的、政治的、宗教的、艺术的或哲学的"等"意识形态的形式"归根结底不过是所"意识到"的"社会生产力和生产关系之间的现存"关系状况而已；"这个意识"不但不具有独立性，而且它还"必须从物质生活的矛盾中，从社会生产力和生产关系之间的现存冲突中去解释"④。诸"意识形态的形式"也好，"社会生产力和生产关系之间的现存冲突"也好，它们都是实践的

---

① 《马克思恩格斯文集》第 1 卷，人民出版社 2009 年版，第 526 页。
② 同上书，第 524 页。
③ 同上书，第 526 页。
④ 《马克思恩格斯选集》第 2 卷，人民出版社 1995 年版，第 32—33 页。

内在环节。因此，按照马克思的上述论述，诸"意识形态的形式"在本质上不过是"社会生产力和生产关系之间的现存"关系等实践内容的自我意识。马克思还把"各种观念、范畴"看作"适应自己的物质生产水平而生产出社会关系的人"自己"生产"出来的，是"社会关系的抽象的、观念的表现"。① 可见，"各种观念、范畴"等理论形态的东西，既是实践的内在环节，内生于实践中，也是实践内容的映现，从而是实践的自我意识。马克思又指出，人们的"观念""都是他们的现实关系和活动、他们的生产、他们的交往、他们的社会组织和政治组织有意识的表现，而不管这种表现是现实的还是虚幻的"②。"观念"既然是实践中的人关于他们的实践活动的"有意识的表现"，那当然就是实践活动的自我意识。这意味着意识既是实践内容的精神态存在形式，也与实践作为一个整体而存在着。

其四，理论对实践的内在性是历史的，但并不会消失。在马克思看来，理论尽管对实践具有如上所述的内在性，但这种内在性是历史的、具体的，特别是受社会分工约束的。在脑体分工之前，理论直接内在于实践之中："思想、观念、意识的生产最初是直接与人们的物质活动，与人们的物质交往，与现实生活的语言交织在一起的。人们的想象、思维、精神交往在这里还是人们物质行动的直接产物。"③ 从脑体分工出现起，"意识才能现实地想象：它是和现存实践的意识不同的某种东西；它不用想象某种现实的东西就能现实地想象某种东西。从这时候起，意识才能摆脱世界而去构造'纯粹的'理论、神学、哲学、道德等等"④。然而，理论基于分工对实践所获得这种形式上的相对独立，并不能也并未改变其生成、服从、归宿和统一于实践等对实践的内在性：毕竟，"意识在任何时候都只能是被意识到了的存在，而人们的存在就是他们的现实生活过程"⑤。可见，在马克思看来，分工所导致的理论对实践的相对独立，

---

① 《马克思恩格斯选集》第 4 卷，人民出版社 1995 年版，第 539 页。
② 《马克思恩格斯文集》第 1 卷，人民出版社 2009 年版，第 524 页。
③ 同上书，第 523 页。
④ 同上书，第 534 页。
⑤ 同上书，第 524 页。

只是理论对实践内在性形态的历史演变，并未改变理论对实践的内在性的存在本身。然而，理论对实践的内在性具体形态随着分工的出现所发生的这种历史演变，受人认识能力的局限性、阶级地位及与此相关联的意识形态等主客观因素的约束、特别是蒙蔽，人们总误以为在脑体分工前提下出现的理论以专业化生产为具体形式的对实践的相对独立性，意味着意识对实践获得了真正的独立，从而成为与实践外在并立的自足力量了。这种误解滥觞于亚里士多德，却一直延续于除马克思之外的迄今为止人们的思想之中。

其五，实践的目的是通过改造世界而实现人的解放。马克思主张，"对实践的唯物主义者即共产主义者来说，全部问题都在于使现存世界革命化，实际地反对并改变现存的事物"①，以实现人的解放。而"这个解放的头脑是哲学，它的心脏是无产阶级"②。这就把哲学理论根本价值目标定位为人的解放。可见，在马克思那里，理论与实践的关系，是统一于人的解放这一根本价值诉求中的关系。

马克思关于理论与实践关系的上述论述，断定理论内生于实践，是实践的映现和观念性存在形式，并作为实践的自我意识调控着实践，与实践其他环节共同构成了实践，从而作为实践而存在着。这就实现了肇始于亚里士多德的关于理论与实践二元性外在并列关系的范式，向理论作为实践有机环节而内在于实践中的范式的转换，把握历史唯物主义作为改造世界的哲学本然内涵，提供了有效的运思框架。

四　马克思关于理论与实践关系视域中的历史唯物主义作为改造世界的哲学的意涵

（一）历史唯物主义作为改造世界的哲学意涵的两个层面

马克思对于理论与实践关系诠释的内在逻辑，决定了历史唯物主义作为改造世界的哲学，既是一种智慧地追求人的解放的实践活动，又是

---

① 《马克思恩格斯文集》第 1 卷，人民出版社 2009 年版，第 527 页。
② 《马克思恩格斯选集》第 1 卷，人民出版社 1972 年，第 15 页。

一种发现、揭示和映现这种特定实践活动的内在法则,及其所决定的该实践活动合法形态的理论。该理论是这种特定实践活动内生性、内在性和反思性的自我意识。它内在地支撑和引导着这种特定实践活动。具体来看,历史唯物主义作为改造世界的哲学,其基本意涵如下:

其一,作为改造世界活动中内生性的解释世界的哲学。

首先,历史唯物主义是实践地改造世界的历史活动的内生性自我意识,以实践内在规定性为根本取向。马克思指出:"这种历史观和唯心主义历史观不同,它不是在每个时代中寻找某种范畴,而是始终站在现实历史的基础上,不是从观念出发来解释实践,而是从物质实践出发来解释各种观念的形态。"① 马克思既然突出强调唯物主义历史观"从物质实践出发来解释观念的形成",那就意味着这种历史观并不否定"观念"对"物质实践"的解释效能。只不过强调"观念"的这种解释归根结底是对"物质实践"内容的映现和意识。由于这种历史观强调"始终站在现实历史的基础上",且"从物质实践出发来解释观念的形成",那就意味着"观念"内生于"物质实践"和"现实历史"。"观念"既是"物质实践"内容的映现和意识,又内生于"物质实践"之中,那就意味着"观念"归根结底不过是"物质实践"内生性的自我意识。按此逻辑,那就决定了历史唯物主义是实践地改造世界的历史活动的内生性自我意识。

其次,历史唯物主义理论内在于实践中,是实践的内在构成环节。马克思指出:"凡是把理论引向神秘主义的神秘东西,都能在人的实践中以及对这种实践的理解中得到合理的解决。"② 从该论断内在逻辑来看,理论的"神秘主义"缺陷及其根源,要"能在人的实践中以及对这个实践的理解中得到合理的解决",前提条件就在于理论必须内生、内在于实践中,作为实践的一个内在构成环节而存在着。否则,实践没有任何理由对外生、外在于其自身的理论的合法性状况作出评判。这毕竟超出了人能力的限度,因为,实践本质上不过是人在实践而已。

再次,历史唯物主义是实践合法形态反思性的理论发现、揭示和映

---

① 《马克思恩格斯文集》第1卷,人民出版社2009年版,第544页。
② 同上书,第501页。

现。马克思主张超越"从前的一切唯物主义""只是从客体或者直观的形式去理解""事物，现实，感性""的主要缺点"、从而转向从"人的感性活动"、从"实践"、从"能动的方面"来"理解""事物，现实，感性"。① 这表明在马克思看来，对感性生活的理解，存在着合法与否及是否揭示了感性生活合法形态的问题。历史唯物主义要与"从前的一切唯物主义"区别开来，合法地揭示感性生活，进而有效地把握感性生活合法形态。而要做到这一点，就需要基于实践，来反思实践的合法形态。这意味着历史唯物主义是实践合法形态反思性的理论发现、揭示和映现。

最后，历史唯物主义理论是实践内在精神性支撑和导引系统。马克思关于"哲学家们只是用不同的方式解释世界，问题在于改变世界"② 的论述的内在逻辑，要求和召唤着解释世界所形成的理论向改造世界的实践活动转化，消解了亚里士多德赋予理论的自足性，特别是以自我为目的的满足于"沉思"的属性。马克思进一步指出："这个解放的头脑是哲学，它的心脏是无产阶级。"③ 这就明确要求历史唯物主义理论作为追求人的解放的实践的灵魂而存在，以引导和支撑这种解放活动。

由于马克思并不一般地反对"解释世界"，而仅反对游离于"改造世界"来解释世界，所以，历史唯物主义仍具有解释世界的属性。不过，如上所述，马克思强调历史唯物主义对世界的解释，生成、统一和内在于实践地改造世界的历史活动中，探究的是该活动基于其内在法则的合法形态，这就使得如此解释世界的历史唯物主义，具有改造世界的内在取向，故而可称之为改造世界取向的解释世界的哲学。

其二，作为智慧地改造世界的实践活动的哲学。马克思关于理论与实践关系的上述定位，决定了历史唯物主义作为改造世界的哲学，还表现为特定的实践地改造世界的历史活动。

首先，历史唯物主义是特定的实践活动。从马克思关于理论与实践关系的前述规定来看，不是有了历史唯物主义理论后，实践复杂的历史

---

① 《马克思恩格斯文集》第 1 卷，人民出版社 2009 年版，第 503 页。
② 同上书，第 502 页。
③ 《马克思恩格斯选集》第 1 卷，人民出版社 1972 年版，第 15 页。

前提批判的内在逻辑及其多维展开

进程,如历史唯物主义描述那样的运动潜能、趋势、过程与形态,才可能生成、存在和展开,而是实践复杂历史过程本来就内蕴、存在着如历史唯物主义描述那样的潜能、趋势、过程与形态,对历史唯物主义理论被发现、揭示和创立,具有逻辑和历史在先性,使历史唯物主义理论被发现、揭示和创立成为可能。历史唯物主义不可能把实践复杂历史进程内在的、本来不具有的潜能、趋势、过程与形态强加给实践。马克思指出:"共产党人的理论原理,决不是以这个或那个世界改革家所发明或发现的思想、原则为根据的。这些原理不过是现在的阶级斗争、我们眼前的历史运动的真实关系的一般表述。"① 这表明,"共产党人的理论原理"等历史唯物主义理论,不过是实践状态的"历史运动的真实关系的一般表述",它既非独立、纯粹的理论,也非以某种"思想、原则为根据的"理论建构的产物,它所表述的内容是实践复杂历史进程内蕴的特定趋势、走向和运动的映现。马克思还指出,历史唯物主义"不是在每个时代中寻找某种范畴,而是始终站在现实历史的基础上,不是从观念出发来解释实践,而是从物质实践出发来解释观念的形成"②。这样,"观念""范畴"等历史唯物主义理论,就被判定为"物质实践"内在法则的理论表达,从而始终以从属性的、而非终极独立的姿态存在着。马克思又指出:"思想的历史除了证明精神生产随着物质生产的改造而改造"外,什么也没有证明;"使整个社会革命化的思想"之所以出现,是因为"在旧社会内部已经形成了新社会的因素,旧思想的瓦解是同旧生活条件的瓦解步调一致"这样"一个事实"③ 客观地存在着。这就进一步表明,理论是实践内在趋势的概念性刻画和逻辑化表述,先有实践内在的趋势、潜能、过程与形态,后有映现它们的理论。显然,马克思的诸多论述共同地昭示,历史唯物主义首先是特定的实践活动。

其次,历史唯物主义是合法形态的实践活动。实践内在法则及其决定的实践活动合法空间、趋势、过程和形态,作为实践内在的固有力量,

---

① 《马克思恩格斯选集》第 1 卷,人民出版社 1995 年版,第 285—286 页。
② 《马克思恩格斯文集》第 1 卷,人民出版社 2009 年版,第 544 页。
③ 《马克思恩格斯选集》第 1 卷,人民出版社 1995 年版,第 291—292 页。

尽管本来就是在场的东西，但它们并不具有自明性，在其被历史唯物主义理论发现和揭示之前，处于被遮蔽状态，其出场和敞现是自发和偶然的，以至于使得实践的历史进程始终处于盲目状态。正因为这样，"迄今为止的一切历史观不是完全忽视了历史的这一现实基础，就是把它仅仅看成与历史过程没有任何联系的附带因素。因此，历史总是遵照在它之外的某种尺度来编写的；现实的生活生产被看成是某种非历史的东西，而历史的东西则被看成是某种脱离日常生活的东西，某种处于世界之外和超乎世界之上的东西"①。其实，对实践的驾驭，也像历史编纂那样，常游离在实践的合法形态之外。古希腊犬儒主义者净化社会的努力、空想社会主义者的实践、历代换汤不换药的革命不都是如此吗？所以，马克思指出："迄今为止的一切革命始终没有触动活动的性质，始终不过是按另外的方式分配这种活动，不过是在另一些人中间重新分配劳动。"②随着历史唯物主义对实践内在法则及其决定的实践活动合法空间、趋势、过程和形态的发现、领悟和揭示，实践"由于这种共产主义革命而转化为对下述力量的控制和自觉驾驭，这些力量本来是由人们相互作用产生的，但是迄今为止对他们来说都作为完全异己的力量威慑和驾驭着他们"③。可见，历史唯物主义并非一切实践活动，而只是其中的合法形态。

再次，历史唯物主义是智慧地改造世界的实践活动。历史唯物主义作为改造世界的实践活动，要能超越自发、盲目状态而呈现为合法形态，前提在于必须呈现为智慧地实践。这种智慧地实践需要理论智慧，更需要诸如创造性地操作、具有强悍洞穿力的体验、独具法眼的观察、卓越的协调和应变机能、巧妙的对话和沟通素质、敏锐地把握历史机遇的"实践感"、具有深邃历史向度的组织实践的"逻辑"等更复杂的智慧形态，从而卓越地驾驭实践活动。如此与理论智慧相异的智慧形态尽管形式不同，但都是实践运行于合法状态所必需的内在条件，故可称之为"实践智慧"。毕竟，理论智慧的效能是有限的，也依赖并通过实践智慧

---

① 《马克思恩格斯文集》第 1 卷，人民出版社 2009 年版，第 545 页。
② 同上书，第 542 页。
③ 同上。

改造世界。马克思指出:"理论对立本身的解决,只有通过实践的途径,只有借助于人的实践的力量,才是可能的;因此,对立的解决决不仅仅是认识的任务,而是一个现实的、生活的任务,而正是因为哲学把这一任务仅仅看作理论的任务,所以哲学未能解决它。"① 实践之所以能解决"理论的对立",就因为它呈现为一种比理论活动复杂得多的改造世界的活动,呈现为一种整合、加工和驾驭改造世界的一切约束参量的综合性活动,集知与行、目标与过程、局部与整体等诸环节于一体,享有以改造世界而非仅解释世界为特征的实践智慧。既然历史唯物主义不仅作为改造世界的实践活动存在着,更作为合法形态的改造世界的实践活动存在着,那它就更必须拥有卓越的实践智慧,从而作为智慧地实践活动存在着。

最后,历史唯物主义是消灭世界现存状态的无止境的智慧地实践活动。毕竟,"共产主义对我们来说不是应当确立的状况,不是现实应当与之相适应的理想。我们所称为共产主义的是那种消灭现存状况的现实的运动"②。因此,历史唯物主义作为智慧地改造世界的实践活动,不是凝固、保守和有终点的,而是不断地走向人解放的新境界的无穷尽的历史过程。这决定了历史唯物主义既不能被穷尽,也不能被终结,而只能在对世界合法形态智慧地实践绽现的历史活动中,不断走向新的形态。

(二)历史唯物主义作为改造世界的哲学的整体意涵

历史唯物主义作为改造世界的哲学,其上述第一重意涵"改造世界活动中内生性地解释世界",呈现为一种理论;其上述第二重意涵"智慧地改造世界的实践活动",则直接呈现为一种实践活动。按照前述马克思关于理论与实践关系论述的分析,这二者间并非一种外在并列关系,而是一种复杂的有机体关系。首先,前者作为后者自我意识内生和内在于后者;其次,前者既构造着后者,又作为后者内在精神性驱导系统内在地支撑着后者;再次,后者孕生、内蕴、涵摄、规定着前者;复次,后者以前者为其内在自我意识环节,并通过前者能动地运行;最后,前者

---

① [德]马克思:《1844年经济学—哲学手稿》,刘丕坤译,人民出版社1979年版,第80页。
② 《马克思恩格斯文集》第1卷,人民出版社2009年版,第539页。

作为后者内生性、内在性构成环节，相应地呈现为后者，最终作为直接现实地改造世界的实践活动而存在和运行。二者间的如此关系，决定了历史唯物主义作为改造世界的哲学的完整意涵，就是以作为其内在自我意识环节的理论为导引，而智慧地改造世界，以实现人有效解放的合法形态的实践活动。就其实质而言，它不仅是实践中的理论，更是内蕴和涵摄理论于自身的合法实践。要言之，它是生发和运用特定理论追求人现实解放的合法实践。

五 马克思对历史唯物主义作为合法地改造世界的实践的多层面召唤

把历史唯物主义作为改造世界的哲学意涵，理解为合法地改造世界的实践，毕竟是一种异说，故需基于马克思关于理论与实践不同层面关系的论述，予以进一步论证。

首先，通过对"改造世界"条件的论述，召唤着历史唯物主义必须绽现为合法地改造世界的实践活动。在马克思看来，历史唯物主义要"改造世界"，并不能通过其作为思想力量、而只能依赖人的实践来进行："思想根本不能实现什么东西。为了实现思想，就要有使用实践力量的人。"① 他还指出："环境的改变和人的活动或自我改变的一致，只能被看做是并合理地理解为革命的实践。"② 可见，只有"使用实践力量的人"，通过"革命的实践"活动，才能"实际地反对并改变现存的事物"，"使现存世界革命化"，才能最终有效地"改造世界"。既然如此，那么，历史唯物主义只有绽现为实践地改造世界的活动，才能现实地"改造世界"。不过，历史唯物主义作为实践并非任意的，而是"革命的实践"，即以改造现存世界生产方式为主要着力点的实践。这显然体现了马克思对历史唯物主义作为改造世界的实践的合法性的强调。

其次，历史唯物主义主体完成解放使命方式的规定，昭示着历史唯

---

① 《马克思恩格斯全集》第2卷，人民出版社1957年版，第152页。
② 《马克思恩格斯文集》第1卷，人民出版社2009年版，第500页。

物主义必须绽现为改造世界的合法实践。马克思指出:"对实践的唯物主义者即共产主义者来说,全部问题都在于使现存世界革命化,实际地反对并改变现存的事物。"①"共产主义""是人的解放和复归的一个现实的、对历史发展次一阶段说来是必然的环节"②。"历史唯物主义者"必然是"共产主义者",当然要"实际地反对并改变现存的事物",以"使现存世界革命化",实现人的解放。但"'解放'是一种历史活动,而不是思想活动","只有在现实世界中并使用现实的手段才能实现真正的解放"。③ 这种"能实现真正的解放"的"在现实世界中""使用"的"现实的手段",显然在本质上只能是实践。不过,马克思强调,这种实践的主体,不是任意的,而是"实践的唯物主义者即共产主义者"。从马克思的整体思想来看,"共产主义者""使现存世界革命化"的方式,不是改良,也不是思辨和说教,而是在社会存在与社会意识矛盾运动高度,改造世界的基本关系和基本制度体系,是一种具有历史合法性和有效性的实践地改造世界的方式。

再次,马克思关于历史唯物主义存在方式的规定,内在地要求其必须绽现为改造世界的合法实践活动。"哲学不仅在内部通过自己的内容,而且在外部通过自己的表现,同自己时代的现实世界接触并相互作用"④,这显然排除了哲学以思辨逻辑体系存在的合法性,而要求哲学通过"同自己时代的现实世界接触并相互作用",作为改造世界、实现无产阶级解放的灵魂的而存在,内化为从无产阶级意识中引导其走向解放:"这个解放的头脑是哲学,它的心脏是无产阶级。"他进一步指出:"哲学不消灭无产阶级,就不能成为现实;无产阶级不把哲学变成现实,就不可能消灭自身。"⑤ 但"无产阶级""消灭自身"即实现其"解放",和"哲学""成为现实",有赖"无产阶级"和"哲学"相互通过对方来实现,有赖

---

① 《马克思恩格斯文集》第1卷,人民出版社2009年版,第527页。
② [德]马克思:《1844年经济学—哲学手稿》,刘丕坤译,人民出版社1979年版,第85页。
③ 《马克思恩格斯文集》第1卷,人民出版社2009年版,第527页。
④ 《马克思恩格斯全集》第1卷,人民出版社1995年版,第220页。
⑤ 《马克思恩格斯选集》第1卷,人民出版社1972年版,第15页。

第二章　历史唯物主义：何种改造世界的哲学

哲学"在现实的世界中并使用现实的手段"①，通过实践地改造世界的活动，来消灭导致无产阶级生成存在的根源。这样，哲学才能通过实现无产阶级解放而把其自身实现于这种解放之中，使其得以现实化。而历史唯物主义也正是通过"把无产阶级当作自己的物质武器"，使"无产阶级"把其"当作自己的精神武器"②，"在现实的世界中并使用现实的手段"，通过实践改造世界的历史活动，消除导致无产阶级生成的根源、实现无产阶级的解放，而把其"变成现实"。这样，历史唯物主义就必须作为消灭无产阶级的实践活动而存在。众所周知，历史唯物主义作为消灭无产阶级、使自身现实化的实践活动显然是特定的，即创造条件，消灭导致无产阶级的生产方式。这就把历史唯物主义作为改造世界的实践，定位于具有历史合法性和有效性的实践中。

复次，马克思发现和揭示的历史唯物主义基本内容，与人实践地改造世界的历史活动间这种一体共生关系，决定了历史唯物主义呈现为理论形态的同时，也必然绽现为合法地改造世界的实践活动。人们实践地改造世界的历史活动，正是通过马克思在《〈政治经济学批判〉序言》中所揭示的历史唯物主义众所周知的基本内容③存在、展开和进行的。不可想象，有存在于"物质生活的生产方式"及其对"整个社会生活、政治生活和精神生活的过程"的"制约"之外的实践地改造世界的历史活动；同样不可想象，"人们的社会存在"对"人们的意识"的"决定"、"社会的物质生产力"的"发展""同它们一直在其中运动的现存生产关系或财产关系""发生矛盾""上层建筑""随着经济基础的变更""发生变革"，能离开人实践地改造世界的历史活动而存在。既然如此，那么，历史唯物主义基本内容的本然形态，必然与人们实践地改造世界的历史活动不可分割地交融、贯通在一起，必然同该历史活动形成相互内在、相互构成、相互通过对方而存在和发挥作用的有机统一体关系，必然作为该历史活动基本的内容、方式、内在环节和内在机制而存在和约束该历

---

① 《马克思恩格斯文集》第1卷，人民出版社2009年版，第527页。
② 《马克思恩格斯选集》第1卷，人民出版社1995年版，第15页。
③ 《马克思恩格斯选集》第2卷，人民出版社1995年版，第32页。

史活动，从而必然以该历史活动的姿态存在着。既然马克思所发现的历史唯物主义的基本内容本来就作为实践而存在着，那么，历史唯物主义作为实践地改造世界的活动，自然就是运行于历史唯物主义所揭示的实践法则中的实践活动，从而自然就是合法地实践活动。

最后，马克思对旧哲学、旧哲学家仅满足于思辨地解释世界、不具有改造世界的意识和效能的缺陷的揭示和批判，也在其论述的内在逻辑中把历史唯物主义间接地规定为合法地改造世界的实践活动。马克思指出："德国的实践政治派……以为，只要背对着哲学，并且扭过头去对哲学嘟囔几句陈腐的气话，对哲学的否定就实现了。该派眼界的狭隘性就表现在没有把哲学归入德国的现实范围，或者甚至以为哲学低于德国的实践和为实践服务的理论。……你们不使哲学成为现实，就不能够消灭哲学。"① 这种被马克思肯定要被"否定"和"消灭"的哲学，不是抽象的或哲学本身，而是离开实践思辨地解释世界的旧哲学。在马克思看来，合法的哲学不仅应统属于一个国家民族的"现实范围"，还应不"低于"一个民族国家的"实践"，呈现为"为实践服务的理论"。这里所谓哲学与实践的"高低"关系，显然是就二者对世界的影响、效应而言的："实践"在改造着世界，哲学对世界只有具有同样效应，才能不"低于""实践"。这当然就要求哲学必须绽现为实践。毕竟，只有实践才有现实地改造世界的效力。一旦如此，哲学就把自身现实化了，思辨地解释世界的"哲学"也就被"消灭"了。马克思之所以判定费尔巴哈"还是一位理论家和哲学家"②，而非"一个真正的共产主义者，"联系"实践的唯物主义者即共产主义者"③的论述，不难看出其原因在于他"和其他的理论家一样，只是希望确立对存在的事实的正确理解"。而"真正的共产主义者"即"实践的唯物主义者"的"任务却在于推翻这种""理论家和哲学家"试图"正确理解"的"存在的东西"④。这就把实践唯物主义、从

---

① 《马克思恩格斯选集》第1卷，人民出版社1995年版，第8页。
② 同上书，第97页。
③ 《马克思恩格斯文集》第1卷，人民出版社2009年版，第527页。
④ ［德］马克思、［德］恩格斯：《德意志意识形态》（节选本），人民出版社2003年版，第41页。

而把历史唯物主义规定为实践地"推翻这种存在的东西"的历史活动,也使得历史唯物主义及其主体不再只是"哲学"与"理论家和哲学家"了。按此逻辑,马克思不仅要求历史唯物主义避免作为思辨理论哲学,而必须作为改造世界的实践而存在,而且要使历史唯物主义者作为共产主义者而存在,从而使历史唯物主义作为实践,必然呈现为改造现实世界生产方式的合法实践而存在。

马克思既然从理论与实践关系不同层面,把历史唯物主义作为改造世界的哲学,不但都诠释为改造世界的实践活动,而且都诠释为合法地改造世界的实践活动。可见,其这一思想并非偶然的、可回避的,而是其确定的、系统的基本思想。

六 回归理论与实践本然关系:历史唯物主义作为改造世界的哲学意涵完整绽现的前提

作为改造世界的哲学意涵,对历史唯物主义所作的解读总是在关于理论与实践关系一定理解的框架中进行的。故对该意涵的解读,受对理论与实践关系解读的约束。长期以来,历史唯物主义长期被仅看作历史唯物主义作为理论,来介入和干预现实;其"生发和运用特定理论追求人解放的合法实践"这一前述意涵之所以被遮蔽,根源就在于对理论与实践关系的理解,长期处于如下被扭曲状态:

其一,二者关系被看成如杜威批判的那样,是外在二分的:"理性的与必然的知识是亚里士多德所推崇的,认为这种知识乃是自创自行的活动的一种最后的、自足的、自包的形式。它是理想的和永恒的,独立于变迁之外,因而也独立于人们生活的世界,独立于我们感知经验和实际经验的世界之外的。"而"实践动作,不同于自我旋转的理性的自我活动,是属于有生有灭的境界的,在价值上是低于'实有'的"①。其结果,这二者被看成服从不同逻辑的纯异质的东西,只按各自逻辑运行而互不相涉。

---

① [美]杜威:《确定性的寻求》,傅统先译,上海人民出版社2004年版,第15—17页。

其二，理论作为实践的自我意识、映现和符号，从而必须作为实践而存在这一规定性被遮蔽，理论而非实践成为理论自身终极的家园、归宿和存在形式，理论最终代替实践而不是作为实践而独立存在，走向亚里士多德所谓"最高等的一种实现活动"①，进入"除了所沉思的东西外不产生任何东西"②的以自身为目的状态，呈现出所谓"自足"性。这种把理论实体化、用理论代替、僭越实践的观点，支配着迄今关于理论哲学与实践哲学的定义：实践哲学被定义为不同实践取向的哲学理论，而非被直接理解为特定实践本身，从而最终仍不过是理论哲学，使实践哲学与理论哲学的区分失去意义，哲学仅呈现为理论形态的而非也呈现为实践形态的智慧，哲学智慧形态被狭隘化、单一化、片面化、凝固化，哲学形态拓展、创新的可能性被封闭，只能呈现为理论性哲学，而不能呈现为非理论性的新形态。哲学智慧形态被如此狭隘化、凝固化的根源，无疑是马克思揭示的社会分工、阶级偏见对人们关于哲学形态认识的误导。亚里士多德及除马克思外的后人都未摆脱这种误导。不过，佛教对哲学智慧的认识并未落入此窠臼。在其看来，智慧就是涅槃即人终极解脱的生存状态，而非理论性的东西。例如，佛陀认为，涅槃即无生、无老、无病、无死、无苦恼、无污秽的"无上的解脱"。这种"无上的解脱"被他判定为"获得智慧"③。佛教这种智慧观，打破了智慧仅被看作认识的惯习，构成了非理论的生存状态样式的哲学，终结了哲学长期仅呈现为理论形态的单一局面。遗憾的是，主流哲学迄今仍执迷于对理论形态哲学的偏执。

其三，理论与实践因脑体分工而出现的区分、理论的专业化、理论对实践的外化和游离、理论对实践的逸出，被在本体论层面确定和凝固下来，理论作为实践内在自我意识、构成环节的地位被完全遮蔽，理论与实践的统一性陷入终极瓦解状态，被完全规定为两个不同的世界。

一旦认同理论与实践上述外在二分、二元对立的关系框架，该框架

---

① ［古希腊］亚里士多德：《尼各马可伦理学》，廖申白译，商务印书馆 2003 年版，第 305 页。
② 同上书，第 306 页。
③ 转引自郭良鋆《佛陀和原始佛教思想》，中国社会科学出版社 2011 年版，第 220 页。

就成为理解历史唯物主义作为改造世界的哲学意涵的根据、基础和前提,从而对历史唯物主义而言:其一,它只能被理解为与实践异质、隔绝的纯理论、纯逻辑的东西,其作为改造世界的哲学意涵,就只能呈现为它作为理论介入实践来改造世界,而不能直接呈现为改造世界的特定实践活动。其二,它必然游离于实践约束之外,不能实时地统一于实践的内在法则与要求,不能从实践中汲取活力,就必然异化于实践。其三,它必然走向自足和保守,满足于作为傲视实践的理论王国而存在,把理论看成其存在的全部,从而作为改造世界的哲学,它仅是一种理论。

一旦服膺马克思关于理论与实践关系前述规定,这种规定就成为理解历史唯物主义作为改造世界的哲学意涵的根据和基础,它的内在逻辑就必然主导、支配对该意涵的理解。

首先,它断定理论是实践的自我意识,是实践内在法则的映现、揭示和表达,是实践的理论性的存在形式,最终必须作为实践而存在。这种逻辑,决定了历史唯物主义作为改造世界的哲学,表达的不过是实践内在法则及其决定的实践合法形态,从而历史唯物主义作为改造世界的哲学,根本规定性就不过是实践内在法则所决定的实践合法形态而已。

其次,它断定实践内蕴的如理论描述那样的趋势、潜能和过程,是理论赖以存在的保障,是理论的实质。因此,历史唯物主义归根结底不过是实践特定的趋势、潜能和过程,从而就必须作为实践特定的趋势、潜能和过程绽现出来。

再次,它断定理论是实践内在构成环节,正如加塞尔所言:"就是思想也不能先于生活,因为思想也不过是生活的一个片断、一项具体活动。"① 所以,理论不能独立存在,只能与实践其他环节一起作为实践整体而存在。实践之外独立的理论,只能是虚幻、抽象和缺乏生机的。这种逻辑决定了历史唯物主义作为改造世界的哲学,本来就与改造世界活动的其他环节一起,既内在于实践中,也作为特定的实践存在着。

复次,它断定理论内生于实践,是实践内在法则、趋势、潜能和过程的发现、揭示和映现,统一和开放于实践,而非基于先验原则的抽象、

---

① [西]何·奥·加塞尔:《什么是哲学》,商梓书等译,商务印书馆1994年版,第124页。

思辨的逻辑结论,从而否定了理论对实践的自足性。这种逻辑,决定了历史唯物主义的理论形态,作为改造世界的哲学,就呈现为改造世界的实践活动内在法则、趋势、潜能和过程的理论映现。

最后,实践合法形态不会自发呈现,而需要探索、领悟、发现和"制作",从而既需要理论智慧,也需要"制作"的智慧。"制作"及其智慧,不仅是实践合法形态得以现实绽现的直接条件,也是关于实践合法形态的真知的终极来源。毕竟,历史的"解释者"与"创造者"本来就是内在统一的。维科指出:"如果谁创造历史也就由谁叙述历史,这种历史就最确凿可凭了。"① 实践合法形态的澄明及其实现,既然既需要理论智慧,也需要"制作"即实践智慧,且理论智慧内生于实践智慧之中。那么,历史唯物主义作为改造世界的哲学,既必须呈现为理论智慧、理论形态的哲学,也必须呈现为实践智慧、实践形态的哲学。

上述分析显示,一旦服膺马克思关于理论与实践关系前述规定,这种规定就内在地要求历史唯物主义,作为改造世界的哲学,既必须作为理论形态而存在,也必须作为合法实践形态而存在。由于马克思关于理论与实践关系的前述规定,把理论理解为实践内蕴的内生性环节,这意味着马克思的这种规定,总体上要求把历史唯物主义作为改造世界的哲学意涵,理解为"生发和运用特定理论追求人解放的合法实践"。这是认同和服膺马克思关于理论与实践关系的前述诠释,所必然要得出的结论。因此,若马克思关于理论与实践关系确作了前述诠释、若无理由否定这种诠释,那么,历史唯物主义作为改造世界的哲学的上述意涵,就无法回避。这意味着否定该意涵,逻辑上就否定了马克思关于理论与实践关系的前述诠释;认同该意涵,逻辑上就必须认同和服膺马克思关于理论与实践关系的前述诠释。这相应地表明,对理论与实践本然关系把握的确当性状况,直接决定着对该意涵把握的可靠性状况。要确当把握该意涵,就必须确当把握理论与实践的本然关系。这使得如何确当理解该意涵的问题,转化为如何确当理解理论与实践关系、特别是马克思关于理论与实践关系的诠释的问题,从而确当理解理论与实践的本然关系,成

---

① [意大利]维科:《新科学》(上册),朱光潜译,商务印书馆1997年版,第163页。

为确当理解该意涵的前提。

七 结语

其一，实现人的解放是一般哲学共同的追求。不过，一般哲学所揭示和设计的人的解放路径，往往游离于实践内在法则及其决定的实践合法形态之外，对人的解放无效。再者，一般哲学只是理论智慧、理论哲学，仅解释人解放的原理。与一般哲学不同，历史唯物主义并不只是作为理论哲学，来发布解放的秘诀，而是直接作为智慧地实践即实践形态的哲学，探索、发现实践复杂历史进程内蕴的实践法则，所决定的实践合法形态，并把其现实地"制作"出来，直接有效地实现人的现实解放。

其二，既往的实践哲学，终究是某种基于、立足于或关于实践的哲学理论，这就在逻辑上使得所谓理论哲学，失去作为一种基于、立足于或关于实践的哲学的可能性，而只能成为一种或神秘或纯主观的虚构或纯思辨的玄想的哲学，从而也就不可能具有合法性。这样，既往的实践哲学与理论哲学的划分就陷于无效。历史唯物主义作为改造世界的哲学，呈现为"生发和运用特定理论追求人解放的合法实践"，从而既作为理论形态的哲学而存在，也作为实践形态的哲学而存在，相应地使得理论哲学与实践哲学的划分变得真正有效和有意义，终结了哲学长期以来在本质上仅作为理论哲学存在的局面，真正实现了哲学形态划时代的革命性变革，使得人类解放获得了全新的哲学形态的支撑。

第三章 马克思关于生产关系变革完整根据思想解蔽

人们迄今仍普遍认为，马克思断定生产关系变革的根据，在于生产力发展的内在效率性要求。可以肯定，这无疑是马克思关于生产关系变革根据的首要思想。但这并非马克思关于该问题的完整思想。认为马克思关于该问题的思想仅限于此，把马克思关于该问题的思想破碎化、片面化，遮蔽了马克思关于该问题的完整思想。这种遮蔽，在理论层面侵蚀着马克思关于该问题基本思想的完整性、科学性；在实践层面威胁着生产关系变革方向、主题、内容的选择与确定的合法性，阻障着生产力发展活力的提升，最终也抗拒着马克思所追求的人的解放发展这一根本价值目标的实现。鉴于此，本人力求对马克思关于生产关系变革的被遮蔽了的完整根据的思想予以解蔽，以期通过澄明其本然形态，而根除由这种遮蔽导致的上述理论与实践层面的消极效应。

一 马克思对生产关系效率性取向的性质与变革根据的阐发

马克思从不同角度，揭示了生产关系源自生产力绩效要求的效率性取向的性质：

其一，生产关系生成存在的必要性根据和基础，在于生产力的内在要求，这诚如马克思所言："人们在自己生活的社会生产中发生一定的、必然的、不以他们的意志为转移的关系，即同他们的物质生产力的一定发展阶段相适合的生产关系"①。这就是说，没有生产力内在要求，就无生产关系生成存在的必要性。

其二，生产关系生成存在的意义，在于满足生产力的要求。马克思指出："生产力在其中发展的那些关系……是同人们及其生产力的一定发展相适应的。"② 人们活动于其中的能存在的生产关系，必须是"同他们的物质生产力的一定发展阶段相适合的生产关系。"③ 这意味着满足生产力的要求，是生产关系生成存在必须具备的基本意义。

其三，生产关系归根结底由生产力决定，只能适应生产力要求而生成存在，并随其发展而发展，决不能独立存在。马克思指出，社会的物质生产力发展到一定阶段，便同它们一直在其中运动的现存生产关系或财产关系发生矛盾。于是这些关系便由生产力的发展形式变成生产力的桎梏。那时社会革命的时代就到来了。生产力对生产关系这种决定地位，当然要求其性质和内容都统一于生产力要求的性质内容，而不能独立自立存在。

其四，在马克思看来，"劳动生产力的增长无非是使用较少的直接劳动创造较多的产品"④，而"使用较少的直接劳动创造较多的产品"的实质，无非是劳动生产的效率问题，可见，生产力决定生产关系的实质、进而对生产关系要求的性质和内容，自然就是以效率为根本取向的要求。

其五，承上可知，生产力对生产关系的决定，把生产关系置于效率取向的根本约束之下，从而是否能满足生产力这种效率约束的要求，直接决定着生产关系是否能生成存在。

其六，生产关系既然处于生产力效率取向的决定中，必须始终满足生产力效率性要求，那它就势必具有满足生产力效率取向的性质和内容要求的性质和效能，从而势必具有效率性取向的性质、内容和效能。

可见，按照马克思上述论断的逻辑，生产力决定生产关系，决定的是后者的性质、内容和效能，即要求后者必须具有效率性取向的性质、

---

① 《马克思恩格斯选集》第2卷，人民出版社1995年版，第32页。
② 《马克思恩格斯选集》第1卷，人民出版社1995年版，第152页。
③ 《马克思恩格斯选集》第2卷，人民出版社1995年版，第32页。
④ 《马克思恩格斯全集》第46卷（下），人民出版社1980年版，第360页。

内容和效能；而后者对前者的适应，适应前者效率性取向的性质、内容和效能的要求。这表明，后者具有源自前者的效率性取向的性质。

生产关系既然如马克思揭示的那样，具有效率性取向的性质，那么，该性质效率性取向的内在要求，就必然驱使生产关系，沿着效率性方向存在和运动。这样，生产关系效率性取向的性质，就构成了生产关系变革的效率性取向的根据。对此，马克思指出："无论哪一个社会形态，在它所能容纳的全部生产力发挥出来以前，是决不会灭亡的；而新的更高的生产关系，在它的物质存在条件在旧社会的胎胞里成熟以前，是决不会出现的。"① 该论述表明，在马克思看来，生产关系正是基于其源自生产力效率要求的效率性取向的性质的内在要求这一具体状况，而处于变或不变状态的。

必须看到，按如此根据变革出的生产关系，确有可能最大限度地满足生产力效率的要求。然而，该根据内在逻辑，必然使由此生成的生产关系，具有通过践踏生产关系主体合法价值权益，最大限度地满足其内在效率诉求的内在倾向，从而必然因此而损伤生产关系主体追求效率的积极性，并反过来折损生产关系满足生产力效率要求的机能，最终使这种效率取向的根据，陷入自我否定的悖谬境地。可见，该效率性取向的根据既有其合理性，也有其缺陷。

二　马克思对生产关系价值性取向的性质与变革根据的揭示

与马克思所揭示广为人知的生产关系效率性取向的性质相比，马克思如下论述所揭示的生产关系价值性取向的性质，则处于尚未为人觉解的、被遮蔽的状态。

（一）马克思对生产关系价值性取向的性质的揭示

马克思指出："动物只是按照它所述的那个种的尺度和需要来进行塑

---

① 《马克思恩格斯选集》第 2 卷，人民出版社 1995 年版，第 32 页。

第三章　马克思关于生产关系变革完整根据思想解蔽

造,而人则懂得按照任何物种的尺度来进行生产,并且随时随地都能用内在固有尺度来衡量对象;因此,人也按照美的规律来塑造。"① 马克思还认为,资本主义"生产过程和价值增殖过程的结果,首先是资本和劳动的关系本身的,资本家和工人的关系本身的再生产和新生产。这种社会关系,生产关系,实际上这个过程的比其他物质结果更为重要的结果"②。马克思如上论述,一方面肯定生产关系是人在生产活动中生产出来的;一方面又肯定认识按照美的规律来塑造和生产对象的,那么,按照马克思如上论述的内在逻辑,人们当然不会接受或生产出与自身价值追求相对抗的生产关系,而能动地按照人关于美等内在价值性诉求,来生产生产关系。既然如此,那么,被人所生产出来的生产关系,当然就会具有一定符合人价值要求的价值性取向的性质。马克思不仅对生产关系何以具有价值性取向的性质作了上述间接阐发,还从不同向度阐发了他关于生产关系始终处于其主体追求解放的价值性诉求约束中,从而始终具有源自其主体的价值性取向的性质的思想:

其一,正面揭示生产关系源自其主体解放要求的价值取向的性质。马克思指出:"每一个单个人的解放的程度是与历史完全转变为世界历史的程度一致的。……仅仅因为这个缘故,单个人才能摆脱种种民族局限和地域局限而同整个世界的生产(也同精神的生产)发生实际联系,才能获得利用全球的这种全面的生产(人们所创造的一切)的能力。"③ 显然,这里"历史完全转变为世界历史的程度"问题,本质上是一个生产关系的世界化全球化问题。该问题约束着"每一个单个人的解放的程度",人要解放,就必须"摆脱种种民族局限和地域局限,而同整个世界的生产发生实际联系"。显然,"人的解放的程度"是一个价值性问题。可见,生产关系的状况内蕴着人解放的状况,人的解放一定程度上正是经由生产关系、并在生产关系中实现的。既然如此,那就表明,生产关系内在地具有约束人解放状况这一价值性取向的性质。马克思指出:"共

---

① [德]马克思:《1844年经济学—哲学手稿》,刘丕坤译,人民出版社1979年版,第50—51页。
② 《马克思恩格斯全集》第46卷(上),人民出版社1979年版,第455页。
③ [德]马克思、[德]恩格斯:《费尔巴哈》,人民出版社1988年版,第34页。

产主义革命则针对活动迄今具有的性质，消灭劳动，并消灭任何阶级的统治以及这些阶级本身。"① 所谓"消灭劳动，并消灭任何阶级的统治以及这些阶级本身"，即消灭私有制这一特定生产关系。它导致的"阶级的统治"和阶级对立，是人解放的根本障碍，是共产主义革命的根本对象。可见，私有制这样的生产关系，内在地具有约束人解放状况这样的价值性取向的性质。马克思指出："'解放'是一种历史活动，不是思想活动，'解放'是由历史的关系，是由工业状况、商业状况、农业状况、交往状况促成的。"② 约束人解放状况的"工业状况、商业状况、农业状况、交往状况"，既呈现为生产力，也呈现为生产关系。而生产关系既然约束着人解放的状况，那它自然就具有价值性取向的性质。可见，在马克思看来，生产关系内在于人追求其解放的价值性活动中，生产关系的运动既是一个受生产力效率要求约束的必然性过程，也是一个约束人解放状况同时也受人解放要求约束的价值性过程，从而内在地具有统一于人解放状况的价值性取向的性质。

其二，通过对把生产关系性质祛价值化思想的批判、对奴役人的生产关系的控诉，间接揭示生产关系源于其主体解放要求的价值性取向的性质。马克思指出："在李嘉图看来，人是微不足道的，而产品则是一切。"③ 在马克思看来，正是这种无视生产关系价值属性、一味固守生产关系效率属性的生产关系观及其所反映相应生产关系，导致了如下荒谬社会效应："劳动者生产得越多，他能够消费的就越少；他越是创造价值，他自己越是贬低价值、失去价值；他的产品越是完美，他自己越是畸形；他所创造的物品越是文明，他自己越是野蛮；劳动越是有力，劳动者越是无力；劳动越是机智，劳动者越是愚钝，并且越是成为自然界的奴隶。"④ 在马克思看来，劳动、劳动产品同劳动者人格价值文明品质间的对立关系表明，生产关系不仅对生产力负有效率责任，还对人负有价

---

① 《马克思恩格斯文集》第1卷，人民出版社2009年版，第543页。
② 同上书，第527页。
③ ［德］马克思：《1844年经济学—哲学手稿》，刘丕坤译，人民出版社1979年版，第27页。
④ 同上书，第46页。

值责任；生产关系不仅具有效率性取向的性质，还有以解放人还是压迫人为内容的价值性取向的性质。

其三，通过对未来理想生产关系的阐发，揭示生产关系源自其主体解放要求的价值性取向的性质。马克思指出："在共产主义社会里，任何人都没有特殊的活动范围，而是都可以在任何部门内发展，社会调节着整个生产，因而使我有可能随自己的兴趣今天干这事，明天干那事，上午打猎，下午捕鱼，傍晚从事畜牧，晚饭后从事批判，这样就不会使我老是一个猎人、渔夫、牧人或批判者。"① 生产活动内容的这种选择性，必然意味着生产关系的选择性。而马克思之所以主张人对生产关系的这种选择性，目的就在于追求人全面发展这一价值目标。而该价值目标既然必须通过生产关系来实现，那显然就表明生产关系具有满足人的解放这样的价值性要求的性质。

（二）马克思对生产关系价值性取向的变革根据的揭示

马克思揭示的生产关系前述价值性取向的性质，体现着生产关系主体价值性取向的要求。该要求必然驱使生产关系沿着价值性方向存在和运动。这样，生产关系主体价值性取向的要求，就构成了生产关系变革的价值性取向的根据。对此，马克思指出，在生产力发展的特定阶段"产生了一个阶级，它必须承担社会的一切重负，而不能享受社会的福利，它被排斥于社会之外，因而不得不同其他一切阶级发生最激烈的对立；这种阶级形成全体社会成员中的大多数，从这个阶级中产生出必须实行彻底革命的意识，即共产主义的意识，这种意识当然也可以在其他阶级中形成，只要它们认识到这个阶级的状况"②。该论述中，这个"必须承担社会的一切重负，而不能享受社会的福利"的阶级这种处境，就是其处于其中的生产关系价值性取向的性质的表现。这种不公平的价值性取向的性质，损毁着该生产关系基本主体即无产阶级生存发展的可能性，这使得该阶级不得不通过革命，来变革这种生产关系价值性取向的性质。显然，这种变革的内在根据，就在于生产关系主体价值性取向的要求。

---

① 《马克思恩格斯文集》第 1 卷，人民出版社 2009 年版，第 29 页。
② 同上书，第 542 页。

生产关系变革尽管要以满足其主体价值诉求为根据，但是，生产关系主体价值诉求的满足总是需要成本的。这种成本的需求，与生产关系满足生产力效率要求的机能间，自然存在一定的矛盾关系。一旦这种成本的扩张、膨胀超出一定限度，导致生产关系主体价值诉求的满足，与生产力效率要求的满足间关系失衡，以至于降低了生产关系满足生产力效率要求的机能，阻碍了生产力的发展，那么，这种价值性取向的变革根据，也就失去了其合理性。可见，生产关系变革的这种价值性取向的根据，并不具有抽象的合理性。可见，该价值性取向的根据，同样既有其合理性，也有其缺陷。

三 马克思彰显的生产关系整体性质及其不同构成层次的关系

生产关系变革的根据，归根结底是生产关系本身性质内在要求的反映。这决定了完整把握生产关系的整体性质及其内在关系，就是完整把握生产关系变革整体根据的前提。

（一）马克思对生产关系整体性质的彰显

马克思指出：“生产力在其发展的过程中达到这样的阶段，在这个阶段上产生出来的生产力和交往手段在现存关系下只能造成灾难，这种生产力已经不是生产的力量，而是破坏的力量（机器和货币）。”该论述中，生产力的发展要求变革生产关系，使其具有适应这种要求的特定效率性取向的性质。马克思接着指出：“与此同时还产生了一个阶级，它必须承担社会的一切重负，而不能享受社会的福利，它被排斥于社会之外，因而不得不同其他一切阶级发生最激烈的对立；这种阶级形成全体社会成员中的大多数，从这个阶级中产生出必须实行彻底革命的意识，即共产主义的意识，这种意识当然也可以在其他阶级中形成，只要它们认识到这个阶级的状况。”[①] 该论述所揭示的"必须承担社会的一切重负，而不

[①] 《马克思恩格斯文集》第1卷，人民出版社2009年版，第542页。

第三章　马克思关于生产关系变革完整根据思想解蔽

能享受社会的福利,它被排斥于社会之外,因而不得不同其他一切阶级发生最激烈的对立"阶级的处境,显然是其在生产关系的利益分配中的不公平处境。该处境促使该阶级通过革命推翻这种不公平的生产关系。而生产关系的公平性问题,显然是其价值性取向的性质问题。整合这里的分析可看出,马克思未片面强调生产关系的某种性质,也未把其上述性质割裂开来,而是认为它们共同约束着生产关系及其变革,从而是作为一个整体存在的。

那么,在马克思看来,生产关系的性质为何是由效率性取向、价值性取向的性质构成的整体?

马克思指出:"生命的生产,无论是通过劳动而生产自己的生命生产,还是通过生育而达到的他人生命的生产,就立即表现为双重关系:一方面是自然关系,另一方面是社会关系;社会关系的含义在这里是指许多个人的共同活动。"①而"生命的生产"正是通过生产力生产关系的矛盾运动展开和进行的。其中,生产力存在于人与自然关系之中,生产关系则存在于人与人的社会关系之中。生产力是人化解与自然矛盾的能力。生产关系既然必须适应生产力,那它就必须围绕人与自然关系的矛盾运动来展开,从而它作为人们"为了进行生产,人们相互之间便发生一定的联系和关系"②的结果,本质上不过是围绕人化解与自然矛盾内在要求,所生成的人与人的特定关系。这意味着如何适应人化解与自然矛盾的内在要求,就是生产关系一项基本的内在矛盾。在此意义上,生产关系生成存在及其性质,就是由其适应人化解与自然矛盾的内在要求即适应生产力内在要求的状况决定的。马克思指出:"人们按照自己的物质生产率建立相应的社会关系。"③可见,人化解与自然矛盾的内在要求、进而生产力发展的内在要求,就是效率的要求。生产关系满足该要求的状况,决定着其生成存在状况。它要能满足人化解与自然矛盾的内在效率性要求、进而要满足生产力效率性要求,就须具有效率性取向的性质。

---

① 《马克思恩格斯文集》第 1 卷,人民出版社 2009 年版,第 532 页。
② 《马克思恩格斯选集》,第 1 卷,人民出版社 1995 年版,第 344 页。
③ 同上书,第 142 页。

可见，适应人化解与自然矛盾的内在要求，作为生产关系一项基本内在矛盾，决定了生产关系具有效率性取向的性质。生产关系毕竟是人与人的关系，而人与人关系的内在矛盾就是约束生产关系生成存在及其性质的又一内在矛盾。生产关系毕竟是围绕化解人与自然矛盾的内在效率性要求生成的，所以，其内在矛盾无非就是：如何在人与人之间分配满足化解人与自然矛盾的效率性要求所需要的责任的矛盾，以及如何分配对该效率性要求的满足所获收益的矛盾。围绕这种分配所生成的矛盾的主题，显然是公平正义问题，因而该矛盾的内在要求实质上就是价值性层面的问题。这种分配满足其中不同人的公平正义要求，决定着这种人与人关系生成存在的状况。作为一种人与人的关系，其内在矛盾决定了其要生成存在，就必须具有特定价值性取向的性质。

事物内在矛盾由其基本构成要素生成。生产关系作为人化解与自然矛盾的要求得以满足所依赖的人与人特定关系，其基本构成要素就是存在于其中的人，和限定着人进而间接存在于其中的自然。除此外，它并无其他内在基本要素。相应地，由此生成的内在基本矛盾，就仅呈现为人与人关系的矛盾，以及作为该矛盾之基础的人与自然的矛盾。除此之外，它并无其他内在基本矛盾。只要满足了人与自然矛盾的效率性要求，也满足了围绕这种人与自然矛盾生成的人与人关系的矛盾内在价值性要求，生产关系就能无须依赖此外的其他更进一步的条件而生成和存在。

这表明：其一，人与人、人与自然的矛盾，就是生产关系内在基本矛盾的全部内容；其二，基于上述二重内在基本矛盾而生成的效率性取向、价值性取向的性质，即生产关系性质的整体内容，此外，别无其他更进一步的性质。至于对生产关系具有反作用的上层建筑，终究是其外生变量，且依赖其而生成，仅能影响其内在性质及其构成的强弱状况，但决不能决定其性质及其构成状况。

（二）生产关系整体性质的效率性、价值性构成的关系

1. 地位关系。该二重性质相互地位处于演化中。马克思指出："分工的各个不同发展阶段，同时也就是所有制的各种不同形式。这就是说，分工的每一个阶段还决定个人在劳动材料、劳动工具和劳动产品方面有关的相互关系。""第一种所有制形式是部落所有制。这种所有制与生产的不发达阶段相适应,……在这个阶段,分工还很不发达……社会结构只限于家庭的扩大:父权制的部落首领,他们管辖的部落成员,最后是奴隶。"① 该所有制形式下,奴隶只是生产工具,效率性取向性质对价值性取向性质居绝对主导地位,价值性取向性质则呈现为以完全牺牲奴隶解放可能性的方式来追求奴隶主解放。如此地位关系,由当时极低下生产力水平决定。"第二种所有制形式是古典古代的公社所有制和国家所有制。……公民仅仅共同拥有支配自己那些做工的奴隶的权力,因此受公社所有制形式的约束。……随着私有制的发展,……一方面是私有财产的集中,……发展得非常迅速;另一方面是由此而来的平民小农向无产阶级的转化,然而,后者由于处于有产者公民和奴隶之间的中间地位,并未获得独立的发展。"② 该所有制形式下,奴隶已不再是社会唯一被剥削的阶级。这意味着生产关系价值性取向性质对效率性取向性质的地位,随着奴隶劳动的衰落,较诸前一种所有制形式下已有所提高。"第三种形式是封建的或等级的所有制。……这种所有制像部落所有制和公社所有制一样,也是以一种共同体为基础的。但是作为直接进行生产的阶级而与这种共同体对立的,已经不是与古典古代的共同体相对立的奴隶,而是小农奴。"③ 该所有制下奴隶劳动既然已被"小农奴"劳动所替代,价值性取向的性质对效率性取向的性质的地位较诸前一所有制下,也就会有所提高。此后所有制形式中价值性取向的性质,较诸效率性取向的性质的地位也在提高。效率性、价值性取向的性质相互地位上述演替,是由生产力发展给其提供的物质基础,和生产关系内在价值要求共同支撑的。没有生产关系内在的价值要求和价值属性的驱动,奴隶制即使在今天也未必会消亡。因为它一定程度上生产成本最低,最符合生产关系效率性取向性质的要求。可见,忽视生产关系价值性取向的性质,历史进步就

---

① 《马克思恩格斯文集》第 1 卷,人民出版社 2009 年版,第 521 页。
② 同上书,第 521—522 页。
③ 同上书,第 522 页。

无法得到说明。

2. 时空关系。生产力通过生产活动中人与人的生产关系对效率的追求是无限的，且竞争条件下这种对效率的追求，也必然是排他性的，从而存在着牺牲他人权利生成负外部性效应以追求效率的风险，进而存在着践踏破坏公平正义等社会基本的价值准则的风险。这表明效率取向的生产关系，总是内在地具有积极或消极的价值性取向，从而不但具有价值性取向的性质，而且该性质总是与其效率性取向的性质同时生成存在，这就使得这两种取向的性质的存在具有共时性。对效率性、价值性取向的性质而言，其存在既然具有共时性，且前者总要通过后者来实现，那就表明后者是前者无法剥离的约束参量，前者总处于后者的规定中，总是内蕴和渗透着后者，总存在展开于后者中；而其后者也总生成存在于前者中，总是前者的后者，总是在前者中发挥约束作用的后者，从而总是内蕴和渗透于前者中的后者，总是离开前者就失去其意义的后者。这表明，二者关系是有机、相互内在的：凡其前者，总是具有后者的前者；凡是后者，总是前者的后者。可见，二者也具有一体性空间关系。

3. 功能关系。生产关系效率性取向的性质，总是通过生产活动中人与人的关系存在的。人有尊严、信念等价值性追求。该追求在生产关系中被满足的状况，直接决定着生产关系价值性取向的性质内在要求满足的状况，进而决定着人满足生产关系效率性要求的积极性状况及该要求被满足状况。可见，价值性取向的性质内在要求被满足状况，对效率性取向的性质内在要求被满足状况，有一定正相关性约束。不过，其内在要求的满足是需要成本的，从而会弱化效率性取向的性质内在要求满足程度。可见，这两种取向的性质也有矛盾。对价值性、效率性取向的性质言，前者内在要求的满足所需要的财富，只能通过后者内在要求的满足来创造，从而后者内在要求的满足，对前者内在要求的满足，也有一定正相关效能。不过，后者要求的满足必须付出一定价值成本。在此意义上，后者对前者又具有一定阻障效能。可见，这两种性质相互所具有的效能，既有正相关性，又有负相关性，而二者相互的效能最终实际处于怎样状态，则取决于对二者关系协调的状况。

上述三种关系显示，效率性、价值性取向的性质有深刻差异，不能相互取代；同时，它们也总是通过相互渗透而存在的。可见，生产关系的性质是一个既有内在差别又有内在联系的矛盾统一体。

四 马克思关于生产关系变革完整根据思想解蔽

生产关系变革的根据与生产关系性质直接统一。承前分析可知，生产关系长期被看作仅具有基于生产力要求的效率性取向的性质，其为马克思所阐发的价值性取向的性质，迄今仍处于被遮蔽状态。这种遮蔽导致了马克思关于生产关系变革的价值性取向的根据、进而导致了关于该变革完整根据思想的遮蔽。前文的分析彰显了马克思揭示的生产关系完整性质，终结了生产关系价值性取向的性质长期被遮蔽局面。而这种解蔽也就为马克思关于生产关系变革完整根据思想的解蔽，提供了可能性。

前述分析显示，在马克思视野中，生产关系的完整性质，是由效率性、价值性取向的性质，在相互内在关系中构成的一个有机整体。既然如此，那么，生产关系这种完整性质的内在要求，自然就成为生产关系变革的完整根据。而生产关系上述完整性质，既然是效率性、价值性取向的性质的有机统一体，那么，其内在要求也就自然是效率性、价值性内在要求的有机统一体。这样，在马克思视野中，生产关系变革的完整根据，也就相应地呈现为效率性、价值性取向的根据的有机统一体。当然，该判断并非只是从马克思前述理论内在逻辑中推演出的抽象结论，而是其原典文献的一个基本思想："只要分工还不是出于自愿，而是自然形成的，那么人本身的活动对人来说就成为一种异己的、同他对立的力量，这种力量压迫着人，而不是人驾驭着这种力量。原来，当分工一出现之后，任何人都有自己一定的特殊的活动范围，这个范围是强加于他的，他不能超出这个范围：他是一个猎人、渔夫或牧人，或者是一个批判的批判者，只要他不想失去生活资料，他就始终应该是这样的人。"[①]

---

① 《马克思恩格斯文集》第1卷，人民出版社2009年版，第537页。

分工的效能即生成效率。马克思的论述尽管揭示了"自然形成的"分工中"人本身的活动对人来说就成为一种异己的、同他对立的力量",但并未由此否定分工,而是要超越"不是出于自愿"的分工。这表明马克思仍以效率性取向作为生产关系变革的必要根据。他追求的未来理想社会中存在着基于自愿的分工,就证明了该点。

但马克思并不认为生产关系变革仅限于效率性取向的根据,而是要使其根据从效率性取向向价值性取向拓展,由这两种取向的根据共同构成其完整根据。就此,马克思指出,与上述局限于自发分工相区别,"在共产主义社会里,任何人都没有特殊的活动范围,而是都可以在任何部门内发展,社会调节着整个生产,因而使我有可能随自己的兴趣今天干这事,明天干那事,上午打猎,下午捕鱼,傍晚从事畜牧,晚饭后从事批判,这样就不会使我老是一个猎人、渔夫、牧人或批判者"①。"在共产主义社会里",要用这种自愿分工代替自然分工,就是要消除后者作为"异己的、在他们之外的强制力量"对人的压迫:"社会活动的这种固定化,我们本身的产物聚合为一种统治我们、不受我们控制、使我们的愿望不能实现并使我们的打算落空的物质力量,这是迄今为止历史发展的主要因素之一。受分工制约的不同个人的共同活动产生了一种社会力量,即扩大了的生产力。因为共同活动本身不是自愿地而是自然形成的,所以这种社会力量在这些个人看来就不是他们自身的联合力量,而是某种异己的、在他们之外的强制力量。"② 显然,消除自然分工作为"异己的、在他们之外的强制力量"对人的压迫,其实质就是要使生产关系从压迫人这种特定价值效能形态,转换到实现人解放这种新的价值效能形态。可见,马克思主张生产关系变革,也要基于价值性取向的根据。当然,这并不表明马克思排斥基于效率性取向的根据来变革生产关系。毕竟,他主张的"出于自愿"的分工仍是分工,仍具有效率性取向。这表明,马克思是在生产关系变革的"分工"这一效率性取向的根据,与自愿"分工"这一价值性取向的根据相结合的高度,来理解和规定生产关系变

---

① 《马克思恩格斯文集》第1卷,人民出版社2009年版,第537页。
② 同上。

第三章 马克思关于生产关系变革完整根据思想解蔽

革根据的,从而使生产关系变革的根据,呈现为效率性取向的根据与价值性取向的根据的有机统一体。

从效率性取向的根据与价值性取向的根据的关系来看,马克思所揭示的生产关系变革应服从的这一有机统一形态的综合性根据,具有如下内在规定性:

其一,生产关系变革的前述价值性取向的根据,是一种应然性根据,只能依赖一定物质基础存在和发挥作用。所以,真正有效的价值性取向的根据,必须建立在效率性取向的根据基础上,能为效率性取向的根据所承载和支撑,从而存活于效率性取向的根据保障功能限度内。其二,生产关系变革的效率性取向的根据,总要求生产关系最大限度地满足生产力效率的要求,从而必然追求劳动强度最大化和劳动成本最小化,最终必然损害生产关系劳动主体的健康、全面发展等价值收益,使其自身失去价值合法性,也必然因损伤劳动者积极性而损伤生产关系效率机能,使其自身失去效率合法性。这决定了效率性取向的合法根据,必须处于具有现实可能性的价值性取向的根据所能承载的限度内。其三,对生产关系变革的价值性取向的根据而言,其价值性诉求的实现所依赖的成本一旦超出生产关系效率机能所能承载的限度,降低了生产关系的效率输出和对生产力效率要求的满足水平,阻碍了生产力发展,那它就为生产关系变革的效率性取向的根据所不容,自然就失去了有效存在的可能性。可见,价值性取向的有效根据,只能处于效率性取向的根据所能承载的限度之内。其四,前述分析显示,对生产关系变革的价值性取向的根据、效率性取向的根据而言,其各自合法有效形态,一方面,都不能离开对方而存在,只能是与对方的结合形态;另一方面,都是一种相互内蕴对方取向的根据:效率性取向的合法有效根据,必然一定程度上内蕴着价值性取向的根据;价值性取向的合法有效根据,也必然一定程度上内蕴着效率性取向的根据。这就表明,效率性取向的合法有效根据,与价值性取向的合法有效根据,本来就是一个相互内在、相互满足、相互统一的整体,生产关系变革的合法有效的整体根据,就只能是由这两种取向的根据的相互渗透,所生成的一个有机综合性整体。其五,效率性取向、价值性取向的根据,在生产关系变革的这一有机综合性合法整体根据中，分别具有不同的效能：前者在其中具有基础性功能，它使后者的存在成为可能；后者在其中具有规范性效能，它把前者效率性功能规范到一定价值框架中，使其具有价值合法性，能被生产关系主体接受和容纳、从而能现实化和具有现实有效性。可见，二者的效能既相互限定又相互依赖、相互支撑。这表明，生产关系变革的合法有效的整体根据，是以后者基于前者、前者又为后者所规范的形式，所构成的一个相互限定、相互依赖、相互满足、相互内在的有机整体。其六，生产力总要求向前发展，从而效率性取向的根据在变革根据整体中，必然居于始源性驱动地位。该驱动机能在驱使生产关系效率性取向的性质提升的同时，也因为其价值性取向的性质的提升创造了可能性基础，而使其价值性取向的性质的变革必要而可能。价值性取向的性质的提升必然改善生产关系主体的生存发展状况，使效率性取向性质的提升成为可能，并由此再反过来促成价值性取向的性质的提升。如此循环往复，使得效率性、价值性取向的变革根据的相互地位关系，呈现为周期性的互为对方演进的动力这样一种均衡与非均衡相统一的动态关系：均衡即效率性、价值性取向的根据相互能满足对方要求，其关系处于相互适应协调状态；非均衡是指随着生产力发展，效率性取向的变革根据，要求进一步强化生产关系效率性属性，从而成为变革的主导性根据，使得价值性取向的根据居于从属性地位，二者原有均衡地位进入非均衡状态。由于生产力在这种非均衡关系中的发展，给价值性取向的根据地位的提升创造了物质基础，从而使得价值性取向的根据的地位得以提升，效率性取向的根据的地位趋于新的均衡。新的均衡形成后，二者地位新的非均衡会依前述逻辑再次出现，并进入均衡与非均衡矛盾新的运动周期中。可见，生产关系变革的合法有效根据，也是由效率性、价值性取向的根据，周期性循环互动所构成的一个均衡与非均衡矛盾统一的动态有机整体。

上述分析显示，生产关系变革的合法整体根据，作为由效率性取向、价值性取向的根据构成的整体，并非这二者的简单相加，而是由这二者相互作用构成的均衡与非均衡矛盾统一的综合性动态有机整体。

五　生产关系变革的合法整体根据对其变革基本规定性的澄明

在生产关系变革的完整根据被遮蔽的情形下，生产关系变革什么、如何变革等变革的基本规定性，也势必处于一定程度的被遮蔽状态。这种被遮蔽状态必然使得生产关系的变革在一定程度上处于朴素和盲目状态。生产关系变革完整根据的解蔽，则使得其变革的基本规定性随之得以澄明，相应地也使得其变革由朴素盲目形态，走向科学和自觉形态。

其一，上述整体根据表明，生产关系变革的必要性，普遍存在于其效率性、价值性取向的性质的内在要求中，而非仅存在于其中一种取向的性质的内在要求中。生产关系的变革、进而社会变迁乃至社会动荡，既可能是只追求生产关系的价值性属性、忽视对其效率性属性内在要求的满足引起的，比如，20世纪七八十年代中国改革开放的出现就是如此；也可能是只追求生产关系的效率性属性，忽视对其价值性属性内在要求引起的，比如人们对各类血汗工厂盘剥的反抗、要求其改进生产关系价值合法性状况愈益强烈的社会压力的呈现就是如此。因此，不能把生产关系变革的必要性，仅理解为其某种单一性质变革的必要性，而须理解为指向其上述两种性质及其有机统一体变革的必要性。

其二，生产关系上述变革根据的整体性，决定了该整体根据对其一种性质变革的要求，内蕴着对其另一种性质变革的间接要求。因此，其一种性质变革时，要前瞻性地揭示其另一种性质可能的变革。

其三，生产关系变革上述整体根据不同构成层面地位和效能的前述差异，决定了其效率性取向的变革，须限定在其具有现实性的价值性取向的性质内在要求限度内，呈现为具有现实价值合法性的效率取向的变革；其价值性取向的变革，不能超出其效率机能之外，也不能以牺牲其效率机能为代价，而须以其效率机能所提供的可能性为基础，与其效率机能的发育相协调。

其四，上述整体根据显示，生产关系变革的驱动力，是由该根据的效率性驱动力、价值性驱动力周期性循环互动构成的均衡与非均衡相统一的动态驱动力系统：两种动力的地位呈现出主导性与从属性差别时，该动力就呈非均衡态；当居从属地位动力作用的提升与居主导地位动力的作用持平时，该动力就呈均衡态；随着生产力不断发展，该动力又会进入新的非均衡态。这样，该动力的主导形态就呈周期性转换格局。因此，变革生产关系，既要统筹开发这两种动力，也要把握好其主次地位转换的时机、控制好其主次地位持续的时间跨度、协调好其主次地位维持和转换的条件，避免其主次地位转换失序导致生产关系合法性降低，以最大限度开发运用该动力系统对生产关系正常运行及必要变革的驱动支撑效能，使生产关系始终处于能协调地、最大限度地满足效率性、价值性要求的最佳功能状态。

其六，与生产关系变革的合法整体根据，进一步呈现为效率性、价值性取向的根据，在均衡与非均衡地位关系中，周期性循环互动所构成的一个矛盾统一的动态有机整体相对应，生产关系变革的主题、重心，也应相应地呈现为在效率性、价值性主题间周期性转换的特点，而非呈现为某种凝固的单一主题。因此，对生产关系变革的驾驭，要与其主题的这种周期性转换保持动态协调关系。

六　结语

其一，生产关系的变革，并不只是要使其满足生产力效率性要求，而是还要通过使其价值性取向的性质的解蔽和出场，把生产力的发展由在纯效率性轨道运行，转换到由在效率性和价值性相协调的轨道中运行，使生产力在效率性层面决定生产关系的过程，与生产关系在价值性层面限定生产力的过程相协调融通。就此而言，改革并不只是生产关系的改革，同时也是对生产力存在和运行方式的改革。

其二，生产关系前述综合性质与前述整体性变革根据，决定了发展生产力并不具有抽象的、绝对的合法性，从而以发展生产力作为生产关系改革的目的是抽象的、片面的。生产关系改革所追求的不只在于是否能解放发展生产力，也在于怎样解放发展了生产力，还在于解放发展了怎样的生产力。那种通过损毁生产关系具有现实性的合法价值属性，而得以解放发展了的生产力，不但为本来就有着其内在价值性诉求的生产关系主体所拒斥，也必然导致社会对立，最终损毁生产力发展所必需的生产关系基础。可见，生产关系改革的目标和方向，只能是那种能满足其主体合法价值诉求的生产关系和生产力运行的发展形态。

第四章　生产关系对生产力反向决定的内容、性质与机理解析

一　问题的提出

在马克思历史决定论中，对于生产力与生产关系之间的关系，人们长期以来有如下基本认识：

其一，生产力与生产关系之间的关系是源流关系，即生产关系基于生产力的要求产生，是生产力内在要求的响应形态，由生产力的内在要求转化而来，其存在的全部必要性和根据，可完全回溯到生产力内在要求之中，通过生产力内在要求得到透彻的解释和说明。就此而言，生产力是生产关系之源，生产关系是生产力之流。

其二，生产力与生产关系之间的关系，是主从关系，即生产力决定生产关系，即有什么样的生产力，就有什么样的生产关系；生产力发展了，生产关系必须随之发展。

其三，如斯大林所指出的那样，"生产关系依赖于生产力的发展而发展，同时又反过来影响生产力，加速或者延缓它的发展。"① 这就是说，生产关系尽管对生产力有反作用，能"加速或者延缓"生产力的发展，但不能决定生产力。显然，生产关系能决定生产力，和生产关系只能"加速或者延缓"生产力的发展，是两种不同性质的作用过程：前者是一种对生产力具有质的层级的影响的作用过程，即能决定生产力是否生成以及所生成生产力的性质；后者则是一种对生产力只具有量的层级的影

---

① 《斯大林选集》下卷，人民出版社1979年版，第444页。

第四章 生产关系对生产力反向决定的内容、性质与机理解析

响而不具有质的层级的影响的作用过程，即只能改变其发展的量的属性，不能改变其发展的质的属性，也就是说，不能改变其运动的性质是向前发展这一质的规定性，不能使其由发展变为不发展或倒退，而只能使其发展快一点或慢一点。

显然，人们所如此认识的生产力与生产关系之间的关系，既是一种单向决定关系，即生产力决定生产关系，而生产关系却不能反过来决定生产力；也是一种主从关系，即生产力主导生产关系，生产关系适应生产力要求而存在，只是生产力效率要求借以满足的工具，其机能和作用仅在于促进生产力发展，从而其存在的意义和必要性完全消融、统一和从属于生产力的存在和发展。

可以肯定，如此认识，确实在一定程度上反映了二者关系的本然内容。然而，问题在于，这是二者关系的全部内容吗？进而言之，在生产力决定生产关系的同时，生产关系是否也在一定意义上决定着生产力？生产关系是否也在一定程度上是生产力之源，而生产力则也是生产关系之流？生产关系是否也在一定程度上主导着生产力，从而在二者的地位关系中，生产关系是"主"，生产力是"从"？生产关系一定的内在要求是否也在一定程度上是生产力所必须满足的对象，从而生产力的具体形态存在的必要性、可能性，是否也在一定程度上取决于其满足生产关系一定内在要求的状况？一句话，生产关系是否不但有着生产力所不能决定的内容，反而还决定着生产力的一定内容？

当然，这一切问题都必须立足于马克思历史决定论既有文本的内在逻辑来回答。思想史已经显示，生产力决定生产关系，是马克思历史决定论的基本命题之一。现在的问题在于，马克思历史决定论的既有文本，是否仅仅认为生产力单向地决定生产关系，而不认为生产关系同时也决定生产力？如果马克思还认为生产关系也决定生产力，那么，马克思相关具体论述究竟是怎样的？在马克思看来，这种决定是什么意义上的决定？若马克思肯定生产关系也决定生产力，那么，这是否意味着长期以来被奉作基本信念的生产力单向决定生产关系的命题，是一个遮蔽了马克思关于生产力与生产关系双向决定思想的破碎命题，从而是一个不完整、不彻底的命题？相应地，这是否也意味着在对生产力生产关系

二者关系的理论认识和实践驾驭问题上，需要一次启蒙和反省，以走向二者关系如其所是的本然状态，从而实现在该问题上的理论的和实践的双重救赎与双重解放，彻底摆脱理论的和实践的双重囚禁、双重蒙昧状态？

显然，如果上述发问并非呓语，二者关系确实存在异于传统认识的如上所述的另一面，那么，这不但意味着必须更新和深化传统的理论认识，而且也意味着驾驭生产力生产关系关系的实践活动，必须实现其基本方式的深刻转换。就此而言，上述问题不容忽视。即使其根本不成立，何以确证其伪、从而何以释解其疑何以化除其惑以涤荡其扰？鉴于此，拙作拟立足于马克思历史决定论的内在逻辑，尝试性地考察马克思历史决定论是否以及在何种意义上内蕴着上述问题的答案，以求有助于上述问题的澄明。

二 马克思对生产关系性质双重规定性的阐发

在马克思看来，生产关系同时具有效率性取向的性质，和价值性取向的性质这样的双重规定性。

（一）马克思对生产关系效率性取向的性质的揭示

马克思在一系列著作中，反复阐发了生产力决定生产关系、生产关系适应生产力的发展而发展的基本思想："人们在自己生活的社会生产中发生一定的、必然的、不以他们的意志为转移的关系，即同他们的物质生产力的一定发展阶段相适合的生产关系。这些生产关系的总和构成社会的经济结构，即有法律的和政治的上层建筑竖立其上并有一定的社会意识形式与之相适应的现实基础。……社会的物质生产力发展到一定阶段，便同它们一直在其中运动的现存生产关系或财产关系（这只是生产关系的法律用语）发生矛盾。于是这些关系便由生产力的发展形式变成生产力的桎梏。那时社会革命的时代就到来了。……无论哪一个社会形态，在它所能容纳的全部生产力发挥出来以前，是决不会灭亡的；而新的更高的生产关系，在它的物质存在条件在旧社会的胎胞里成熟以前，

第四章　生产关系对生产力反向决定的内容、性质与机理解析

是决不会出现的。"① "生产力在其中发展的那些关系……是同人们及其生产力的一定发展相适应的。"② "人们生产力的一切变化必然引起他们的生产关系的变化。"③ "人们在发展其生产力时，即在生活时，也发展着一定的相互关系；这些关系的性质必然随着这些生产力的改变和发展而改变。"④ 对马克思这些论述而言，生产力既然决定生产关系，生产关系既然适应生产力发展而发展，那就不难由此对生产关系存在根据及生产关系内在性质，作出如下基本推断：

其一，生产关系生成存在的必要性根据和基础，在于物质生产活动和生产力的内在要求。诚如马克思所言："人们在自己生活的社会生产中发生一定的、必然的、不以他们的意志为转移的关系，即同他们的物质生产力的一定发展阶段相适合的生产关系"⑤。这就是说，没有物质生产活动及其生产力的内在要求，就没有生产关系生成存在的必要性。

其二，生产关系生成存在和发展的意义，在于满足物质生产活动及其内在生产力的要求。对此，马克思指出："生产力在其中发展的那些关系……是同人们及其生产力的一定发展相适应的。"⑥ 人们活动于其中的所能够存在的生产关系，必须"同他们的物质生产力的一定发展阶段相适合的生产关系"⑦。这意味着满足物质生产活动及其内在生产力的要求，是生产关系生成存在所必须具备的基本的意义和效能。

其三，生产关系不能独立存在，它归根结底是为生产力所决定的，适应生产力的要求而生成存在，并随着生产力的发展而发展。对此，马克思指出："社会的物质生产力发展到一定阶段，便同它们一直在其中运动的现存生产关系或财产关系（这只是生产关系的法律用语）发生矛盾。于是这些关系便由生产力的发展形式变成生产力的桎梏。那时社会革命的时代就到来了。……无论哪一个社会形态，在它所能容纳的全部生产

---

① 《马克思恩格斯选集》第 2 卷，人民出版社 1995 年版，第 32 页。
② 《马克思恩格斯选集》第 1 卷，人民出版社 1995 年版，第 152 页。
③ 同上。
④ 《马克思恩格斯选集》第 4 卷，人民出版社 1995 年版，第 536 页。
⑤ 《马克思恩格斯选集》第 2 卷，人民出版社 1995 年版，第 32 页。
⑥ 《马克思恩格斯选集》第 1 卷，人民出版社 1995 年版，第 152 页。
⑦ 《马克思恩格斯选集》第 2 卷，人民出版社 1995 年版，第 32 页。

力发挥出来以前,是决不会灭亡的;而新的、更高的生产关系,在它的物质存在条件在旧社会的胎胞里成熟以前,是决不会出现的。"① 生产力对生产关系的这种决定地位,当然要求生产关系在性质和内容上,都统一于生产力要求的性质和要求的内容。

其四,在马克思看来,"劳动生产力的增长无非是使用较少的直接劳动创造较多的产品"②,而"使用较少的直接劳动创造较多的产品"的实质,无非是劳动生产的效率问题,那么,生产力对生产关系决定的实质、进而生产力对生产关系要求的性质和内容,自然也就是以效率为根本取向的。

其五,生产关系既然为生产力所决定,而生产力对生产关系决定的性质和决定的内容,既然是效率取向的性质和效率取向的内容,那么,适应生产力这种效率取向的决定的性质和内容的要求而生成与存在的生产关系,当然就应该具有效率取向的性质和内容,当然就应该具有满足生产力效率取向的性质和内容的要求的性质与效能。这就是说,生产关系必须与生产力的要求相适应,具有效率取向的性质和效率取向的效能。

其六,承接上述内容,在马克思看来,生产力决定生产关系,决定的是生产关系的性质、内容和效能,即要求生产关系必须具有效率性取向的性质、内容和效能;而生产关系对生产力的适应,也就是在其性质、内容和效能上适应生产力的效率性取向的性质、内容和效能的要求。

如上诸点,或是马克思原始论述固有内容,或其原始论述中所潜涵的固有意蕴按其本身逻辑的自然展开。其作为一个逻辑上前后相继的统一体,整体性地表明,在马克思看来,生产关系具有由生产力的效率要求所规定的效率性取向的性质。

(二) 马克思对生产关系价值性取向的性质的阐发

马克思肯定了生产关系具有上述效率性取向的性质,也肯定了生产关系同时具有价值性取向的性质。

---

① 《马克思恩格斯选集》第 2 卷,人民出版社 1995 年版,第 32 页。
② 《马克思恩格斯全集》第 46 卷(下),人民出版社 1980 年版,第 360 页。

第四章　生产关系对生产力反向决定的内容、性质与机理解析

1. 马克思把握生产关系问题的价值性取向的基本立场

马克思始终立足于追求人的解放这一根本价值立场，来把握生产关系问题。他指出："对实践的唯物主义者即共产主义者来说，全部问题都在于使现存世界革命化，实际地反对并改变现存的事物。"① 马克思当然是"实践的唯物主义者即共产主义者"，所以当然要"使现存世界革命化，实际地反对并改变现存的事物。"对于他这样的"实践的唯物主义者即共产主义者"来说，则是其所面对和所要解决的"全部问题"。而该问题的实质，就在于实现人的解放。按照这种逻辑，其"使现存世界革命化，实际地反对并改变现存的事物"的活动，当然要改变生产关系、促进生产力发展，以实现人的解放。这样，马克思就把其所考察和所要应对的生产力生产关系及其关系问题，纳入了追求人的解放这一价值轨道中来。

马克思进而认为，人的解放只能通过生产力和生产关系来实现："只有在现实的世界中并使用现实的手段才能实现真正的解放；没有蒸汽机和珍妮走锭精纺机就不能消灭奴隶制；没有改良的农业就不能消灭农奴制；当人们还不能使自己的吃喝住穿在质和量方面得到充分保证的时候，人们就根本不能获得解放。'解放'是一种历史活动，不是思想活动，'解放'是由历史的关系，是由工业状况、商业状况、农业状况、交往状况促成的。"② 这表明，马克思本来就主张着眼于和立足于生产力的发展和生产关系的改进，来实现人的解放的，从而，对马克思的历史哲学而言，生产力、生产关系及其关系问题，并非孤立抽象的问题，即生产力生产关系及其关系问题，并非纯粹的生产力、生产关系及其关系问题本身，而是追求人的解放这一事业和实践中的问题，是受该事业和实践约束同时也约束着该事业和实践的问题。在马克思看来，生产力、生产关系及其关系问题，本来就是与人的解放事业和解放实践相内在的问题，从而本来就渗透着追求人的解放这样的价值属性，从而本来就具有与人的解放相渗透、相内在的价值取向的性质和效能。既然如此，那么，马

---

① 《马克思恩格斯文集》第 1 卷，人民出版社 2009 年版，第 527 页。
② 同上。

克思对生产力决定生产关系问题的认识，进而对生产关系性质和内容的认识，也自然是在人的解放这一价值视野中来展开的。

可见，马克思赋予了生产关系以承载和追求人的解放这样的根本性的价值使命和价值责任。

2. 马克思对生产关系内在的价值取向的性质的阐发

马克思在肯定生产关系始终处于生产力效率要求的约束中、进而始终具有效率性取向的性质的同时，也肯定其始终处于价值性取向的约束中，进而始终具有价值性取向的性质。他指出："每一个单个人的解放的程度是与历史完全转变为世界历史的程度一致的。……只有这样，单个人才能摆脱种种民族局限和地域局限，而同整个世界的生产（也同精神的生产）发生实际联系，才能获得利用全球的这种全面的生产（人们的创造）的能力。各个人的全面的依存关系、他们的这种自然形成的世界历史性的共同活动的最初形式，由于这种共产主义革命而转化为对下述力量的控制和自觉的驾驭，这些力量本来是由人们的相互作用产生的，但是迄今为止对他们来说都作为完全异己的力量威慑和驾驭着他们……"① 显然，这里的"历史完全转变为世界历史的程度"问题，本质上是生产关系的世界化、全球化问题。而正是这一问题，约束着"每一个单个人的解放的程度"这一价值层面的问题。这样，马克思就揭示了生产关系内在具有约束人解放状况这一性能。

他接着指出："生产力在其发展的过程中达到这样的阶段，在这个阶段上产生出来的生产力和交往手段在现存关系下只能造成灾难，这种生产力已经不是生产的力量，而是破坏的力量（机器和货币）。与此同时还产生了一个阶级，它必须承担社会的一切重负，而不能享受社会的福利，它被排斥于社会之外，因而不得不同其他一切阶级发生最激烈的对立。"② 对其中的"生产力在其发展的过程中达到这样的阶段，在这个阶段上产生出来的生产力和交往手段在现存关系下只能造成灾难"这一论述而言，所谓"交往手段"显然是指被生产力所决定的生产关系。而其作为"生

---

① 《马克思恩格斯文集》第 1 卷，人民出版社 2009 年版，第 541 页。
② 同上书，第 542 页。

产力在其发展的过程中达到这样的阶段"的生产关系，具有"只能造成灾难"，"与此同时还产生了一个阶级，它必须承担社会的一切重负，而不能享受社会的福利，它被排斥于社会之外，因而不得不同其他一切阶级发生最激烈的对立"。显然，其具有的这一效应，无疑是一种呈现为关于人的解放问题的约束的价值层面的效应，这表明，其作为生产关系，仍然具有约束人解放状况这样的价值性取向的性质与性能。

马克思还指出："共产主义革命则针对活动迄今具有的性质，消灭劳动，并消灭任何阶级的统治以及这些阶级本身。"① 在这一论述中，所谓"消灭劳动，并消灭任何阶级的统治以及这些阶级本身"，实际上是消灭私有制这一特定的生产资料所有制。毕竟，私有制是"任何阶级的统治以及这些阶级本身"存在的根源。而生产资料所有制显然是生产关系层面的内容。私有制这样的生产关系所导致的"阶级的统治"和阶级差别、阶级对立，显然是人的解放状况性质的问题。可见，在马克思看来，私有制这样的生产关系，仍然内在地具有约束人解放状况这样的价值性取向的性质与性能。

此外，马克思还通过对生产关系状况对人的解放状况的约束，直接彰显生产关系具有价值性取向的性质。马克思指出："'解放'是一种历史活动，不是思想活动，'解放'是由历史的关系，是由工业状况、商业状况、农业状况、交往状况促成的。"② 在这一论述中，约束人解放状况的"工业状况、商业状况、农业状况、交往状况"，尽管包含着生产力的内容，但同时也包含着生产关系的内容。而生产关系既然约束着人解放的状况，那么，它自然就具有价值性取向的性质。

可见，马克思所论述的生产力、生产关系及其关系问题，是内在于人的解放这一历史进程中的问题，而人的解放这一价值性问题，则又是基于生产力生产关系的矛盾运动来实现的。这表明，在马克思看来，生产力、生产关系与人的解放问题不可分割：生产力、生产关系及其关系的存在和运动，既是一个以效率约束为其本质的历史必然性过程，也是

---

① 《马克思恩格斯文集》第1卷，人民出版社2009年版，第543页。
② 同上书，第527页。

一个受人的解放要求约束的历史价值性过程;人的解放既是一个应然的价值性过程,也是一个内在地受生产力生产关系的矛盾运动约束的为历史必然性所规定的过程。这就是说,在马克思那里,生产力、生产关系及其关系的存在和运动,并非仅有以效率约束为其根本性质的历史必然性属性,也渗透着受人的解放追求约束这样的历史应然性的价值属性。

3. 马克思对合法价值属性缺失的生产关系的批判及对具有合法价值属性的生产关系的期待

马克思不但对生产关系内在具有以人的解放为核心的价值性取向的性质及其具体表现形式和具体表现形态,进行了如上所述的具体分析论证,还对那种以李嘉图为代表的对生产关系的性质祛价值化、把生产关系的性质完全效率化的做法,进行了揭露和批判:"在李嘉图看来,人是微不足道的,而产品则是一切。"① 在马克思看来,这样做的结果是:"在现代制度下,如果弯腰驼背,四肢畸形,某些肌肉的片面发展和加强等,使你更有生产能力,那么你的弯腰驼背,你的四肢畸形,你的片面的肌肉运动,就是一种生产力。如果你精神空虚比你充沛的精神活动更富有生产能力,那么你的精神空虚就是一种生产力。如果一种职业的单调使你更有能力从事这项职业,那么单调就是一种生产力。"②"在资本主义体系内部,一切提高社会劳动生产力的方法都是靠牺牲工人个人来实现的;一切发展生产的手段都变成统治和剥削生产者的手段,都使工人畸形发展,成为局部的人,使工人贬低为机器的附属品,使工人受劳动的折磨,从而使劳动失去内容,并且随着科学作为独立的力量被并入劳动过程而使劳动过程的智力与工人相异化。"③ 马克思对资本主义生产关系对资本的效率要求的这种屈从的批判,直接显示出,生产关系不仅对生产力负有效率责任,同时对人也负有价值责任,从而自然就具有价值性取向的性质。

马克思还向往、期待着具有促进人解放性质的合法生产关系的出现。

---

① [德]马克思:《1844年经济学—哲学手稿》,刘丕坤译,人民出版社1979年版,第27页。
② 《马克思恩格斯全集》第42卷,人民出版社1979年版,第261—262页。
③ 《马克思恩格斯全集》第23卷,人民出版社1972年版,第707—708页。

他指出:"培养社会的人的一切属性,并且把他们作为具有尽可能丰富的属性和联系的人,因而具有尽可能广泛需要的人生产出来——把他们作为尽可能完整和全面的社会产品生产出来(因为要多方面享受,他就必须有享受的能力,因此他必须是具有高度文明的人)。"① 享受显然是生产关系的消费层面的问题。在马克思看来,在具有充分的价值合法性的生产关系中,包括生产者在内的人们,不仅要有消费享受,而且要有多方面的消费享受。这显然就揭示了消费关系所应具有的合法价值属性。马克思还从未来社会生产者对生产关系的自由组合性层面,揭示了合法生产关系的特征:"在共产主义社会里,任何人都没有特殊的活动范围,而是都可以在任何部门内发展,社会调节着整个生产,因而使我有可能随自己的兴趣今天干这事,明天干那事,上午打猎,下午捕鱼,傍晚从事畜牧,晚饭后从事批判,这样就不会使我老是一个猎人、渔夫、牧人或批判者。"② 显然,马克思期待的这种合法生产关系,其特征在于,除满足生产力效率取向的要求外,还满足人的解放这样的价值性的要求,从而表明,生产关系并非仅是生产力效率要求的函数。

上述分析显示,马克思并非把生产关系仅看成是由生产力效率要求决定的效率性取向的力量,仅具有效率性取向的性质,而是把其也看成是由人解放要求决定的价值性取向的力量,具有价值性取向的性质。

三 马克思对生产力性质双重规定性的阐发

(一) 马克思对生产力内在效率性取向的性质的阐发

在马克思看来,生产力归根结底是劳动生产力。他指出:"劳动首先是人和自然之间的过程,是人以自身的活动来中介、调整和控制人和自然之间的物质变换的过程。人自身作为一种自然力与自然物质相对立。为了在对自身生活有用的形式上占有自然物质,人就使他身上的自然

---

① 《马克思恩格斯全集》第 46 卷(上),人民出版社 1979 年版,第 392 页。
② 《马克思恩格斯文集》第 1 卷,人民出版社 2009 年版,第 537 页。

力——臂和腿、头和手运动起来。"① "劳动过程……是制造使用价值的有目的的活动,是为了人类的需要而对自然物的占有,是人和自然之间的物质变换的一般条件,是人类生活的永恒的自然条件,因此,它不以人类生活的任何形式为转移,倒不如说,它为人类生活的一切社会形式所共有。"② 这样,所谓劳动生产力实际上也就是人改造和驾驭自然物最终"在对自身生活有用的形式上占有自然物质"的能力。马克思指出:"劳动生产力是由多种情况决定的,其中包括:工人的平均熟练程度,科学的发展水平和它在工艺上应用的程度,生产过程的社会结合,生产资料的规模和效能,以及自然条件。"③ 显然,马克思揭示的"劳动生产力"的这些构成,其基本机能不但在于使劳动生产活动成为可能,而且都从属和统一于提高劳动生产效率这一直接目标。马克思指出:"劳动生产力的提高……一般是指劳动过程中的这样一种变化,这种变化能缩短生产某种商品的社会必需的劳动时间,从而使较小量的劳动获得生产较大量使用价值的能力。"④ 这样,生产单位使用价值所需耗费的社会必需的劳动时间,或者说在单位劳动时间内生产的社会需要的使用价值的数量,就成为衡量劳动生产力的"量"的标准。在量的规定的意义上,马克思把劳动生产力叫作"劳动生产率"。可见,在他看来,劳动生产力本质的规定性,就在于劳动生产的效率。马克思还指出,"劳动生产力的增长无非是使用较少的直接劳动创造较多的产品"⑤,而"使用较少的直接劳动创造较多的产品"的实质,无非是劳动生产的效率问题,可见,生产力自然就具有效率性取向的基本性质。

(二) 马克思对生产力内在价值性取向的性质的阐发

马克思认为生产力同时还具有呈现为约束人解放状况的基本力量这样一重价值性取向的基本性质。

其一,从生产力主体构成的社会属性角度,揭示了生产力价值性取

---

① [德] 马克思:《资本论》第 1 卷,人民出版社 2004 年版,第 207—208 页。
② 同上书,第 215 页。
③ [德] 马克思:《资本论》第 1 卷,人民出版社 1975 年版,第 53 页。
④ [德] 马克思:《资本论》第 1 卷,人民出版社 2004 年版,第 366 页。
⑤ 《马克思恩格斯全集》第 46 卷(下),人民出版社 1980 年版,第 360 页。

向的性质。马克思指出:"在一切生产工具中,最强大的一种生产力是革命阶级本身。革命因素之组成为阶级,是以旧社会的怀抱中所能产生的全部生产力的存在为前提的。"① 此"革命阶级"当然追求人的解放,它作为"最强大的一种生产力"而存在,决定了生产力直接呈现为一种价值性取向的力量,从而自然就具有价值性取向的性质。

其二,从生产力为生产关系约束角度,揭示了生产力呈现为人解放的特定状态,具有价值性取向的性质。马克思指出:"谈论自由的、人的、社会的劳动,谈论没有私有财产的劳动,是一种最大的误解。'劳动'按其本质来说,是非自由的、非人的、非社会的、被私有财产所决定的并且创造私有财产的活动。"② 由于生产力始终内在于劳动及其产品中,马克思对劳动的社会约束性的这种论述,自然就涵盖着对生产力社会约束性的论述。生产力承受如此社会约束的直接结果,就使得其呈现为一种被私有制的生产关系规定着的生产力,从而处于自由或不自由的状态中。而生产力这种或自由或不自由的状态,都是人解放的现实境遇,它自然就具有价值性取向的基本性质。

其三,从生产力受人的解放状况约束、受人的解放状况支撑、内在于人的解放状况之中的角度,揭示了生产力价值性取向的基本性质。马克思指出:"生产力表现为一种完全不依赖于各个人并与他们相分离的东西,表现为各个人同时存在的特殊世界,……而这些力量从自己方面来说只有在这些个人的交往和相互联系中才能成为真正的力量。"③ 他还指出:"个人的充分发展又作为最大的生产力反作用于劳动生产力。"④ 显然,"人的交往和相互联系的状况""人的充分发展的状况"本质上都是人解放的状况。而正是它们,内在于生产力之中并规定着生产力。这样,生产力就具有价值性取向的基本性质。

其四,从人解放状况直接就是生产力发展状况的角度,把人解放状况和生产力发展状况直接相等同,把生产力本质直接规定为人解放状况,

---

① 《马克思恩格斯选集》第 1 卷,人民出版社 1995 年版,第 194 页。
② 《马克思恩格斯全集》第 42 卷,人民出版社 1979 年版,第 254 页。
③ 《马克思恩格斯选集》第 1 卷,人民出版社 1972 年版,第 73 页。
④ 《马克思恩格斯全集》第 46 卷(下),人民出版社 1974 年版,第 225 页。

从而揭示了生产力具有价值性取向的基本性质。马克思指出："生产力的最高发展，因而也和个人……的最丰富的发展相一致。"① 生产力发展的历史可归结为"个人本身力量发展的历史"② 他还指出："如果像李嘉图的感伤主义的反对者们那样，断言生产本身不是目的本身，那就是忘记了，为生产而生产无非就是发挥人类的生产力，也就是发展人类天性的财富这种目的本身。"③ 他还强调："我们把劳动力或劳动能力，理解为人的身体即活的人体中存在的、每当人生产某种使用价值时就运用的体力和智力的总和。"④ 这意味着生产力发展和人"体力和智力的总和"发展是一致的。马克思关于生产力与人解放状况具有的同一性的思想，还体现在他关于未来理想社会的论述中："建立在个人全面发展和他们共同的社会生产能力成为他们的社会财富这一基础上自由个性，是第三个形态。"⑤ 到了第三个形态，人们在自愿、共同的劳动关系中，才能实现个人能力的全面发展，人们的自由个性才能得以尽情发挥，这时候"真正的财富就是所有个人的发达的生产力"⑥。可见，马克思将生产力视为人随着社会关系的发展所体现出来的实践能力，进而也把其视为人解放发展的特定状况。

其五，从生产力存在发展目的角度，揭示了生产力价值性取向的性质。马克思指出，在未来社会中，"社会生产力的发展将如此迅速，……生产将以所有人的富裕为目的"⑦。不过，生产力发展的目的，并不只是人的富裕，更重要的是人自由全面发展："联合起来的个人对全部生产力总和的占有，消灭着私有制。""代替那存在着阶级和阶级对立的资产阶级旧社会的，将是这样一个联合体，在那里，每个人的自由发展是一切人自由发展的条件。"显然，生产力发展的如此目的，也决定了它具有价值性取向的性质。

---

① 《马克思恩格斯全集》第46卷，人民出版社1980年版，第35页。
② 《马克思恩格斯全集》第3卷，人民出版社1960年版，第81页。
③ 《马克思恩格斯全集》第34卷，人民出版社2008年版，第127页。
④ 《马克思恩格斯全集》第23卷，人民出版社1972年版，第加3页。
⑤ 《马克思恩格斯全集》第46卷（上），人民出版社1980年版，第104页。
⑥ 同上书，第222页。
⑦ 《马克思恩格斯全集》第46卷（下），人民出版社1980年版，第220页。

第四章 生产关系对生产力反向决定的内容、性质与机理解析

第六,从生产力发展的历史就是人解放的历史角度,揭示了生产力价值性取向的性质。恩格斯指出:"在当时的条件下,采用奴隶制是一个巨大的进步。人类是从野兽开始的,因此,为了摆脱野蛮状态,他们必须使用野蛮的、几乎是野兽般的手段,这毕竟是事实。""甚至对奴隶来说,这也是一种进步,因为成为大批奴隶来源的战俘以前被杀掉,而在更早的时候甚至被吃掉,现在至少能保全生命了。"① 资本家"狂热地追求价值的增殖,肆无忌惮地迫使人类去为生产而生产,从而去发展社会生产力,去创造生产的物质条件;而只有这样的条件,才能为一个更高级的、以每个人的全面而自由的发展为基本原则的社会形式创造现实基础"②。生产力发展代价尽管巨大,但其每一次发展,都是走向人解放更高境界的进步。可见,生产力发展内在地具有价值性取向的性质。

其七,从生产力促进或阻障人解放角度,揭示了生产力价值性取向的性质。马克思指出:"在现代制度下,如果弯腰驼背,四肢畸形,某些肌肉的片面发展和加强等,使你更有生产能力,那么你的弯腰驼背,你的四肢畸形,你的片面的肌肉运动,就是一种生产力。如果你精神空虚比你充沛的精神活动更富有生产能力,那么你的精神空虚就是一种生产力,等等,等等。如果一种职业的单调使你更有能力从事这项职业,那么单调就是一种生产力。"③ 显然,如此的种种生产力,是直接作为压制和阻障人解放的力量而存在的,从而自然具有价值性取向的性质。

上述不同角度显示,在马克思看来,不同历史条件下,生产力具有促进或阻障人解放的性质,且也直接表现为人解放的具体形态,从而具有以与人解放状况相互约束、相互内在的价值性取向的性质。

四 马克思对生产力、生产关系双重属性相向约束关系的揭示

生产力是通过生产关系而存在运行的,生产关系也是基于生产力要

---

① 《马克思恩格斯选集》第 3 卷,人民出版社 1972 年版,第 220—221 页。
② 《马克思恩格斯全集》第 23 卷,人民出版社 1972 年版,第 649 页。
③ 《马克思恩格斯全集》第 42 卷,人民出版社 1979 年版,第 261—262 页。

求而生成存在的。二者间并非一种简单并列和相互外在的关系,而是一种相向运动、相互转化、相互内在的关系。这使得二者分别具有的上述双重属性,相应地呈现出相向规定的关系来,并构成二者相向决定的通道。

(一) 马克思对生产力双重属性对生产关系双重属性约束关系的阐发

1. 生产力效率性取向的性质对生产关系效率性取向的性质的约束。在马克思看来:"生产力在其中发展的那些关系,并不是永恒的规律,而是同人们及其生产力的一定发展相适应的东西,人们生产力的一切变化必然引起他们的生产关系的变化。"[①] 生产关系效率性取向的性质,根源于生产力效率性取向的性质,是对生产力效率性取向的性质内在要求的响应及满足的具体形式。就此而言,生产力效率性取向的性质,就约束着生产关系效率性取向的性质。

2. 生产力效率性取向的性质对生产关系价值性取向的性质的约束。马克思指出,资本家"狂热地追求价值的增殖,肆无忌惮地迫使人类去为生产而生产,从而去发展社会生产力,去创造生产的物质条件;而只有这样的条件,才能为一个更高级的、以每个人的全面而自由的发展为基本原则的社会形式创造现实基础"[②]。可见,没有生产力在其效率性取向的性质驱使下的发展,生产关系效率性取向的性质就是空洞的。生产关系价值性取向的性质内在要求是否具有被满足的现实可能性,除了其是否合乎社会法则外,也取决于其满足所必需的现实的物质资源是否具备。这种物质资源归根结底来源于生产力的产出和供给。生产力的这种产出和供给是否充分有效,则取决于生产力效率性取向的性质,是否具备保障这种产出和供给的内在机能。可见,生产力效率性取向的性质,根本性地约束着生产关系价值性取向的性质,及内在要求的现实有效性机器被满足的状况。

3. 生产力价值性取向的性质对生产关系效率性取向的性质的约束。

[①] 《马克思恩格斯选集》第1卷,人民出版社1995年版,第152页。
[②] 《马克思恩格斯全集》第23卷,人民出版社1972年版,第649页。

第四章 生产关系对生产力反向决定的内容、性质与机理解析

马克思指出:"个人的充分发展又作为最大的生产力反作用于劳动生产力。"① 显然,"个人的充分发展""作为最大的生产力",无疑体现了生产力价值性取向的性质。生产力如此价值性取向的性质,使得生产力主体经由生产关系而同时作为生产关系主体存在时,必然促进生产关系效率性取向的性质的健康发育。反之,生产力如此价值性取向的性质若不能健康发育,也会阻碍生产关系效率性取向的性质的发育。毕竟,生产力、生产关系主体发展的充分性状况,和其活动的效率具有正相关性。具体来看,生产关系效率性取向的性质的内在要求,终究要通过生产力来落实和满足。而生产力价值性取向的性质的状况,约束着生产力主体的发展水平,进而约束着生产力的效率水平。而生产力的效率水平,自然也就约束着生产关系效率性取向的性质内在要求被满足的状况。可见,生产力价值性取向的性质,也就间接地约束着生产关系效率性取向的性质,使其在一定程度上受到生产力效率性取向的性质的影响。

4. 生产力价值性取向的性质对生产关系价值性取向的性质的约束。马克思指出:"工业用符咒招引出来(唤起)的自然力量和社会力量对工业的关系,同无产阶级同工业的关系完全一样。今天,这些力量仍然是资产者的奴隶,资产者无非把它们看作是实现他的自私的(肮脏的)利润率的工具(承担者);它们将砸碎自己的锁链,表明自己是会把资产者连同只有肮脏外壳(资产者把这个外壳看成是工业的本质)的工业一起炸毁的人类发展的承担者,这时人类的核心也就赢得了足够的力量来炸毁这个外壳并以它自己的形式表现出来。明天,这些力量将炸毁资产者用以把它们同人分开并因此把它们从一种真正的社会联系变为(歪曲为)社会桎梏的那种锁链。"② 无产阶级是生产力的主体,也是生产关系的主体。它们作为生产力主体追求自身解放的价值性取向的性质,也必然使它们作为生产关系主体,赋予生产关系追求本阶级解放的价值性取向的性质。可见,生产力主体会把生产力价值性取向的性质,传递给生产关系,使其具有相应的价值性取向的性质。再者,生产关系价值性取向的

---

① 《马克思恩格斯全集》第 46 卷(下),人民出版社 1974 年版,第 225 页。
② 《马克思恩格斯全集》第 42 卷,人民出版社 1979 年版,第 258—259 页。

性质内在要求的满足，离不开物质资源，从而离不开生产力。生产力价值性取向的性质是生产力供给这种物质资源的能力的基本约束参量之一，从而间接地约束着生产关系价值性取向的性质及其内在要求满足的状况。

（二）马克思对生产关系双重属性对生产力双重属性约束关系的阐发

1. 生产关系效率性取向的性质对生产力效率性取向的性质的约束。在马克思看来："一切生产都是个人在一定社会形式中并借这种社会形式而进行的对自然的占有。"① 这意味着生产力终究要通过生产关系来生成存在和展开，从而使得生产力效率性取向的性质，终究要通过生产关系效率性取向的性质来落实和实现。既然如此，那么，生产力效率取向的性质就必然打上生产关系效率性取向的性质的一定烙印。

2. 生产关系效率性取向的性质对生产力价值性取向的性质的约束。马克思指出："生产力表现为一种完全不依赖于各个人并与他们相分离的东西，表现为各个人同时存在的特殊世界……而这些力量从自己方面来说只有在这些个人的交往和相互联系中才能成为真正的力量。"② 生产力既然存在于"各个人同时存在的特殊世界"中，而"各个人同时存在的特殊世界"当然包括其生存发展的价值世界。然而，如此价值世界，却"只有在这些个人的交往和相互联系中才能成为真正的力量"。就其道理而言，生产力除了依赖生产关系而生成外，生产力价值性取向的性质的生成存在及其内在要求的满足，也离不开相应的物质资源。而如此物质资源的创造和供给，离不开生产关系效率性取向的性质。这间接地决定了生产关系效率性取向的性质，是生产力价值性取向的性质的存在及其内在要求的满足的约束因素，从而生产力价值性取向的性质，必须是那种能够满足生产关系、进而必须满足生产力效率性取向的性质内在要求的价值性取向的性质，相应地也就是在一定程度上效率取向化了的价值性取向的性质，而不再能够仅仅作为纯粹的价值性取向的性质而存在。

3. 生产关系价值性取向的性质对生产力效率性取向的性质的约束。生产力效率性取向的性质现实发育状况，是由生产关系价值性取向的性

---

① 《马克思恩格斯全集》第46卷（上），人民出版社1979年版，第22页。
② 《马克思恩格斯选集》第1卷，人民出版社1972年版，第73页。

第四章 生产关系对生产力反向决定的内容、性质与机理解析

质确定的,并随其变化而变化:若生产关系价值性取向的性质,以效率最大化为其至上价值目标,那它就会要求生产力效率性取向的性质无条件地发育扩展;若生产关系价值性取向的性质追求效率的同时,也追求生产关系主体、生产力主体人权质量的提升,那它就会要求生产关系对生产力效率性取向的性质的驾驭和运用,与对生产关系主体、生产力主体人权质量的提升协调起来,甚至把其纳入到对生产关系主体、生产力主体人权质量提升的轨道中来,从而使得生产力效率性取向的性质实际发育状况,一定程度上呈现为生产关系价值性取向的性质,所追求的那种发育状况。例如,马克思指出,资本主义社会,"把人贬低为一种创造财富的'力量',这就是对人的绝妙的赞扬!资产者把无产者不是看作人,而是看作创造财富的力量。资产者还可以把这种力量同其他的生产力——牲畜、机器——进行比较。如果经过比较,说明人是不适宜的,那么以人为承担者的力量必然被以牲畜或机器为承担者的力量所代替,尽管在这种情况下人仍然享有(具有)'生产力'这一角色的荣誉。如果我把人说成是'交换价值',那么这个说法已经包含了这样的意思:社会条件把人变成了'物'。如果我把人当作'生产力'来对待,那么我就是用别的主体代替了真正的主体,我就是用另一个人代替了他,而他现在只是作为财富的原因而存在"①。显然,无产者这种生产力主体,被作为"牲畜、机器"来驾驭和运用,使生产力价值性取向的性质呈现出反人权的属性,这完全是资产阶级所主导的生产关系以效率最大化,为其价值性取向的性质的根本目标要求的。可见,生产力效率性取向的性质,对生产关系价值性取向的性质,有着根本依赖性,在一定程度上总是烙印有生产关系价值性取向的性质内在要求的印记。

4. 生产关系价值性取向的性质对生产力价值性取向的性质的约束

生产力总是生成存在于生产关系的框架中。这使得生产关系直接限定生产力的生成存在状况。马克思指出:"在现代制度下,如果弯腰驼背,四肢畸形,某些肌肉的片面发展和加强等,使你更有生产能力,那么你的弯腰驼背,你的四肢畸形,你的片面的肌肉运动,就是一种生产

---

① 《马克思恩格斯全集》第42卷,人民出版社1979年版,第261—262页。

力。如果你精神空虚比你充沛的精神活动更富有生产能力，那么你的精神空虚就是一种生产力，等等，等等。如果一种职业的单调使你更有能力从事这项职业，那么单调就是一种生产力。"① 显然，生产力主体"弯腰驼背，四肢畸形，某些肌肉的片面发展和加强等"作为生产力存在运行的具体形式，显然是生产力价值性取向的性质的一种具体、现实的状态，而这则是由享有这种生产力的生产关系价值性取向的性质决定的：若其价值性取向的性质以效率最大化为其价值取向，那它就会把生产力主体、生产关系主体，都无条件地看作实现效率最大化的工具，而无视这样做会给上述主体带来怎样的损害；若其价值性取向的性质把对效率的追求置于一定人权的约束之下，那它就可能兼顾生产力主体、生产关系主体的人权性等价值性取向的要求，与对效率的追求的要求间的关系，而不以后者牺牲前者。毕竟，生产力存在运行的状态、其价值性取向的性质的现实状态，只能通过生产关系、进而通过生产关系的价值性取向的性质，来存在运行，这样，生产关系价值性取向的性质是怎样的，生产力价值性取向的性质的现实状态，一定程度上也就相应地是怎样的。

对生产力、生产关系各自的前述双重属性而言，它们的上述相向约束关系表明，它们都不能独立存在，都是经由对方的中介而生成和存在的，都是为对方所约束、所限定的，它们不但是作为一个相互渗透、相互内在的整体而存在的，而且也是分别作为这种相互约束的产物而生成和存在的。

五 马克思关于生产关系对生产力决定作用及其性质的揭示

生产力与生产关系各自双重属性间的上述相向约束关系，还进一步表现为相向决定关系。其中的生产力决定生产关系这一向度的决定关系，已为人们所熟知；而生产关系对生产力的决定关系，则尚处于被遮蔽状态，须具体阐发。

---

① 《马克思恩格斯全集》第42卷，人民出版社1979年版，第261—262页。

第四章　生产关系对生产力反向决定的内容、性质与机理解析

（一）生产关系对生产力的决定作用：决定生产力的什么？

其一，决定生产力价值性取向的性质或文明或野蛮。

生产力价值性取向的性质，是生产力主体围绕人解放这一主题呈现出的价值性诉求的属性。如前文分析所示，生产力价值性取向的性质只能通过生产关系价值性取向的性质而存在和现实化。

生产关系主体是具体的、历史的：原始社会，他们共为生产资料所有权主体。私有制条件下，其区分为生产资料所有者主体与非所有者主体。社会主义等新的公有制条件下，他们重新共同成为生产资料所有权主体，生产资料所有者主体和非所有者主体的区分消失。私有制条件下，生产关系主体上述内在差别，以及资源财富稀缺、资源财富的生成总是受成本约束、资源财富的享有总具有排他性等恒常参量的约束，使得生产关系效率性取向、价值性取向的性质的发育难以协调，呈现出前者支配后者的状况。私有制条件下，生产关系价值性取向的性质的特征，是以牺牲生产资料非所有者主体的发展等价值性权益，来实现生产资料所有者主体的效率性收益目标。

生产关系作为生产力存在运行的社会形式社会途径，本质上是生产活动中人与人的关系。生产活动中的人，就既是生产力的主体，也是生产关系的主体，从而二者的主体一定程度上就是同一主体。这使得私有制条件下，生产力必然通过生产关系效率性取向的性质，宰制压迫价值性取向的性质的方式和途径来存在和运行。其结果，使得生产力的存在和运行的社会形式和社会途径，必然呈现为牺牲生产力主体（当然并不包括生产力所有权主体、也不包括生产关系中的生产资料所有者主体）的健康发展、收益公平权等价值性权益的特征。如此生成和获得生产力的价值性取向的性质，自然也就具有了牺牲生产力主体权益来满足生产力效率性取向的性质内在要求的特征。显然，该特征并不来源于生产力，而是来源于其借以存在和运行的生产关系的私有制规定性。

马克思对私有制条件下生产关系对生产力如此特征的价值性取向的性质的这种决定性地位，有过精辟论述："在现代制度下，如果弯腰驼背，四肢畸形，某些肌肉的片面发展和加强等，使你更有生产能力，那

么你的弯腰驼背,你的四肢畸形,你的片面的肌肉运动,就是一种生产力。如果你精神空虚比你充沛的精神活动更富有生产能力,那么你的精神空虚就是一种生产力。如果一种职业的单调使你更有能力从事这项职业,那么单调就是一种生产力。"① 生产力主体"弯腰驼背,四肢畸形"等生产力存在运行状态,显然是生产力价值性取向的性质的一种具体现实状态。该状态正是由享有这种生产力的生产关系,对待生产力效率性取向的性质的价值取向和价值态度决定的,也就是由其价值性取向的性质决定的:私有制条件下,生产资料所有者与非所有者利益是对立的,前者必然把生产关系的存在运行,纳入以牺牲后者权益来追求其效率取向的目标最大化实现的轨道中,从而必然要以损害其非所有者主体权益、进而损害生产力主体权益的方式来组织生产活动,来形成生产力。这就使得生产力以损害生产关系非生产资料所有者主体权益、进而损害生产力主体权益的这种野蛮的社会属性,而存在和运行。

公有制条件下生产力对效率的追求,以实现生产者全面发展的社会形式来进行:"在共产主义社会里,任何人都没有特殊的活动范围,而是都可以在任何部门内发展,社会调节着整个生产,因而使我有可能随自己的兴趣今天干这事,明天干那事,上午打猎,下午捕鱼,傍晚从事畜牧,晚饭后从事批判,这样就不会使我老是一个猎人、渔夫、牧人或批判者。"② 这就是说,在公有制条件下,生产力的发展不但不再具有损害生产者权益这样一种野蛮的价值性取向的社会属性,而且是在实现生产者全面发展这样一种新的文明的价值取向的社会属性中展开和实现的。

可见,在马克思看来,生产力价值性取向的性质是野蛮还是文明,是随着生产关系性质的变化而变化的,从而是由生产关系性质决定的。

其二,决定可能的生产力是否能转化为现实的生产力、进而决定有效的生产力是否能生成。

内蕴于生产力不同要素及其关系中的可能或潜在的生产力,只能通过生产关系来转化为现实的生产力。马克思指出:"生产力表现为一种完

---

① 《马克思恩格斯全集》第 42 卷,人民出版社 1979 年版,第 261—262 页。
② 《马克思恩格斯文集》第 1 卷,人民出版社 2009 年版,第 537 页。

全不依赖于各个人并与他们相分离的东西，表现为各个人同时存在的特殊世界，……而这些力量从自己方面来说只有在这些个人的交往和相互联系中才能成为真正的力量。"① 正是生产关系，把生产力各要素整合协调为一个有机整体系统，实现了生产力由可能的、潜在的形态向现实形态的转化。不过，受生产资料所有权、利益的差异性、利益获取的竞争性等因素约束，生产关系不同主体所选择和确定的生产关系价值性取向、效率性取向的性质，必然分别存在着种种内在冲突和矛盾，使得这两种取向的性质未必会自发协调。在这诸多因素约束下，生产关系不同主体对生产力各要素及其关系内蕴的、可能的、潜在的生产力的理解，也可能呈现出矛盾的状态来，未必与生产力各要素及其关系内蕴的、可能的、潜在的生产力本来所是的形态相符。其结果，就可能使、也可能难以使生产力各要素及其关系内蕴的、可能的、潜在的生产力转化提升为现实的生产力；而无论是其中何种情况，都是由生产关系决定的。在此意义上，生产关系决定生产力各要素及其关系内蕴的、可能的、潜在的生产力，是否能转化提升为现实的生产力，进而决定着有效的生产力是否能够生成。

其三，决定生产力价值性取向的性质与效率性取向的性质是否协调。

在马克思看来："在资本主义体系内部，一切提高社会劳动生产力的方法都是靠牺牲工人个人来实现的；一切发展生产的手段都变成统治和剥削生产者的手段，都使工人畸形发展，成为局部的人，使工人贬低为机器的附属品，使工人受劳动的折磨，从而使劳动失去内容，并且随着科学作为独立的力量被并入劳动过程而使劳动过程的智力与工人相异化。"② 显然，"提高社会劳动生产力"的活动及其方法的选择，是由资本主义生产关系的主体中的生产资料所有者主体，来组织控制和支配的。劳动生产力提高的主要收益，归生产资料所有者主体所有，而这种收益的直接创造者，则是被雇佣的工人。在资源稀缺、竞争、成本约束等因素的共同制约下，生产资料所有者主体"提高社会劳动生产力的方法"，

---

① 《马克思恩格斯选集》第1卷，人民出版社1972年版，第73页。
② 《马克思恩格斯全集》第23卷，人民出版社1972年版，第707—708页。

自然就"都是靠牺牲工人个人来实现的"。而"一切发展生产的手段都变成统治和剥削生产者的手段，都使工人畸形发展，成为局部的人，使工人贬低为机器的附属品，使工人受劳动的折磨"。显然，资本家"提高社会劳动生产力"，就是在提升和强化生产力效率性取向的性质。资本家选择的发展生产力的上述手段所实现的生产力的发展，是以使"工人畸形发展，成为局部的人"为工具和途径的，是在"使工人贬低为机器的附属品，使工人受劳动的折磨"中完成的，是在"水力、蒸汽力、人力、马力。所有这些都是'生产力'。人同马、蒸汽、水全都充当'力量'的角色"①的生产力状态中展开的。显然，资本家作为生产资料所有者主体，其通过雇佣关系所塑造的生产力的这种效率状态，是建立在损伤工人健康发展等价值性权益的基础之上的，从而使得生产力价值性取向的性质，呈现出践踏人权这样的基本特征。其结果，就使得私有制条件下，生产力的效率性取向的性质，与其价值性取向的性质，处于失衡甚至对立的状态：效率性取向的性质的强化，以价值性取向的性质的堕落为条件。而二者之间关系的这种失衡和对立状态的根源，就在于私有制的生产关系，以及这种生产关系本身，只追求效率而践踏价值的基本规定性。

正因为这样，生产力效率性取向、价值性取向的性质关系的协调，在根本上依赖于公有制的生产关系的建立。马克思断言，在公有制的生产关系框架中，"社会化的人，联合起来的生产者，将合理地调节他们和自然之间的物质变换，把它置于他们的共同控制之下，而不让它作为盲目的力量来统治自己；靠消耗最小的力量，在最无愧于和最适合于他们的人类本性的条件下来进行这种物质变换"②。这就是说，生产力效率性取向的性质内在要求的满足，是以"联合起来的生产者"，"靠消耗最小的力量，在最无愧于和最适合于他们的人类本性的条件下"实现的。生产力效率性取向的性质内在要求满足的过程，也是其价值性取向的性质内在要求满足的过程；而其价值性取向的性质内在要求的满足，同时也实现了其效率性取向的性质内在要求的满足。公有制的生产关系条件下，

---

① 《马克思恩格斯全集》第42卷，人民出版社1972年版，第261页。
② ［德］马克思：《资本论》第3卷，人民出版社2004年版，第928—929页

第四章 生产关系对生产力反向决定的内容、性质与机理解析

生产力效率性取向、价值性取向的性质的关系就得以协调。

生产关系的性质,与生产力效率性取向、价值性取向的性质关系的协调性状况的上述联系,表明生产关系决定着生产力效率性取向、价值性取向的性质的关系,是否能协调及其协调性程度,进而决定生产力效率文明和价值文明的状况。

其四,决定着生产力是否能发展。

马克思把生产关系主体区分为"生产条件的所有者"和"直接生产者"[①] 两种类型。确实,生产关系主体客观地区分为不同的利益单位,不同的主体有着不同的利益范围和利益空间,从而客观地区分为生产资料所有者主体和非所有者主体、生产活动的管理者主体和被管理者主体。

相应地,生产力主体也有其内在区别。生产力是一回事,生产力的实现形式是一回事,生产力的驾驭运用是一回事,生产力的实际享有是另一回事。生产力本身,不等于生产力的实现形式,不等于对生产力的驾驭运用,也不等于生产力的享有状态。既然如此,那就意味着生产力的主体,和生产力所有权的主体,未必是同一主体。生产力的主体是实际生成和创造生产力的主体,是直接现实地从事生产活动的主体。但这样的主体未必直接是生产力的所有者。生产力所有权的主体,未必直接从事生产活动,未必直接是生产力的创造者,却是生产力的所有权意义上的终极支配者。

显然,生产关系主体中的生产资料所有者主体,与生产力所有权的主体,实际上是同一主体;而生产关系中主体中的非生产资料所有者主体,与生产力主体中的非生产力所有者主体,则实际上是同一主体。生产关系主体、生产力主体构成的这种内在差异,决定了生产关系、生产力的不同主体,其追求效率与价值的立场是不同的,而生产力则必须通过这样的生产关系主体、生产力主体来发展。生产力主体、生产关系主体效率与价值追求的不同的立场和预期,决定了他们是否都有积极性来发展生产力,取决于他们发展生产力的立场预期和现实收益能否得到协调。而他们是否都有积极性来发展生产力,则直接决定着生产力是否能

---

① 《马克思恩格斯全集》第 25 卷,人民出版社 1974 年版,第 701—702 页。

发展。然而，他们发展生产力的立场预期和现实收益能否得到协调，直接取决于生产关系，毕竟，上述协调只能通过生产关系来实现。而生产关系能否实现上述协调，则不具有确定性。就此而言，生产关系决定生产力是否能发展。这表明，生产力不会离开生产关系而发展，无论生产力发展的要求多么不可阻挡，离开相应的生产关系，它都不会发展。可见，生产力并不总是必然向前发展的。

其五，决定着生产力生成存在和运行的效率与价值环境质量。

马克思指出："人们在生产中不仅仅影响自然界，而且也相互影响。他们只有以一定的方式共同活动和相互交换其活动，才能进行生产。为了进行生产，人们相互之间便发生一定的联系和关系；只有在这些社会联系和社会关系的范围内，才会有他们对自然界的影响，才会有生产。"① 生产力正是通过生产关系而生成存在和运行的。而生产关系效率性取向的性质与价值性取向的性质的内在要求，对生产力的约束，构成了生产力由以生成存在和运行的效率环境和价值环境。而现实的生产关系的效率性取向的性质和价值性取向的性质是怎样的，生产力由以生成存在和运行的效率环境和价值环境就是怎样的。可见，生产关系决定着生产力由以生成存在的效率与价值环境质量的状况。

其六，决定着生产力是否具有代内与代际正义属性。

生产力和生产关系都不能超越于正义属性之外，它们或正义或不正义。从人类解放的根本要求来看，正义既追求效率也追求价值，是二者的统一。因此，生产关系效率性取向、价值性取向的性质的现实规定性及其关系协调性状况，决定着其正义属性的状况。如前述，生产力终究要经由生产关系来生成和运行。这使得生产关系效率性取向的性质和价值性取向的性质是怎样的，进而生产关系的正义属性是怎样的，生产力效率性取向的性质和价值性取向的性质、进而生产力的正义属性也就是怎样的。由于生产关系决定的生产力正义属性的这种状况，是在生产关系生产力同代主体中生成存在的，可称之为代内正义属性状况。

马克思指出："人们不能自由选择自己的生产力——这是他们的全部

---

① 《马克思恩格斯选集》第 1 卷，人民出版社 1995 年版，第 344 页。

第四章　生产关系对生产力反向决定的内容、性质与机理解析

历史的基础,因为任何生产力都是一种既得的力量,以往的活动的产物。所以生产力是人们的实践能力的结果,但是这种能力本身决定于人们所处的条件,决定于先前已经获得的生产力,决定于在他们以前已经存在、不是由他们创立而是由前一代人创立的社会形式。单是由于后来的每一代人所得到的生产力都是前一代人已经取得而被他们当作原料来为新生产服务这一事实,就形成人们的历史中的联系,就形成人类的历史,这个历史随着人们的生产力以及人们的社会关系的愈益发展而愈益成为人类的历史。"① 马克思所阐发的生产力的这种历史继承性,揭示了这样一个基本事实:在资源稀缺和需求无限增长从而资源处于代际共享关系之中等因素的约束下,生产力的正义属性,也就具有代际相关性,呈现为一种代际正义属性。而生产力的这种代际正义属性,同样是由作为其社会前提的生产关系的代际正义取向决定的:生产关系通过生产力对代际共享资源的开发,或具有代际共享取向,或具有代内独享取向。而无论是其中何种取向,它都决定了生产力代际正义属性的品质。

其七,决定生产力的社会归属。

生产力所有权主体是由生产关系中的生产资料所有权主体转化而来的。什么样的人是生产资料所有权主体,生产力最终就归属于什么样的人。资本主义私有制条件下,生产资料归资本家所有,生产力最终也就归资本家所有。所以,马克思指出:"文明的一切进步,或者换句话说,社会生产力(也可以说劳动的本身的生产力)的任何增长,——例如科学、发明、劳动的分工和结合、交通工具的改善、世界市场的开辟、机器等等——都不会使工人致富,而只会使资本致富,也就是只会使支配劳动的权力更加增大,只会使资本的生产力增长。"② 马克思还指出:"在工场手工业中,总体工人从而资本在社会生产力上的富有,是以工人在个人生产力上的贫乏为条件的。"③ 马克思还指出,在未来的新社会制度中,"社会生产力的发展将如此迅速,……生产将以所有人的富裕为目

---

① 《马克思恩格斯全集》第27卷,人民出版社1970年版,第477—478页。
② 《马克思恩格斯全集》第46卷(上),人民出版社1979年版,第268页。
③ 《马克思恩格斯全集》第23卷,人民出版社1972年版,第400页。

的"①。显然，生产力所有权，最终仍是由生产关系决定的。

上述几方面的分析显示：生产力决定生产关系的同时，生产关系也在一定程度上决定着生产力，从而呈现出相向决定的态势来，而非传统所理解的只是生产力在单向地决定着生产关系。

（二）何以是"决定"而非一般"反作用"

斯大林指出："生产关系依赖于生产力的发展而发展，同时又反过来影响生产力，加速或者延缓它的发展。"② 按照该观点的逻辑，生产关系既然既"加速或者延缓它（生产力）的发展"，又"依赖于生产力的发展而发展"，那就是说，生产力总是在发展的，无论生产关系加速或延缓它的发展，这一点总是不可改变的。否则，就无所谓"生产关系依赖于生产力的发展而发展"了。显然，斯大林该观点的实质即：其一，生产力总是无条件地无可遏止地向前发展的；其二，生产力决定生产关系，但后者不能决定前者。

其实：第一，生产力并不必然无条件向前发展；第二，生产关系在被生产力决定的前提下，也决定生产力。前文已对这两点做了分析论证。现在问题是：生产关系何以不只是一般性地反作用于生产力、从而不是一般性地加速或延缓其发展，而是在决定生产力？

加速或延缓生产力发展，在逻辑上意味着不能改变生产力向前发展的这一走向，只能使其在这一方向中的运动被加速或被延缓。这就意味着生产关系对生产力如此反作用的效能，只是能改变其发展的量的属性，不能改变其发展的质的属性，即不能改变其运动的性质是向前发展这一质的规定性，不能使其由发展变为不发展或倒退，而只能使其发展快一点或慢一点。

然而，前文揭示的生产关系对生产力的"决定"效能显示，生产关系不但能支配生产力运动的方向，而且能支配生产力运动的效率属性与价值属性，即能决定生产力的运动，是向前发展，还是向后倒退；能决定生产力的运动是有效率，还是无效率；亦能决定生产力运动的价值属

---

① 《马克思恩格斯全集》第46卷（下），人民出版社1980年版，第220页。
② 《斯大林选集》下卷，人民出版社1979年版，第444页。

第四章　生产关系对生产力反向决定的内容、性质与机理解析

性是文明的，还是野蛮的。显然，生产关系对生产力的如此效能，不是一般性地在量上促进或阻碍生产力的发展，从而不是一般性地反作用于生产力的发展，而是作为生产力借以生成存在和发挥作用，所必须依赖的社会关系框架、所必须依赖的社会组织形式即马克思所谓的"社会结合"① 形式，而直接支配主导着生产力生成存在和发展的价值方向和效率空间，直接支配和主导着生产力的效率性取向的性质与价值性取向的性质内在要求现实满足的可能性，直接主导和支配着生产力潜能转化为生产力发展的现实的可能性。

可见，若把生产关系对生产力的效能仅理解为前者对后者的反作用，那就把前者对后者的效能、进而把前者对后者的地位简单化、狭隘化、贫乏化了，也把关于二者关系的认识教条化、凝固化了。

（三）生产关系对生产力决定作用的性质

马克思关于生产力对生产关系的决定作用的性质，有过间接论述："人们在自己生活的社会生产中发生一定的、必然的、不以他们的意志为转移的关系，即同他们的物质生产力的一定发展阶段相适合的生产关系。……社会的物质生产力发展到一定阶段，便同它们一直在其中运动的现存生产关系或财产关系（这只是生产关系的法律用语）发生矛盾。于是这些关系便由生产力的发展形式变成生产力的桎梏。那时社会革命的时代就到来了。……无论哪一个社会形态，在它所能容纳的全部生产力发挥出来以前，是决不会灭亡的；而新的更高的生产关系，在它的物质存在条件在旧社会的胎胞里成熟以前，是决不会出现的。所以人类始终只提出自己能够解决的任务，因为只要仔细考察就可以发现，任务本身，只有在解决它的物质条件已经存在或者至少是在生成过程中的时候，才会产生。"② 生产关系既然生成于生产活动中，且适应于生产力并随之变化而变化，那它对生产关系的决定，就其性质而言，是一种根源性、基础性、必然性性质的决定。所谓根源性决定，是指生产力构成了生产关系的来源，生产关系根源于生产力的内在要求、特别是生产力内在效

---

① ［德］马克思：《资本论》第 1 卷，人民出版社 1975 年版，第 53 页。
② 《马克思恩格斯选集》第 2 卷，人民出版社 1995 年版，第 32 页。

率性要求；所谓基础性决定，是指生产力构成了生产关系生成存在的基础，使生产关系的生成存在成为可能；所谓必然性决定，是指生产力内在的效率性要求是怎样的，生产关系效率性取向的性质就只能是怎样的，否则难以持久存在。

其实，生产力、生产关系本来就是同一生产活动的两个不同方面，它们同时存在于同一生产活动中，无先后之分：凡是生产力总是生产活动中的生产关系内的生产力，没有生产关系之外的生产力；凡是生产关系，总是生产活动中的生产力内的生产关系，没有生产力之外的生产关系。易言之，其中一方存在，另一方必然同时存在，否则，就无任何一方可言。不过，二者在生产中的不同功能，决定了现实存在的生产关系，逻辑上必须是那种适应生产力内在效率要求的生产关系，从而生产力就对生产关系在逻辑上就具有主导性、支配性、根据性、基础性地位。这样，生产力对生产关系就具有逻辑在先的地位。既然如此，那么，生产力对生产关系上述意义的决定，就其性质而言，可称为"基础性前提性决定"。

而前述生产关系对生产力的决定，就其性质而言，就是一种生成方式性决定、存续框架性决定、发育载体性决定、发展的现实程度性决定等性质的决定。所谓生成方式性决定，就是指生产关系，决定了生产力只能生成存在于人与人社会化合作的方式中并始终受该方式约束。舍此，就无生产力可言。所谓存续框架性决定，是指生产关系作为生产力生成存在的基本方式，直接构成了生产力存续发展于其中的基本框架，决定了其存续发展的可能性限度。当然，一旦旧生产关系构成的这种框架不能满足生产力发展的要求，它就会为新生产关系构成的框架代替，但生产力总要存续于一定生产关系框架中这一点，则并不会改变。这正如马克思所言："社会的物质生产力发展到一定阶段，便同它们一直在其中运动的现存生产关系或财产关系发生矛盾。于是这些关系便由生产力的发展形式变成生产力的桎梏。那时社会革命的时代就到来了。……无论哪一个社会形态，在它所能容纳的全部生产力发挥出来以前，是决不会灭亡的；而新的更高的生产关系，在它的物质存在条件在旧社会的胎胞里成熟以前，是决不会出现的。"① 所谓发育载体性决定，是指生产关系构成了生产力得以存在发育所依赖的载体，既供给着生产力存在发育的依托，也决定着生产力存在发育的品质。马克思把如此呈现于生产力的生产关系，在如上引文中称之为生产力的"胎胞"。所谓发展的现实程度性决定，是指生产关系作为生产力存续发展的框架和"胎胞"，决定生产力各要素及其相互关系内蕴的生产力效率性与价值性发展潜能，是否及在何种程度上能转化为现实的生产力。

生产力通过生产关系而生成存在，生产关系本质上是生产活动中的人与人之间的关系。可见，生产力生成存在方式是社会化、组织化、集群化、共同体化和人际互动化的，而决不能作为孤立的个体活动而存在。再者，生产力发展的潜能，也正是通过生产关系而得以转化为现实的生产力的。这表明，生产关系对生产力的上述不同形式的决定，其共同的、基本的特征在于：一方面，生产关系既是生产力生成存在所必需的社会化条件，从而把生产力的发展限定在一种社会化形态中；另一方面，也是生产力由潜能走向现实的社会介质。就此而言，生产关系对生产力上述决定的性质，就可称之为"社会性现实性决定"。

生产关系对生产力决定作用的性质，呈现为"社会性现实性决定"；而生产力对生产关系的决定作用的性质，则呈现为前述"基础性前提性决定"。可见，这二者如此相向决定的性质，是异质性的。

六　生产关系何以决定生产力：马克思历史决定论视域中的生产关系赖以决定生产力的机理

生产关系得以决定生产力的机理，不是单一的，而是多层面机理的统一体。

其一，生产关系是生产力由以生成存在的母体和胎胞。"无论哪一个社会形态，在它所能容纳的全部生产力发挥出来以前，是决不会灭亡的；而新的更高的生产关系，在它的物质存在条件在旧社会的胎胞里成熟以

---

① 《马克思恩格斯选集》第 2 卷，人民出版社 1995 年版，第 32 页。

前，是决不会出现的。……资产阶级的生产关系是社会生产过程的最后一个对抗形式，……在资产阶级社会的胎胞里发展的生产力，同时又创造着解决这种对抗的物质条件。"① 对"新的更高的生产关系，在它的物质存在条件在旧社会的胎胞里成熟以前，是决不会出现的"这一命题而言，其中所谓"新的更高的生产关系"的"物质存在条件"，当然是指生产力。若非如此，"新的更高的生产关系"不会"是决不会出现的"。毕竟，生产力决定生产关系。同样，"在资产阶级社会的胎胞里发展的生产力"中的"资产阶级社会"，仍指资产阶级生产关系。这就是说，生产关系在马克思看来，是生产力的胎胞。而生产力正是在生产关系这种胎胞中成熟的。这意味着生产关系孕育和生成了生产力，从而是生产力的母体和胎胞，生产力在生产关系这种母体和胎胞中汲取资源和力量，才得以生成存在和发展。显然，正是生产关系对生产力如此意义上的母体和胎胞关系，使得它决定生产力成为可能。可见，生产关系对生产力的如此关系，构成了它决定生产力的一重机理。

其二，生产关系是生产力存在运行的基本框架，供给和限定生产力存在运行的基本空间。马克思指出："社会的物质生产力发展到一定阶段，便同它们一直在其中运动的现存生产关系或财产关系发生矛盾。于是这些关系便由生产力的发展形式变成生产力的桎梏。那时社会革命的时代就到来了。……无论哪一个社会形态，在它所能容纳的全部生产力发挥出来以前，是决不会灭亡的；而新的更高的生产关系，在它的物质存在条件在旧社会的胎胞里成熟以前，是决不会出现的。"② 显然，"社会的物质生产力""一直""运动"在"现存生产关系或财产关系"之中，不过是说"现存生产关系或财产关系"是生产力存在运行的基本框架。这种框架孕育生产力发展潜能限定生产力发展的现实空间。正因为生产关系孕育生产力发展的潜能，所以，才会有"它所能容纳的全部生产力发挥出来"与否的问题；正因为它限定生产力发展的现实空间，所以，当这种空间所孕育的生产力发展潜能被转化为现实生产力后，原来的生

---

① 《马克思恩格斯选集》第 2 卷，人民出版社 1995 年版，第 32 页。
② 同上。

第四章 生产关系对生产力反向决定的内容、性质与机理解析

产关系就"由生产力的发展形式变成生产力的桎梏",就需要生成新的生产关系以孕育生产力发展的新的潜能,促进生产力发展。

可见,生产关系孕育的生产力发展潜能限定的生产力发展空间是怎样的,生产力发展可能达到的现实高度就是怎样的。显然,正是生产关系孕育生产力发展潜能限定生产力发展空间这种效能,使得生产关系决定生产力成为可能。这表明,生产关系对生产力如此效能,构成了它得以决定生产力的又一重机理。

其三,生产关系是生产力由潜在形态提升为现实形态的基本条件。马克思指出:"生产力表现为一种完全不依赖于各个人并与他们相分离的东西,表现为各个人同时存在的特殊世界,……而这些力量从自己方面来说只有在这些个人的交往和相互联系中才能成为真正的力量。"① 可见,生产关系对生产力这种把其由潜在形态转化为现实形态的机能,决定了没有生产关系,就没有现实的生产力。这表明,正是生产关系对生产力的这种机能,构成了它决定生产力的再一重机理。

其四,生产力现实状况是现实生产关系展开和运行的结果与函数。马克思指出:"这些不同条件,起初本是自主活动的条件,后来却变成了桎梏,它们在整个历史发展过程中构成一个有联系的交往形式的序列,交往形式的联系就在于:已成为桎梏的旧的交往形式被适应于比较发达的生产力,因而也适应于更进步的个人自主活动类型的新的交往形式所代替;新的交往形式又会变成桎梏并为别的交往形式所代替。由于这些条件在历史发展的每一阶段都是与同一时期的生产力的发展相适应的,所以它们的历史同时也是发展着的、由每一个新的一代承受下来的生产力的历史,从而也是个人本身力量发展的历史。"② 这段论述尽管是在直接阐发生产力推动生产关系发展、生产关系是生产力发展的产物这一命题,但反过来看,也是在论述生产力是生产关系运行的结果与产物。试想:若生产力不是生产关系的产物,生产关系何以成为生产力发展的桎梏,以至于需要新的生产关系来代替旧的生产关系?可见,生产力现实

---

① 《马克思恩格斯选集》第1卷,人民出版社1972年版,第73页。
② 同上书,第79页。

发展状况取决于生产关系的现实品第，生产关系现实品第愈优异，生产力现实发展水平就愈高；反之，亦然。可见，生产力现实状况是现实生产关系品第及其运行的结果与函数。显然，生产关系对生产力的这种效能地位，也是生产关系决定生产力的一重机理。

其五，生产力、生产关系主体具有基于重叠性的传递性和转换性。马克思把生产关系主体区分为"生产条件的所有者"和"直接生产者"①。而生产力的主体和生产力所有权的主体，也未必是同一主体：前者是实际生成和创造生产力的主体，未必直接是生产力的所有者；后者未必直接是生产力的创造者，却是生产力所有权意义上的终极支配者。显然，生产关系主体中的生产资料所有者主体，与生产力所有权的主体，实际上是同一主体；而生产关系中主体中非生产资料所有者主体，与生产力主体中非生产力所有者主体，则实际上是同一主体。可见，生产力、生产关系主体具有一定重叠性，从而使得生产力若不满足生产关系中非生产资料所有者主体的价值性要求，该主体就难以转化为生产力的效率主体，甚至退出生产活动，生产力效率水平就不能得到保障，生产力甚至会消失；相应地，生产力若不满足生产关系中生产资料所有者主体效率性要求，生产活动就不能展开或者就会终止，生产力就会随之消失。可见，生产关系主体的价值要求与效率要求被满足的状况，不但直接决定着生产力的水平，甚至直接决定着生产力能否生成存在。生产关系对生产力的这种效能地位，构成了生产关系决定生产力的又一重机理。

生产关系决定生产力的上述主要机理结合在一起，共同支撑着生产关系对生产力的决定作用。

七　生产力生产关系相向决定何以可能及二者相向决定间的关系

（一）二者相向决定何以可能：基于二者相向决定性质的差异

若生产关系确实决定生产力，而生产关系本身就是被生产力所决定

---

① 《马克思恩格斯全集》第25卷，人民出版社1974年版，第701—702页。

的，那么，这种被生产力决定的力量，何以"决定"它的力量？其实，该问题的答案，取决于这两种决定的性质：若这两种决定是同质同层次的决定，那它们就会直接冲突，不可能同时成立。反之，若其是异质异层次的决定，那它们的作用空间、作用方向和作用效能就不同，就可能同时成立。

如前文分析所示，生产力对生产关系上述意义上的决定的性质，是"基础性前提性决定"，即生产力作为生产关系的终极性基础根源和前提，规定着生产关系的性质和内容；生产关系对生产力上述意义上的决定的性质，是"社会性现实性决定"，即生产关系作为生产力生成存在和由潜能形态转化为现实形态所必需的社会化、组织化纽带和整合形式，规定着生产力生成存在及由潜能转化为现实的可能性及其程度。这就是说，这两种决定是不同性质、不同层次的决定，它们相互支撑和限定对方生成存在的可能性，相互为对方生成存在所必需，既并行不悖，又相互依赖、相互补充。可见，这种相向决定是完全可能的。

（二）生产关系决定生产力与生产力决定生产关系的关系

生产力决定生产关系、生产关系决定生产力各自前述本质，进而生产力与生产关系的内在关联，决定了它们相向决定过程，有着多重内在关系：

其一，生产力与生产关系相向决定的过程同时存在和展开，从而作为一个整体而存在。毕竟，决定着生产关系的生产力，本来就生成存在于生产关系中，本来就是为生产关系所决定的产物；而决定着生产力的生产关系，本来就是响应生产力内在要求而生成的，本来就是生产力的产物。可见，二者相向决定，是共时性的不可分割的整体。因此，决不能把二者相向决定分别孤立开来。

其二，人类面对的首要问题，是生存的可能性问题。生产力作为解决该问题的能力，对生产关系的首要要求，就是效率的要求。生产关系对这种要求满足的程度，决定着人类生存可能性的状况，进而决定着人类生存其他一切内容。这决定了生产力决定生产关系对生产关系决定生产力，具有前提性基础性地位，而后者对前者则具有从属地位。后者本质上决定的不过是生产力的效率要求,在什么样的社会关系形式中来满足及满足的程度问题。

人类生产力的效率水平与不得不用来满足这种效率要求的生产关系的文明程度,呈正相关关系:生产力效率水平愈低,用来满足该效率要求的生产关系野蛮程度就愈高;反之,亦然。马克思就此指出:"'人'类的才能的这种发展,虽然在开始时要靠牺牲多数的个人,甚至靠牺牲整个的阶级,但最终会克服这种对抗,而同每个个人的发展相一致;因此,个性的比较高度的发展,只有以牺牲个人的历史过程为代价。"① "资本主义文明面之一是,它榨取剩余劳动的方式和条件,同以前的奴隶制、农奴制等形式相比,都更有利于生产力的发展,有利于社会关系的发展,有利于更高级的新形态的各种要素的创造。"② 恩格斯亦指出:"在当时的条件下,采用奴隶制是一个巨大的进步。人类是从野兽开始的,因此,为了摆脱野蛮状态,他们必须使用野蛮的、几乎是野兽般的手段,这毕竟是事实。""甚至对奴隶来说,这也是一种进步,因为成为大批奴隶来源的战俘以前被杀掉,而在更早的时候甚至被吃掉,现在至少能保全生命了。"③ 可见,对生产力决定生产关系、生产关系决定生产力这两个过程而言,前者对后者的这种主导性支配性地位,进而后者对前者的这种从属性依附性地位,在其生成展开的特定阶段,只能在野蛮且具有历史进步性的生产关系中展开。

其三,随着生存可能性问题的解决,人发展的要求会随之呈现出来。除了呼应效率的要求,马克思把生产力理解为改造世界的能力外,也把生产力理解为"个人的充分发展"④。他指出:"要把自然科学发展到它的顶点;同样要发现、创造和满足由社会本身产生的新的需要。培养社会的人的一切属性,并且把他作为具有尽可能丰富的属性和联系的人,因而具有尽可能广泛需要的人生产出来——把他作为尽可能完整的和全面的社会产品生产出来(因为要多方面享受他就必须有享受的能力因此

---

① 《马克思恩格斯全集》第26卷(下),人民出版社1973年版,第124—125页。
② 《马克思恩格斯全集》第25卷,人民出版社1995年版,第925—926页。
③ 《马克思恩格斯选集》第3卷,人民出版社1972年版,第220—221页。
④ 《马克思恩格斯全集》第46卷(下),人民出版社1979年版,第225页。

第四章　生产关系对生产力反向决定的内容、性质与机理解析

他必须是具有高度文明的人）——这同样是以资本为基础的生产的一个条件。"① 这就赋予了生产力效率性取向的性质外的价值性取向的性质。这样，生产力就成为一种效率性存在与价值性存在相统一的综合性力量。

生产力效率性要求和效率性取向的性质直接关乎人生存的可能性，是一种在生产关系中必须被满足必须被服从的刚性、强制性要求和性质。生产力以"个人的充分发展"、把人"作为尽可能完整的和全面的社会产品生产出来"为内容的价值性取向的要求和性质则是应然性的，不具有外在强制性，其满足和实现也以生产力效率性取向的要求和性质的满足实现为前提与基础。可见，生产力作为效率性存在是其作为价值性存在的基础。

生产力这种价值性取向的性质的生成和存在，从生产力决定生产关系角度看，也决定了生产关系必须具有相应价值性取向的性质，必须满足生产力这种价值性取向的性质的要求。这一点，同样体现了生产力决定生产关系对生产关系决定生产力，具有前提性、基础性地位；同样，生产关系决定生产力，本质上是决定生产力的价值要求在什么样的社会关系形式中来满足及满足的程度问题。可见，在生产力和生产关系的价值性要求层面，生产力决定生产关系，对生产关系决定生产力同样居于主导性、基础性、前提性地位，而生产关系决定生产力，对生产力决定生产关系的地位，同样是从属性、依赖性的。

其四，生产力决定生产关系，实质是要求生产关系统一于生产力的要求。然而，生产力的要求能否得到满足和实现，又取决于生产关系的现实状况。毕竟，现实生产关系是生产活动中生产力主体、生产关系主体自发生成的关系，受种种复杂因素制约，它和生产力所要求的那种关系形态，未必具有直接同一性。因此，生产关系决定生产力的过程，作为生产力决定生产关系的过程的社会实现形式，决定着生产力决定生产关系的过程，在现实中具体展开和实现的状况。可见，生产关系决定生产力的过程，对生产力决定生产关系的过程，具有决定前一过程的现实效力、把前一过程现实化、社会化的效能和地位。

---

①《马克思恩格斯全集》第46卷（上），人民出版社1979年版，第392页。

其五，对生产关系决定生产力和生产力决定生产关系这两个过程而言，前者所具有的使后者现实化、社会化的效能和地位表明，离开前者的后者是不存在的，后者总是通过前者而展开和完成的。就此而言，后者的展开和完成，对前者具有依赖性、从属性，而前者对后者的展开和完成，则居于前提地位。

上述分析显示，生产关系决定生产力，与生产力决定生产关系这样两个不同的过程，不但是一个不可分割的有机整体，而且相互依赖，互为前提。这意味着这两个方向的决定过程，相互离开对方，都是不能生成并存在的，也是不可理解的，更是不完整的。

第五章　理论与实践地位关系"高低说"证伪及其地位本然关系阐发

"高低说"作为关于理论与实践地位关系一种传统权威判定，呈现为"理论高于实践"和"实践高于理论"两种对立观点。亚里士多德作为前者首倡者，认为"理论部门的知识比之生产部门更应是较高的智慧。这样，明显地，智慧就是有关某些原理与原因的知识。"[①] 黑格尔作为后者典型主张者，认为"这种观念（指实践观念）比上述认识的观念更高级，因为这种观念不仅具有普适东西的品格，而且具有单纯现实东西的品格"[②]。列宁则更明确主张："实践高于认识，因为它不仅具有普遍性的品格，而且还具有直接现实性的品格。"[③] 这种由两种对立观点构成的关于理论与实践地位关系的"高低说"，因其主张者在思想史上的特殊地位，迄今仍分别被广泛认同，以至于有论者以此为基础，追问和考辨"理论哲学与实践哲学：孰为第一哲学？"[④] 在哲学不同形态地位关系层面强化和拓展它。不过，从马克思观点看，该论断本质上是伪说。它扭曲了二者地位关系本然形态，误导着人们的思想和行动，对理论和实践的发展有着严重危害，故亟待纠矫。

一　"高低说"对理论与实践地位关系判定的理据、成立前提及本质

关于理论与实践地位关系传统的"高低说"，有不同的具体表现形

---

① ［古希腊］亚里士多德：《形而上学》，吴寿彭译，商务印书馆1959年版，第3页。
② ［德］黑格尔：《逻辑学》（下卷），杨一之译，商务印书馆1976年版，第523页。
③ 《列宁全集》第55卷，人民出版社1990年版，第183页。
④ 丁立群：《理论哲学与实践哲学：孰为第一哲学？》，《哲学研究》2012年第1期。

式。相应地，其各自的含义、理据和由以成立的前提，也分别有不同的具体规定性。不过，它们的本质却是相同的。

（一）理论与实践地位关系"高低说"的理据

1. "理论高于实践"的理据

亚里士多德之所以提出前述理论高于实践命题，是由古希腊哲学文化这样一种追求至善的理念决定的：至善既是最高、也是最具普遍性的存在，从而"是一切选择所求取的终极目的和完满实现。它自己却只是为了自身而不累于它物，所以它是自足的"①。这种作为最高性、最普遍性和自足性存在的至善，在古希腊人、特别是在亚里士多德看来，正是理论思辨把握的对象。基于巴门尼德"思维与存在同一"命题揭示的理论思辨与至善同在思想，亚里士多德认为，理论思辨通过对如此至善的把握，揭示了至善这种事物的最高根据和最普遍原理，不但相应地也是自足的，而且也是幸福的，从而是高于包括实践在内的其他活动的活动。而实践之所以被看作低于理论，按照上述逻辑，其理据就在于它不具有普遍性、自足性，依赖并服从于理论所揭示的普遍性原理和根据而存在着。有论者把理论与实践上述地位差异的缘由进一步概括为："理论生活和实践生活之间的对立又被视为是根本的：永恒和神圣的一面与短暂和人性的另一面之间对立的传记式表达。"② 显然，这种概括，与前述分析本质上是相通的。这表明，亚里士多德主张的理论高于实践的这种关系的性质，本质上是二者自足性程度差异的性质。

2. 实践（理性）高于理论（理性）的理据

康德率先主张"实践理性"对理论理性具有"优先地位"："当纯粹思辨理性和纯粹实践理性结合在一个认识中时，如果这种结合并不是偶然的、任意的，而是先天地建立在理性自身上的，并因而是必然的。那么，后者就占了优先地位。因为如果没有这种隶属关系，理性会陷于自

---

① 苗力田：《思辨是最大的幸福——亚里士多德〈尼各马科伦理学〉新版译序》，《哲学研究》1998年第12期。
② ［捷克］尼古拉斯·洛布科维奇：《关于理论和实践的历史》，葛英杰译，《求是学刊》2013年第6期。

第五章　理论与实践地位关系"高低说"证伪及其地位本然关系阐发

相矛盾的地步,因为它们如果彼此平排并列,那么前者就会严锁关疆,凡属后者之事一概拒不纳入自己领域,但是后者则会冲决樊篱,肆行扩张,而且只要符合自己需要,还是企图把前者并入自己版图。"所以,"我们决不能颠倒秩序,而要求纯粹实践理性隶属于思辨理性之下,因为一切要务归属于实践范围,而且甚至思辨理性的要务也只是受制约的,并且只有在实践运用中才能圆满完成。"① 可见,康德该命题主张的实践理性与理论理性间地位的优、次关系,本质上是一种价值地位等级差别关系:前者对后者具有价值统驭地位,后者在价值层面"隶属"、服从、服务于前者。其理据可概括为:其一,本体高于现象,故实践理性优先于理论理性。在康德看来,理论理性的对象只能是现象界,它若越界认识本体界即物自体,就必然导致"二律背反""谬误推理"等"真理的幻相"。不过,物自体尽管不能认识,却可信仰,从而是实践理性的对象。正是实践理性与理论理性这种功能差异,决定了实践理性"优先"于理论理性。其二,目的高于手段。康德认为,理论理性的效能在于揭示必然性,故是人目的由以实现的手段,而实践理性则直接追求人的自由,所以,它优先于理论理性。其三,自由高于必然。康德认为,作为人根本规定性的自由,超出了必然性领域而属于超验层面的问题,是其功能仅在于为自然立法的理论理性所不能解释的,只能由实践理性来追求和实现。就此而言,实践理性优先于理论理性。不难看出,这三个层面的理据,主要呈现为一种价值性理据。

在黑格尔看来,"理论的理念""站在主观的、将被概念在自身中直观的概念方面,就只有普遍性的规定。"② 而实践"理念比以前考察过的认识的理念更高,因为它不仅具有普遍的资格,而且具有绝对现实的资格"③。"对于实践理念来说","现实"既"与它对立"又是它"不可克服的限制"。只有"通过善的目的"这个"现实""才取得它自己真的规定和唯一的价值"④。这就意味着实践理念的使命,就在于改造现实,使

---

① [德]康德:《道德形而上学探本》,唐钺译,商务印书馆957年版,第66页。
② [德]黑格尔:《逻辑学》(下卷),杨一之译,商务印书馆1976年版,第525页。
③ 同上书,第523页。
④ 同上书,第526页。

之统一于善的目的。可见，实践理念高于理论理念的理据就在于：理论尽管具有普遍性品格，能揭示普遍必然性、规律性层面的内容，但不直接追求和直接现实地实现善的目的；而实践则既具有普遍性属性，又直接统一于善，能直接现实地实现善的目的。显然，黑格尔所主张的实践与理论间地位的高低关系，既是一种价值地位的等级关系，也是一种价值功能的优劣关系。

（二）理论与实践地位差异关系存在的一般前提：二者具有非构成性关系

"理论高于实践"和"实践高于理论"是理论与实践地位一般差异的两种具体表现形式。要揭示理论与实践地位"高低说"成立的具体前提，就必须把握理论与实践地位一般差异关系存在的基本前提。相互内在、从而相互构成对方的事物间，本质上处于一体性关系状态之中。对这样的事物而言，从逻辑上来看，它们相互间不存在地位差异关系。这是因为，这样的事物既然相互内在、从而既然相互构成，那就意味着它们不但是一体性关系，而且它们相互还是对方的存在形式。因此，对这样的事物而言，若追问和判定它们间的地位差异状况，那么，无论对二者地位差异关系做出怎样的判定，都会在逻辑上无法避免地陷入判定一方地位异于另一方地位，实质上不过是在判定一方的地位异于它本身的地位这样的悖谬性结论中。

既然如此，那么，这就意味着只有相互外在、相互不构成对方的事物间，才可能存在相互地位差异的问题，因而，事物间相互外在、相互不构成对方，是事物间存在地位差异关系问题的前提。相应地，这也就意味着只有对相互外在、相互不构成对方的不同事物，才可能判定其地位差异，对其地位差异状况的追问和判定，才能在逻辑上具有有效性、合法性和可靠性。

基于这样的认识，可以做如下推论：其一，从事物间是否存在相互构成关系的角度来看，事物间的关系呈现为构成性关系和非构成性关系。其二，构成性关系意味着事物处于相互内在的关系状态，相互构成着对方，同时也被对方所构成，从而二者间本质上处于一体性关系状态之中，

第五章 理论与实践地位关系"高低说"证伪及其地位本然关系阐发

即作为一个有机整体而存在着;非构成性关系意味着事物处于相互外在的关系状态,相互之间不具有构成对方的关系属性,从而二者是作为两个独立事物而分别存在着。这决定了二者间是异体关系而非同体关系或一体关系。这种具有非构成性关系的事物之间,才存在地位差异关系。其三,可在事物间复杂关系中区分出构成性关系与地位差异性关系两个类型来,且可判定具有构成性关系的事物间,不具有地位差异性关系;相应地,具有地位差异性关系的事物间,也不具有构成性关系。这意味着事物间的构成性关系与地位差异性关系不具有兼容性、并立性。其四,基于上述分析可以判定:事物之间的地位差异性关系,依赖于事物之间的非构成性关系,以事物之间的非构成性关系的存在为前提。

(三)理论与实践地位关系"高低说"成立的具体前提

"高低说"上述不同具体形态要成立,必须分别具备如下前提条件:

1. 亚里士多德"理论高于实践"说成立的前提

其一,理论与实践完全异质,即一方面,理论不具有实践的属性,只是纯粹的概念思辨,即存在着"不涉及其他行动的理论生活",且这样的理论"具有内在意义"[①];另一方面,实践也不具有理论的属性,只是纯粹的行动。不满足这一条件,该命题就会因理论与实践的同质性,而在逻辑上陷入"理论高于自身"的困境。其二,理论与实践必须相互外在,即相互不包含对方、相互不内在于对方之中。不满足该条件,理论就不存在可被它高出的独立的实践这样一个确定对象。

2. "实践(理性)高于理论(理性)"说成立的前提

对康德"实践理性优先于理论理性"命题而言,实践理性与理论理性必须:其一,完全异质,即二者相互不具有对方属性。否则,该命题就会陷入"实践理性优先于自身"的逻辑困境。其二,相互外在。否则,实践理性不但会因其内在于理论理性中,而陷入它优先于它自身的逻辑困境,而且也会因理论理性内在于它之中,而使"实践理性优先于理论理性"的命题衍生出反命题的悖谬结论。其三,相互独立,即相互不通

---

① [捷克]尼古拉斯·洛布科维奇:《关于理论和实践的历史》,葛英杰译,《求是学刊》2013年第6期。

过也不作为对方而存在、相互不依赖对方。否则,"实践理性优先于理论理性"命题,就必然会内蕴"实践理性优先于它自身"悖谬结论。

对黑格尔"实践高于理论"命题而言,其成立的前提条件是:其一,理论与实践相互外在,从而相互不构成对方。否则,该命题就会衍生出"实践高于实践"和"理论高于实践"这样的悖谬性、逆反性结论。其二,理论不具有善的属性,这种善的属性仅为实践所拥有。否则,实践就不具有高于理论的价值地位。其三,理论不具有直接现实地改造世界、进而实现善的目的效能,这种效能仅为实践所拥有。否则,实践就不具有高于理论的价值功能。其四,实践不具有内在理论环节和理论属性,它改造世界的过程不内蕴理论改造世界的过程。否则,"实践高于理论"命题,就会因实践内蕴理论,既衍生出理论高于实践的命题,也衍生出实践高于实践的命题,从而走向自我否定。

3. 理论与实践地位关系"高低说"的共享前提

对比"理论高于实践"说和"实践高于理论"说依赖的不同前提上述具体内容,不难发现,它们尽管互有差异,但都有着理论与实践相互异质这一共同之处,都可在不同程度上归结、转化为这一共同之处,都在一定程度上可由这一共同之处来体现。例如,其中的二者相互外在这一前提,就是如此。毕竟,只有相互根本异质的事物,才可能相互不包含、不内蕴对方,从而才可能是相互外在的。可见,相互根本异质的前提,内蕴着相互外在的前提,从而可以涵盖、替代相互外在的前提。这意味着相互外在不过是相互异质的具体化和展开形态。再例如,二者相互独立这一前提也是如此。毕竟,相互根本异质的事物,必然相互不构成对方、也不以对方为其存在形式,从而也就自然是相互独立的事物。这就表明,相互根本异质也内蕴、涵盖着相互独立。相互独立不过是相互异质的表现形式和展开形态。

可见,"高低说"不同形态的成立,都共享着"理论与实践相互异质"这一共同前提,从而该前提是"高低说"不同形态所依赖前提的集中体现。

(四)"高低说"对理论与实践地位关系判定的本质

相互内在、相互一定程度上构成对方、相互一定程度上具有对方属

第五章　理论与实践地位关系"高低说"证伪及其地位本然关系阐发

性、从而相互无法截然分割开来的不同事物，本质上是作为一个有机整体存在着的。这样的不同事物间自然不存在"高"与"低"、"优"与"次"、"先"与"后"的区别。毕竟，一个事物不可能"高"于、"优"于、"先"于其本身，也不可能"高"于、"优"于、"先"于与其有相同属性的事物。这决定了只有相互外在、相互不具有对方属性、相互与对方有着严格界限的事物之间，在逻辑上才可能存在"高"与"低"、"优"与"次"、"先"与"后"的区别。

从这种逻辑来看，这意味着关于理论与实践地位关系的前述传统的"高低说"，必然判定理论与实践间，是相互外在、相互不具有对方属性、相互与对方有着严格界限的事物间的关系。毕竟，依赖特定前提才能存在的事物既然存在，那么，支撑该事物的前提自然会存在着。

由此来看，理论与实践地位关系的"高低说"，其对理论与实践关系所做判定的本质，在于把二者关系判定为相互外在、相互不具有对方属性、相互与对方有着严格界限的关系；相应地，该理论也就是一种判定理论与实践是外在二分关系的理论。

二　马克思视野中的理论与实践相互内在的构成性关系的状况

对马克思而言，实践作为"使现存世界革命化，实际地反对和改变事物的现状"[①]，以实现人现实解放的现实活动，理论作为使命在于"抓住事物的根本"[②] 的理性认识，其相互间关系，呈现为相互内在的构成性的关系。

（一）理论内在于实践中

1. 理论是实践的内在构成环节，实践依赖理论等内在环节构成，二者呈现为局部与整体的关系。

其一，理论是实践的内在灵魂。马克思指出："动物只是按照它们所

---

① 《马克思恩格斯选集》第1卷，人民出版社1995年版，第48页。
② 同上书，第9页。

属的那个物种的尺度和需要来进行塑造，而人则懂得按任何物种的尺度来进行生产，并且懂得怎样处处把内在的尺度运用到对象上去，因此人也按美的规律来塑造。"① "最蹩脚的建筑师比最灵巧的蜜蜂高明的地方是它在用蜂蜡建筑蜂房以前，已经在自己的头脑中把它建成了。劳动过程结束时的结果，在这个过程开始时就已经在劳动者的表象中存在的，即已经观念地存在着。"② 如此论述表明，实践如何展开，是由内在于实践主体意识中的理论确定和引导的。这意味着内在于实践主体头脑中的理论是怎样的，为这种理论所规划和支撑的实践本身就是怎样的。就此而言，理论构成了实践的内在灵魂。它赋予实践灵性和智性，使实践与机械的自然的过程区分开来，向着自主的意义归宿和目标运行。可见，理论是以实践内在灵魂这一角色，内在于实践中，引导并构成着实践，从而使得理论与实践以这种特定形式，呈现为局部与整体的关系。

其二，理论是实践的内在自我意识。马克思指出，"法律的、政治的、宗教的、艺术的或哲学的"等"意识形态的形式"终究不过是所"意识到"的"社会生产力和生产关系之间的现存"关系状况而已；"这个意识""必须从物质生活的矛盾中，从社会生产力和生产关系之间的现存冲突中去解释"③。而生产力、生产关系及两者之间的关系乃至整个物质生活都是实践的内容，所以，"意识形态的形式"终究不过是关于实践的意识。马克思认为，"各种观念、范畴"是"适应自己的物质生产水平而生产出社会关系的人"自己"生产"出来的，是"社会关系的抽象的、观念的表现"④。而生产出"各种观念、范畴"的"人"既然是"适应自己的物质生产水平而生产出社会关系的人"，那么，他们就构成了实践的主体，就以实践构成环节的形式而作为实践存在着。既然如此，那么，由他所生成的关于实践的上述意识即"意识形态的形式"等理论，本质上也就不过是实践通过其主体所生成的自我意识，是实践在理论中的自

---

① [德]马克思：《1844年经济学—哲学手稿》，刘丕坤译，人民出版社1979年版，第50—51页。
② 《马克思恩格斯全集》第23卷，人民出版社1972年版，第202页。
③ 《马克思恩格斯选集》第2卷，人民出版社1995年版，第32—33页。
④ 《马克思恩格斯选集》第4卷，人民出版社1995年版，第539页。

第五章　理论与实践地位关系"高低说"证伪及其地位本然关系阐发

我映现,或实践的理论态存在形式。这样,理论就作为实践的自我意识和自我映现环节,而内在于实践整体中。

2. 理论的内容始终内在于实践内容的可能性中,实践的内容内蕴理论的内容,从而二者呈现为包含与被包含关系。马克思"意识在任何时候都只能是被意识到了的存在,而人们的存在就是他们的现实生活过程"的论述显示:意识的内容始终是实践内容的映现,始终内在于实践内容的可能性之中,实践的内容有怎样的可能性,意识的内容就有怎样的可能性,即使"在全部意识形态中,人们和他们的关系就像在照相机中一样是倒立成像的,那么这种现象也是从人们生活的历史过程中产生的,正如物体在视网膜上的倒影是直接从人们生活的生理过程中产生的一样"①。这意味着意识之中根本不存在实践内容之外的内容,意识的内容始终是实践内容的绽现。对此,马克思做了反复强调:"观念的东西不外是移入人的头脑并在人的头脑中改造过的物质的东西而已。"②"只要这样按照事物的真实面目及其产生情况来理解事物,任何深奥的哲学问题都可以十分简单地归结为某种经验的事实。"③"甚至人们头脑中的模糊幻象也是他们的可以通过经验来确认的、与物质前提相联系的物质生活过程的必然升华物。因此,道德、宗教、形而上学和其他意识形态,以及与它们相适应的意识形式便不再保留独立性的外观了。它们没有历史,没有发展,而发展着自己的物质生产和物质交往的人们,在改变自己的这个现实的同时也改变着自己的思维和思维的产物。"④ 这就是说,理论乃至"人们头脑中的模糊幻象"没有独立性,它们终究是由实践的内容决定的:"不是意识决定生活,而是生活决定意识。"⑤ 可见,实践内容包蕴理论的内容、理论的内容内蕴于实践内容的可能性之中,从而实践与理论呈现为如上的包含与被包含关系,是马克思上述诸论述反复强调的基本观点。

---

① 《马克思恩格斯文集》第 1 卷,人民出版社 2009 年版,第 525 页。
② 《资本论》第 1 卷,人民出版社 1975 年版,第 24 页。
③ 《马克思恩格斯文集》第 1 卷,人民出版社 2009 年版,第 528 页。
④ 同上书,第 525 页。
⑤ 同上。

3. 理论内生于实践中，二者呈现为生成与被生成关系。马克思指出："思想、观念、意识的生产最初是直接与人们的物质活动，与人们的物质交往，与现实生活的语言交织在一起的。人们的想象、思维、精神交往在这里还是人们物质行动的直接产物。""人们是自己的观念、思想等等的生产者，但这里所说的人们是现实的、从事活动的人们，他们受自己的生产力和与之相适应的交往的一定发展——直到交往的最遥远的形态——所制约。"① 该论述强调，理论是实践中的人生产的，"是人们物质行动的直接产物"，其生产"与人们的物质活动，与人们的物质交往，与现实生活的语言交织在一起"。这样，实践与理论就呈现为生成与被生成关系，从而理论就以内生于实践中的形式而内在于实践中。

4. 理论作为实践而存在，以与实践直接同一的状态而内在于实践中。马克思指出："共产主义对我们来说不是应当确立的状况，不是现实应当与之相适应的理想。我们所称为共产主义的是那种消灭现存状况的现实的运动。"② "共产主义和所有过去的运动不同的地方在于：它推翻一切旧的生产关系和交往关系的基础，……使它们受联合起来的个人的支配。"③ "共产主义不是学说，而是运动。它不是从原则出发，而是从事实出发。"④ 这些论述显然把共产主义直接断定为改造世界的现实实践。然而，他也把"共产主义"又呈现为论述为揭示这种作为实践的"共产主义"基本特性的理论学说："共产党人的理论原理，决不是以这个或那个世界改革家所发明或发现的思想、原则为根据的。""共产党人可以把自己的理论概括为一句话：消灭私有制。"⑤ "共产党人的理论原理"当然包括共产主义的理论原理。而"共产主义的特征并不是要废除一般的所有制，而是要废除资产阶级的所有制"⑥。在马克思那里，"共产主义"既是理论，又是实践。且作为理论的共产主义，表述的就是作为实践的共产主

---

① 《马克思恩格斯文集》第1卷，人民出版社2009年版，第524—525页。
② 同上书，第539页。
③ 同上书，第574页。
④ 《马克思恩格斯选集》第1卷，人民出版社2012年版，第291页。
⑤ ［德］马克思、［德］恩格斯：《共产党宣言》，中央编译局译，人民出版社1997年版，第41页。
⑥ 同上。

第五章　理论与实践地位关系"高低说"证伪及其地位本然关系阐发

义的属性；而作为实践的共产主义，就是作为理论的共产主义所表述内容的实践形态。当然，上述论述揭示共产主义是改造世界的实践，而非"学说"，其本意并非否定它是学说，而是着力于强调共产主义不能只是理论、仅局限于理论，而应作为实践存在着。这表明，在马克思那里，理论既作为学说观念而存在着，同时其所主张的内容也绽现为相应的实践，从而也作为相应的实践而存在着。这样，理论就以作为实践而存在着的方式，而内在于实践中。

马克思从上述几个方面所揭示的理论对实践的内在性，解释了实践何以具有灵智性、实践作为灵智性的过程何以可能的问题，进而诠释了理论可靠性的根据何在的问题。这就把对理论与实践关系的理解，推向了二者具有内在一体性的高度。

（二）实践内在于理论中

1. 理论是实践的理论态存在形式，是实践的间接形态，实践内容以被理论映现的形式，内在于理论的内容中。马克思提出"我的一般意识不过是以现实的共同体、社会为活生生的形态的那个东西的理论的形态……我的一般意识的活动本身也是我作为社会存在物的理论的存在"①的观点，直接把理论判定为实践的理论态的间接存在形式，从而使实践的内容，以被理论映现的形式内在于理论中。马克思提出"意识在任何时候都只能是被意识到了的存在，而人们的存在就是他们的现实生活过程"②的命题，再次揭示理论的内容始终是实践内容的映现，实践的内容以绽现于理论中的形式内在于理论中。毕竟，"不是意识决定生活，而是生活决定意识"③。在实践内容之外，理论的内容不包含任何别的东西，"甚至""人们头脑中的模糊幻象也是他们的可以通过经验来确认的、与物质前提相联系的物质生活过程的必然升华物"④。

2. 实践统一于理论揭示的规范、可能性和机理，从而内在于理论的

---

① ［德］马克思：《1844年经济学—哲学手稿》，刘丕坤译，人民出版社1979年版，第76页。
② 《马克思恩格斯文集》第1卷，人民出版社2009年版，第525页。
③ 同上。
④ 同上。

限度中。马克思"光是思想力求成为现实是不够的,现实本身应当力求趋向思想"① 的命题,既强调理论要具有现实性、要作为现实实践而存在,也强调实践统一于理论。实践对理论的这种统一性,决定了实践内在于理论所揭示的规范、可能性和机理的限度中。马克思"哲学把无产阶级当作自己的物质武器,同样,无产阶级也把哲学当作自己的精神武器……这个解放的头脑是哲学,它的心脏是无产阶级。哲学不消灭无产阶级,就不能成为现实;无产阶级不把哲学变成现实,就不可能消灭自身"② 的论述,强调无产阶级追求解放的实践,是在哲学理论这一"头脑"引导和规范下进行的。这再次强调了实践内在于理论揭示的方向方法和规范中。

(三) 理论与实践既是其本身,又相互直接同一、相互呈现为对方存在形式,从而作为一个有机体而相互内在于对方中。

前文显示,马克思断定共产主义既是一种理论③,也是一种实践④。他还强调:"要扬弃私有财产的思想,有共产主义思想就完全够了。而要扬弃现实的私有财产,则必须有现实的共产主义行动。"⑤ 这样,他就判定共产主义既是实践又是理论,兼具理论和实践双重属性。这意味着把共产主义仅理解为理论或实践,都遮蔽了其完整属性,把其片面化了。把该逻辑推及一般理论与实践,可断定:二者既分别是其本身,相互呈现出异质性;又分别是对方,兼具对方属性,与对方直接同一,呈现为对方的存在形式。这样,二者就以既是其本身又是对方的形式,而相互内在于对方中。

马克思揭示的理论与实践相互呈现为对方存在形式、从而相互内在于对方中的关系,既颠覆了关于二者关系传统的外在二分定位的合法性,

---

① 《马克思恩格斯选集》第 1 卷,人民出版社 1995 年版,第 11 页。
② 同上书,第 15—16 页。
③ [德] 马克思、[德] 恩格斯:《共产党宣言》,中央编译局译,人民出版社 1997 年版,第 41 页。
④ 《马克思恩格斯文集》第 1 卷,人民出版社 2009 年版,第 539 页。
⑤ [德] 马克思:《1844 年经济学—哲学手稿》,中央编译局译,人民出版社 2000 年版,第 128 页。

第五章　理论与实践地位关系"高低说"证伪及其地位本然关系阐发

也瓦解了关于二者分别只是其本身而不同时也是其对方的传统观念成立的可能性,实现了关于二者关系认识的根本性变革,从而要求深化关于理论与实践基本形态的理解:

就理论而言,它既是认识,也是依据这种认识直接现实地改造世界的实践活动。仅作为认识而存在的理论,不是理论的完整性、彻底性、充分性和完成了的形态。这意味着理论在作为其本身存在的同时,也必须作为实践而存在,并通过作为实践而存在,获得其作为理论的资格。那种不绽现为或不能绽现为实践的理论,就非真正的理论,就不具有理论的根本属性。

就实践而言,它既是直接现实地改造世界的活动,也是作为对世界认识的理论。毕竟,它对世界的改造,是以作为对世界认识的理论为根据和指导来进行的,不过是理论的现实化形态而已。不同时呈现为理论而仅作为直接现实地改造世界的现实活动的实践,就是不具有内在灵魂和自我意识的虚幻的不真实的实践,从而就呈现为一种机械的盲目的自然性的过程,自然也就失去了实践的属性。这意味着实践在作为其本身存在的同时,也须作为理论而存在,并通过作为理论而存在,获得其作为实践的可能性。不作为理论而存在的实践、不内蕴或不绽现为理论的实践,就不具有作为实践的可能性和资格。

可见,马克思揭示的理论与实践相互同一、相互作为对方而存在、进而相互内在于对方之中,正是其各自得以可能、得以成为其本身、得以成立的前提条件。邓小明把该点揭示得更为清楚:"社会主义是一个很好的名词,但是如果搞不好,不能正确理解,不能采取正确的政策,那就体现不出社会主义的本质。根据我们自己的经验,讲社会主义,首先就要使生产力发展,这是主要的。只有这样,才能表明社会主义的优越性。社会主义经济政策对不对,归根到底要看生产力是否发展,人民收入是否增加。这是压倒一切的标准。空讲社会主义不行,人民不相信。"[①]该论述把"社会主义"既诠释为理论,也诠释为践履该理论的主张实践,是理论与实践的统一体。它若仅作为该理论,那就是空的;当然,它若

---

① 《邓小平文选》第 2 卷,人民出版社 1994 年版,第 313—314 页。

不作为该理论而存在，不以该理论为其内在灵魂，那么，它就是机械的、自然的、盲目而神秘的，就同样不是作为历史属性与价值属性统一体的社会主义。

当然，理论和实践相互作为对方存在形式的地位是不同的。对实践作为理论的存在形式、理论作为实践的存在形式而言，前者是以后者为前提和基础的。后者本质上是对实践内蕴的潜在文明形态的绽现；前者本质上是在把理论揭示的实践内蕴的潜在文明形态转化为现实形态，以使实践能由蒙昧形态提升为文明形态。可见，后者尽管是前者的前提和基础，但其意义和价值终究又是要通过前者来现实化的，这使得它对前者也有着相应依赖性。

三 马克思视野中的理论与实践相互内在的构成性关系的基本特征

其一，一体性特征。

对马克思揭示的理论与实践前述相互内在关系而言，其中的理论对实践内在关系的内在逻辑，决定了实践包含着理论，理论是实践内在构成环节之一，是实践得以可能的内在条件，实践内在地依赖理论而存在着；相应地，理论也就是实践的局部存在形式，从而在一定程度上也就作为实践本身而存在着。具体来看，理论本质上既是人关于世界的意识，也是人行动的前导性依据。其作为人行动的前导性依据，是其作为人关于世界的意识的存在形式。毕竟，人总是依据自己对世界的意识，来支撑和引导自己的行动的。这样，理论作为人行动的前导性依据的地位，总是依赖于其作为人关于世界的意识的性质而确定的；而理论作为人关于世界的意识，又是要通过其作为人行动的前导性依据，而获得其存在的意义与必要性、实现其存在价值的。这使得其作为人关于世界的意识，也对其作为人行动的前导性依据，具有功能上的依赖性。可见，理论作为关于世界的意识，和作为人行动的前导性依据，本质上是统一的，是作为人关于世界的意识和人行动的前导性依据的统一体而存在的。由于实践终究是人的实践，从而终究是有意识的而非盲目机械的自然性过程。

第五章　理论与实践地位关系"高低说"证伪及其地位本然关系阐发

这就决定了它总是有其前导性依据的实践。前述分析已显示，这种前导性依据显然是由理论来供给、构成和担当的。这就使理论以作为实践前导性依据的形式，内在于实践活动主体意识中，并与实践其他构成环节一起构成实践整体，从而与实践作为一个有机整体而存在着。这表明，理论以实践局部构成环节的形式，而作为实践局部内容存在着，这样，理论在一定程度上就是实践。这意味着理论根本不可能与实践分割开来。

对马克思揭示的理论与实践前述相互内在关系而言，其中的实践对理论内在关系的内在逻辑，决定了理论包含着实践的内容、由实践内容而构成，实践的内容构成了理论得以可能的内在根本条件，从而理论就内在地依赖着实践而存在；相应地，实践的内容也就以作为理论内容的形式，而作为理论存在着，从而在此意义上，实践的内容也就是理论本身。具体来看，实践作为以人为主体的实践，要健康有效地发展，就必须按其内在规律、趋势和可能性所是的那样来存在和运行。不过，实践内在的规律、趋势和可能性并不具有自明性，只能通过理论来揭示。这样，理论就获得了其存在的意义与必要性。而理论当然必须如实践内在的趋势、规律、可能性所是的那样，揭示这种趋势、规律和可能性。只有这样，它才有资格有能力来引导和支撑实践。这样一来，内在于理论中的内容，就呈现为实践的内容。在实践内容之外，理论不可能包含其他任何别的内容。这一点，马克思明确指出："意识在任何时候都只能是被意识到了的存在，而人们的存在就是他们的现实生活过程。"①"甚至""人们头脑中的模糊幻象也是他们的可以通过经验来确认的、与物质前提相联系的物质生活过程的必然升华物"②。这就决定了实践内容以作为理论内容的形式，而作为理论存在着，从而也就与理论作为一个有机整体存在着。可见，这同样证明了理论与实践的一体性。

其二，局部与整体关系的特征。

实践作为人的实践，总是在实践着的人的意识的引导和支撑下展开和运行的。马克思指出："在社会历史领域内进行活动的是具有意识的经

---

① 《马克思恩格斯文集》第 1 卷，人民出版社 2009 年版，第 525 页。
② 同上。

过思虑或凭激情行动的追求某种目的的人。"① 可见，人的意识构成了实践的自我意识和内在灵魂。没有实践着的人的意识及其对实践的引导和支撑，实践要么就成为机械的、自然的过程，要么就成为神秘的、超人的过程。由于实践着的人是实践的内在构成环节，而实践着的人意识当然内在于实践着的人之中，所以，这就决定了人的意识既是实践得以与自然的、机械的、神秘的过程区分开来的一个内在基本条件，也是实践得以构成的一个内在基本环节。而这两个方面显然都共同表明，实践着的人的意识，是实践得以可能的基本内在条件。既然如此，那么，就可以断定，意识当然也就内在于实践之中。而理论作为意识一个内在的高级层面，当然内在于实践着的人的意识之中，进而理论也就作为实践内在的自我意识环节和内在灵魂环节，而内在于通过它和其他环节一起所构成的实践整体之中。这样，理论与实践的关系，就呈现为局部与整体的关系。

其三，理论与实践相互呈现为对方存在形式的特征。

前述分析显示，理论是实践的内在灵魂，从而作为实践的内在构成环节而内在于实践中。既然如此，那就表明，理论是实践的局部内容，从而就是实践的局部存在形式。再者，由于实践内容内在于理论中，在实践内容之外，理论的内容不可能呈现为其他任何别的内容。毕竟，"意识在任何时候都只能是被意识到了的存在，而人们的存在就是他们的现实生活过程"②。"甚至""人们头脑中的模糊幻象也是他们的可以通过经验来确认的、与物质前提相联系的物质生活过程的必然升华物"③。这就决定了理论终究不过是实践内容的存在形式。前述分析还显示，实践终究只能运行于其内在的客观可能性和价值可能性之中。其运行的这种客观可能性和价值可能性并不具有自明性，而只能通过理论来揭示和阐发。理论所揭示和阐发的这种客观可能性和价值可能性是怎样的，实践现实的运行状态就是怎样的。这就决定了实践不过是理论的存在形式。显然，

---

① 《马克思恩格斯选集》第 4 卷，人民出版社 1995 年版，第 247 页。
② 《马克思恩格斯文集》第 1 卷，人民出版社 2009 年版，第 525 页。
③ 同上。

第五章　理论与实践地位关系"高低说"证伪及其地位本然关系阐发

这两种相向分析都显示,理论与实践具有相互作为对方的存在形式的关系特征。

其四,理论与实践分别具有对方属性,从而分别具有以二重复合属性而存在的特征。

从前述分析所揭示的理论对实践的内在性来看,实践既然始终依赖作为其内在自我意识和内在灵魂的理论而得以构成和运行,始终展开和运行于理论所揭示的客观可能性和价值可能性之中;其改造世界的过程,也正是始终通过这种内在于其中的认识世界的理论过程来进行和实现的,改造世界的过程也本来就呈现为认识世界的理论过程,本来就始终处于作为其内在构成环节的理论的约束导引和支撑之下,那么,就可判定,实践具有理论属性,本质上是一种理论性实践。不过,这里需要说明的是,这种"理论性实践",并非路易·阿尔都塞意义上的"理论实践"。后者指理论影响人们精神世界、加工改造"原料(表象、概念、事实)"的过程①;前者则是指实践因对理论内在的依赖性而具有的理论的属性。

从前述分析所揭示的实践对理论的内在性来看,实践内容内在于理论中,理论本质上不过是实践内容的间接存在形式。理论能否成立以其内容是否绽现实践内容、实践内容是否内在于理论内容中为前提条件,理论之为理论的可能性仅在于它以实践内容为其本身全部的内容,不以实践内容为其全部内容的理论只能是伪理论,就不具有理论的本然属性。这决定了理论本身就是基于实践内容而得以可能的,它在根本上统一于实践,从而它就内在地具有实践属性,是一种实践性理论。再者,理论作为解释世界的系统之所以必要,根本缘由就在于满足实践改造世界的内在要求,使其所揭示的实践的客观可能性和价值可能性,转化为实践的现实形态,从而实现人的解放。满足实践要求既然是它的根本使命,绽现为实践既然是它的根本归宿,这就决定了理论内在地具有实践属性,在根本上呈现为实践性理论。亚里士多德那种"为求知而从事学术,并

---

① [法]阿尔都塞:《保卫马克思》,顾良译,商务印书馆2010年版,第158页。

无任何实用的目的"①"为知识自身而求取知识"②的主张,本质上不过是对脑体分工条件下,奴隶主贵族垄断性地享有理论生产权利的优越性的一种狭隘的炫耀,是其对知识生产、理论活动的必要性得以可能的根据傲慢的无知表现。

如上这两个相向向度的分析既然分别显示,实践内在地具有理论属性,呈现为理论性实践,而理论相应地具有实践属性,呈现为实践性理论,那就表明,理论和实践并不都是纯粹单一的事物,而是作为具有对方属性的复合性事物而存在着,呈现为具有复合属性的综合性有机存在。

理论与实践相互内在关系上述诸层面特征尽管互有差异,但它们都共同表明,理论与实践是一个不可分割的有机整体。

四 马克思视野中的理论与实践地位关系"高低说"的伪论本质及其危害

(一) 马克思视野中的理论与实践地位关系"高低说"的伪论本质

1. 前提的可靠性状况,决定了"高低说"的伪论本质

前述分析显示,"高低说"不同具体形态都共享着"理论与实践异质"这一根本前提。然而,从马克思关于二者相互内在这一前述基本判定来看,它们共享的这一基本前提并不成立。

马克思既然认为"理论与实践"相互内在,那么就意味着理论与实践是相互包含、相互构成、相互作为对方而存在的。这样,二者在具有差异性的同时,也就相应地具有内在同一性和一体性。显然,这种同一性和一体性关系,是"高低说"前述理论与实践完全异质这一前提所根本不能内蕴、潜涵和融贯的关系,是该前提所根本不可能推出、肯定和接受的关系。这表明,对"高低说"前述理论与实践完全异质这一前提而言,马克思所主张的理论与实践同一性、一体性关系,是根本不能成

---

① [古希腊] 亚里士多德:《形而上学》,吴寿彭译,商务印书馆1962年版,第5页。
② [古希腊] 亚里士多德:《形而上学》,苗力田译,中国人民大学出版1993年版,第30页。

第五章　理论与实践地位关系"高低说"证伪及其地位本然关系阐发

立的关系。而马克思关于理论与实践相互内在命题既然内蕴着二者的这种关系,那就反过来表明,从马克思该命题的内在逻辑来看,支撑"高低说"的前述理论与实践完全异质这一前提,自然是不能成立的。而基于该前提的"高低说",当然也就是不能成立的。

2. 理论与实践的相互内在关系,决定了"高低说"的伪论本质

其一,如前述,理论与实践的相互内在关系,使得二者呈现为一个相互包含的有机整体。这就决定了二者无法截然分割开来而分别独立存在,相应地二者间也就根本不可能存在孰高孰低的问题,自然也就根本无法做出孰高孰低的区分。既然如此,那么,对二者作出孰高孰低的判定,就是在把二者本来不具有的关系人为地强加给二者,就是在人为地扭曲二者关系,这种判定所宣称的二者间那种地位关系,并非二者地位关系的本然形态,而是一种伪关系,这种判定本身也就只能是一种伪论。

其二,如前述,理论作为实践内在自我意识和内在灵魂这样的内在精神性构成环节而内在于实践中,引导和规范着实践整体系统,使实践整体系统得以能动地运行。根据这种精神性局部构成环节在实践整体中的这种特殊地位和特殊效能,马克思作了著名的阐发:"最蹩脚的建筑师比最灵巧的蜜蜂高明的地方是他在用蜂蜡建筑蜂房以前,已经在自己的头脑中把它建成了。劳动过程结束时的结果,在这个过程开始时就已经在劳动者的表象中存在的,即已经观念地存在着。"① 实践这一整体如何展开既然是由内在于实践中的理论这一局部环节确定和引导的,就此而言,实践不过是理论的实践而已,那么,它在一定程度上就统一于该局部环节、与该局部环节无法截然区分开来;加之该构成环节是实践整体的局部存在形式,与该整体也无法截然区分开来。既然如此,那就决定了区分二者孰高孰低是根本不可能的,关于二者地位关系的"高低说"就只能是一种伪论。

其三,如前述,理论与实践相互内在、相互构成对方、相互是对方的存在形式,二者有着根本同一性。既然如此,那就决定了二者本质上

---

① 《马克思恩格斯全集》第23卷,人民出版社1972年版,第202页。

不过是同一内容的不同存在形式,根本不存在孰高孰低的问题。若判定二者孰高孰低,就必然陷入判定一事物高于或低于它本身的逻辑境地中。就此而言,关于二者地位关系的"高低说",仍是一种伪论。

其四,如前述,理论与实践相互内在,使得理论呈现为实践性理论,而实践则呈现为理论性实践,其结果,使得理论与实践都分别呈现为一个与对方相互包含、相互渗透的有机性、复合性整体,都兼具理论属性和实践属性。这样,二者就都不可能外在于对方而独立存在。二者间的这种相互渗透的有机整体性关系,显然在逻辑上完全排除了它们地位高低有别的可能性,相互间根本就不存在地位孰高孰低的问题。这决定了任何关于它们地位高低有别的判定,都只能是一种伪论。

3. "高低说"的不同具体形态,本质上都是伪论。

如前述,亚里士多德认为,理论是至善性、神圣性、无限性和永恒性的化身,而实践则是非完善性、世俗性、有限性和暂时性的所在。二者间所存在的这种贵贱性与完善性程度的差异,决定了"理论高于实践"①。然而,从马克思关于二者相互内在思想内在逻辑的视角来看,二者的相互内在关系,决定了二者相互不能离开对方而存在,本质上只能是一个不可分割的有机整体,从而其贵贱性、完善性、神圣性、恒久性和无限性程度自然也就完全不可能区分开来,而只能处于一种一体性状态,自然也就根本不存在地位孰高孰低的差异。因此,亚里士多德"理论高于实践"命题,也就只能是伪论。

如前述,康德认为,实践理性对理论理性具有价值统驭地位,相应地,理论理性在价值层面"隶属"、服从、服务于实践理性。这样,二者间就呈现出价值地位的等级差别来。基于此,他认为,"实践理性优先于理论理性"②。然而,从马克思关于二者相互内在思想内在逻辑视角来看,二者的相互内在关系,决定了二者是作为一个不可分割的有机整体而存在的。这就决定了二者的价值地位和所处于其中的价值层级是同一的,根本不可能存在"优与次""先与后"的区别。因此,康德该命题只能是

---

① [古希腊]亚里士多德:《形而上学》,吴寿彭译,商务印书馆1959年版,第3页。
② [德]康德:《实践理性批判》,邓晓芒译,人民出版社2003年版,第166页。

伪论。

如前述,黑格尔认为,实践因兼具普遍性和直接现实性优势,而呈现出高于和优越于理论的价值地位。二者间这种价值地位的等级差别,使得他判定"实践高于理论"。① 然而,从马克思关于二者相互内在思想内在逻辑视角来看,二者的相互内在关系,意味着二者相互构成对方、相互通过对方而存在,意味着二者是一个不可分割的有机整体。这决定了二者的价值地位无疑也相应地是一体性,根本不存在高低之别的问题。这决定了黑格尔该命题也只能是伪论。

"高低说"各具体形态既然都是伪说,那就表明"高低说"整体上只能是一种伪论。

(二) 马克思视野中的理论与实践地位关系"高低说"的危害

"高低说"作为伪论,有着多重严重危害:

其一,"理论高于实践说"的内在逻辑,决定了它对理论与实践构成如下危害:1. 否定理论来源于实践的可能性,摧毁了实践作为理论根据的可能性,使理论只能成为主观思辨的产物。这样就从根本上消解了理论的客观根据,进而摧毁了理论作为真理的可能性。2. 把实践置于理论的主宰之下,摧毁了实践的独立性和自我统一性;相应地,也就否定了实践内在的客观规律和客观法则,使得如此理论所面对的实践,成为一种在事实上并不存在的实践,使实践陷入荒谬状态。3. 否定理论的实践性,消解了理论转化为实践的必要性和可能性,使理论只能呈现为玄思和空论,失去现实意义。

其二,"实践高于理论说"的内在逻辑,决定了它对理论与实践构成如下危害:1. 否定了理论把握实践的可能性,使得实践呈现出不可知性,从而在一定程度上呈现为一种外在于人的认识的神秘过程。毕竟,低级的事物不可能把握高级的事物。2. 否定了理论作为实践内在自我意识和内在灵魂的可能性,使实践外在于理论的规范和引导,从而使得实践必然陷入或机械或盲目的状态,而不具有科学性和安全性。3. 否定了实践

---

① [德]黑格尔:《逻辑学》(下卷),杨一之译,商务印书馆1976年版,第523页。

内容内在于理论中的可能性，使得理论的内容不可能由实践的内容构成，从而使得理论只能是主观臆想性的东西，而不可能具有科学性和真理性。

其三，"高低说"对哲学发展的危害：诱致提出"理论哲学与实践哲学何者为第一哲学"这样的伪问题，使哲学发展陷入绝境。"理论高于实践"命题的内在逻辑，必然不但诱致理论哲学为第一哲学的结论，而且必然使得"理论哲学认为理论活动能够超越于生活实践，能够在理论理性自身中找到把握实在的立足点，能够独立于生活实践将世界在理论中建构起来"①。这样一来，理论哲学的内容，就完全呈现为主观思辨的结果，从而如此的理论哲学就难免不陷入可靠性危机之中。"实践高于理论"命题的内在逻辑，必然诱致实践哲学为第一哲学的结论。然而，实践毕竟依赖于内在的理论环节才得以可能，而实践哲学又总是依赖于理论研究来展开的，这样，实践哲学就陷入了高于它所依赖的事物这样的逻辑困境之中，从而其第一哲学的地位也就不攻自破了。而无论理论哲学还是实践哲学作为第一哲学，既然都是不能成立的，那就表明，"高低"说把哲学的发展引向了绝境。

五 马克思视野中的理论与实践地位关系的本然形态

（一）实践是理论内容的源头，内蕴着理论的全部可能性，使其地位同一于而非低于理论

如前述，亚里士多德认为，理论直接统一于作为最高、最普遍和自足的至善，而具有"永恒性、神圣性"和自足性；实践则是"短暂"的"人性的"②和世俗的。基于这种理由，他提出了"理论高于实践"③的命题。然而，从马克思前述关于理论与实践相互内在思想内在逻辑来看，无论理论具有怎样的属性和内容，它最终都根源和内蕴、内在于实践之

---

① 王南湜：《理论与实践关系问题的再思考》，《浙江学刊》2005年第6期。
② [捷克]尼古拉斯·洛布科维奇：《关于理论和实践的历史》，葛英杰译，《求是学刊》2013年第6期。
③ [古希腊]亚里士多德：《形而上学》，吴寿彭译，商务印书馆1959年版，第3页。

中，从而由实践所赋予和支撑。理论不可能具有实践本身所未内蕴的内容、属性和可能性。对此，马克思明确指出："意识在任何时候都只能是被意识到了的存在，而人们的存在就是他们的现实生活过程。"① "不是意识决定生活，而是生活决定意识。"② 在实践内容之外，理论的内容不包含任何别的东西，"甚至""人们头脑中的模糊幻象也是他们的可以通过经验来确认的、与物质前提相联系的物质生活过程的必然升华物"③。马克思这些论述既然一致强调实践是理论的来源，理论的内容内蕴、内在于实践之间中，理论本质上不过是实践内容的间接绽现形式，那么，这就决定了在马克思看来，实践的地位绝不可能低于理论，且因它内蕴着理论而与理论处于一体性关系之中，因而与理论享有着同一地位。

（二）理论具有与实践同样的现实性，从而其地位同一于而非低于实践

如前述，康德、黑格尔、列宁前后相继，逐渐提炼出了"实践高于理论"④ 的命题。然而，从马克思前述理论与实践相互内在思想内蕴逻辑来看，理论与实践都既有普遍性又有直接现实性。对实践而言，它运行于理论所揭示的一般原理中，从而内在于理论中，所以具有普遍性；同时，它又在当下的形态中直接现实地改造着世界，使世界直接现实地发生着改变。这样，实践就同时具有普遍性和直接现实性的综合性属性。对理论而言，它揭示着事物的一般原理和一般属性，故具有普遍性属性。而在马克思看来，理论又内在于实践中，是实践的内在构成环节和实践得以可能的内在基本条件之一，所以，理论也就以这样的角色，与实践的其他环节一起，共同作为实践而存在着。这样，实践直接现实地改造世界的过程也就通过理论而得以实现；相应地，理论也就通过作为实践的构成环节，而具有了实践本身所具有的直接现实性的属性。进而言之，理论作为实践内在自我意识和内在灵魂，规导着实践运行于特定状态特

---

① 《马克思恩格斯文集》第1卷，人民出版社2009年版，第525页。
② 同上。
③ 同上。
④ 《列宁全集》第55卷，人民出版社1990年版，第183页。

定目标中，这样，世界也就因此而得以直接现实地成为这个样子或那个样子。就此而言，理论直接现实地改造着世界，易言之，世界的现实形态，也就在一定程度上是由作为实践内在构成环节的理论决定的。这样，理论就不仅具有了实践的属性，呈现为实践性理论，而且也相应地具有了直接现实地改造世界的属性。毕竟，实践直接现实地改造世界的全部过程，都内在地渗透着理论，都是经由理论这一内在环节而实现的。加之路易·阿尔都塞在阐发马克思理论与实践关系思想时，所提出的"理论实践"① 概念也表明，世界是物质世界与精神世界的统一体，理论则具有直接现实地改造精神世界的功能。就此而言，理论也具有直接现实性。这些分析既然表明，从马克思关于理论与实践关系上述命题的内在逻辑来看，理论也像实践那样，既具有普遍性，又具有直接现实性，那么，理论与实践就自然具有相同的地位，二者地位并不存在高低之别。

（三）理论与实践是一个不可分割的有机整体，其相互地位不存在高低之别

马克思前述关于理论与实践相互内在命题的内蕴逻辑，决定了二者根本不可能离开对方而存在，而只能呈现为一个无法截然分割开来的有机整体。既然如此，那么，这就使得二者中一方地位高于另一方在逻辑上失去了可能性。毕竟，一方既内在于对方、又为对方所内在这一基本事实，意味着二者既构成对方、又为对方所构成。这就使得若判定一方地位高于另一方，那就意味着这种判定，必然陷入判定一方高于另一方，实际上不过是在判定该方高于它本身这样的悖谬性结论中。二者一方地位高于另一方在逻辑上既然是不可能的，那么，这就反过来表明，对二者地位作出高低判定是根本不可能的，进而也就意味着二者地位根本无所谓高低之别。

（四）理论与实践相互内在地具有对方属性，从而享有相同地位

其一，理论来自源于实践，是实践内容的映现，其内容始终内在于

---

① ［法］阿尔都塞：《保卫马克思》，顾良译，商务印书馆2010年版，第158页。

第五章　理论与实践地位关系"高低说"证伪及其地位本然关系阐发

实践内容的可能性之中；加之理论作为实践的内在构成环节，而与实践的其他环节一起构成实践，从而始终以内在于实践的形式，而直接作为实践存在着。这样，理论就具有了实践性，从而也在直接现实地改造着世界。而理论的这种实践性和直接现实性，也就使得理论呈现为实践性理论。其二，实践内蕴理论，以理论为其内在自我意识和内在灵魂，从而始终内在和运行于理论所揭示的客观可能性和价值可能性之中，服从于理论所揭示的规范和原理。实践对理论的这种统一性和内在性，也就使得实践因此而具有了理论的属性，从而相应地呈现为理论性实践。上述两个方面既然分别显示实践具有理论的属性，呈现为理论性实践，而理论则相应地具有实践的属性，呈现为实践性理论，那就表明，理论和实践相互具有对方属性。既然如此，理论与实践自然也就享有相同的地位。

（五）实践哲学与理论哲学相互内在、相互构成，并作为一个整体而处于同一地位中

理论哲学与实践哲学地位关系问题，是理论与实践地位关系问题的延伸形态，故也须对其本然形态予以揭示。

理论哲学作为以亚里士多德"理论高于实践"思想为前提生成的哲学形态，认为"理论活动能够超越于生活实践，能够在理论理性自身中找到把握实在的立足点，能够独立于生活实践将世界在理论中建构起来"[①]。可见，它是一种以理论为根本立足点的哲学活动形态。实践哲学作为以肇始于康德的"实践高于理论"思想为前提生成的哲学形态，或"以实践为研究对象"，或"将人的实践活动视为第一活动"进而视实践哲学为第一哲学，或呈现为特定"思维范式"。[②] 这决定了它是一种以实践为立足点、以服膺实践要求为最高准则的哲学活动形态。对理论哲学与实践哲学上述传统理解，必然使二者在"孰为第一哲学"[③]的问题上，陷入二律背反困境中，从而分别映现出二者的片面性和极端性。然而，

---

① 王南湜：《理论与实践关系问题的再思考》，《浙江学刊》2005年第6期。
② 王南湜：《辩证法：从理论逻辑到实践智慧》，武汉大学出版社2011年版，第149页。
③ 丁立群：《理论哲学与实践哲学：孰为第一哲学？》，《哲学研究》2012年第1期。

前提批判的内在逻辑及其多维展开

从马克思前述理论与实践相互内在思想来看，理论哲学研究的内容终究内在于实践中，从理论出发研究的问题终究是实践内容的反映，终究只能由实践来解释。毕竟，"意识在任何时候都只能是被意识到了的存在，而人们的存在就是他们的现实生活过程"①。"甚至人们头脑中的模糊幻象也是他们的可以通过经验来确认的、与物质前提相联系的物质生活过程的必然升华物。"② 这样，所谓理论哲学也就因此而具有了实践哲学的属性，从而在事实上它也就并没有仅仅作为纯粹的理论哲学而存在着，在逻辑上也并不具有仅仅作为纯粹的理论哲学而存在的可能性。相应地，由于"在社会历史领域内进行活动的是具有意识的经过思虑或凭激情行动的追求某种目的的人"③，理论始终是实践由以构成和运行的内在基本条件，所以，"从社会生活实践出发探讨哲学问题"④ 的实践哲学，在逻辑上也就包含着从作为实践内在构成环节和得以运行的内在基本条件的理论出发，来探讨哲学问题。这就使得所谓实践哲学具有了一定理论哲学的属性，从而在事实上它也就并没有仅仅作为纯粹的实践哲学而存在着，在逻辑上也并不具有仅仅作为纯粹的实践哲学而存在的可能性，这样，纯粹的实践哲学也就因此而并不存在。这些分析既然表明，理论哲学与实践哲学相互具有对方属性，相互在一定程度上奉行着对方的原则并运行于对方的逻辑中，从而分别终结了对方作为纯粹的理论哲学或纯粹的实践哲学存在的可能性，消解了双方作为理论哲学或实践哲学的纯粹性，使得理论哲学在本质上终究只能是一定程度上实践哲学性的理论哲学，而实践哲学终究只能是一定程度上理论哲学性的实践哲学，理论哲学与实践哲学因本来就相互具有对方属性，且作为一个统一的综合性的哲学形态而存在，这就意味着理论哲学与实践哲学作为一个相互内在、相互构成的整体，根本不存在地位高低问题或孰为第一哲学的问题，它们的地位本来就是一体性的。

---

① 《马克思恩格斯文集》第 1 卷，人民出版社 2009 年版，第 524 页。
② 同上书，第 525 页。
③ 《马克思恩格斯选集》第 4 卷，人民出版社 1995 年版，第 247 页。
④ 王玉樑：《论理论哲学和实践哲学》，《清华大学学报》（哲社版）2012 年第 4 期。

六 结语

其一，"理论高于实践"说合法性的终结，既拯救了实践，也拯救了理论。就其对实践的拯救而言，它使得理论因其地位优越性幻觉，而绑架实践、任意裁剪实践失去了依据和可能性，避免了实践被理论扭曲的风险，使其能够按其本然趋势和可能性来存在和运行。就其对理论的拯救而言，它既使得理论回归于其与实践地位关系的本然状态，从而能合乎其本性地存在和运行，也使得理论得以避免陷入主观思辨的窠臼，能作为实践内容的映现形态存在着，从而摆脱其内容的虚妄性、任意性，获得其内容的真理性。

其二，"实践高于理论"说合法性的终结，既使得实践运行于理论揭示的实践客观可能性和价值可能性中成为可能，使得实践从根本上摆脱了盲目性、野蛮性；也使得理论引导和规范实践的固有价值的开发和释放成为可能，从而为理论的发展扩展了可能性空间。

其三，"高低说"合法性的终结，既使得如理论与实践相互地位本然形态所是那样，来认知和把握二者地位关系成为可能，也使得实践如理论所揭示的客观可能性和价值可能性那样运行成为可能，也使人们对二者关系的驾驭避免陷入重实践轻理论和重理论轻实践两种误区成为可能。

其四，"理论高于实践"说是脑体分工诱生的专业从事精神生产的知识分子关于理论地位优越性的一种错觉，是人们误把理论的专业化生产形式同实践之间的关系，误作理论本身同实践之间的关系而生成的糊涂观念；该观念的根本有效纠矫，有赖于脑体分工的消亡；"实践高于理论"说的生成尽管同样可以看出脑体分工影响的影子，但从根本上来看，它的生成，更直接地来源于人们对实践构成缺乏批判性认知，从而未看到实践正是经由理论等内在环节而构成的。因此，该观念的根本有效纠矫，既依赖于实践主体对实践的理论认知功能的开发，也依赖于实践主体学习人格的普遍养成和普遍发育。

其五，"高低说"合法性的终结，意味着理论与实践健康发展的根本有效途径，只能是相互统一于对方，相互通过对方而生成和运行，相互享有对方的属性，相互作为一个地位同一的有机整体，而相互限定相互支撑。毕竟，外在于实践、不内蕴实践内容的纯粹的理论是不存在的，理论之所以为理论，就在于它是实践内容的绽现，外在于理论、不能为理论所认知同时也不统一于理论的纯粹的实践也是不存在的；实践之所以为实践，就在于内蕴的理论环节使其成为可能，就在于它是在内蕴的理论环节引导下展开的活动。理论与实践本来就是一个相互内在的有机整体，它们本来就不可能离开对方而存在和发展。

第二编

前提批判视域中的意识形态

第六章 马克思恩格斯"意识形态"概念的多义性及其实践意蕴

学界关于马克思恩格斯"意识形态"概念本然涵义的既有不同认识尽管不乏合理观点,但总体上看,既有认识对马克思恩格斯该概念涵义的理解,尚存在着片面化、简单化和僵化等缺陷,使该概念部分涵义被遮蔽,也使其不同涵义间的关系被扭曲。其结果,既使马克思恩格斯意识形态思想被狭隘化、庸俗化了,也弱化了马克思主义意识形态理论概念基础的科学性,且难免阻滞中国社会主义主流意识形态实践的健康发展。可见,准确把握马克思恩格斯意识形态概念的本然涵义,是不容回避的研究课题。

一 学界关于马克思恩格斯意识形态概念涵义研究的现状

学界对马克思恩格斯意识形态概念涵义的理解主要有如下观点:第一,认为其涵义除指"一定的阶级所特有的信仰体系",和"一种由错误观念或错误意识构成的幻觉性的信仰体系,这种体系同真实的或科学的知识相对立"[①] 外,还指"生产各种意义与观念的一般过程"[②]。这种从信仰体系和意义生产角度,对该概念涵义的理解尽管值得肯定,但总体上是片面的。第二,认为该概念的涵义既指幻觉和暗示,是"一个纯粹

---

① [英]雷蒙德·威廉斯:《马克思主义与文学》,王尔勃等译,河南大学出版社2008年版,第73页。
② Williams, Raymond: *Marxism and Literature*, New York: Oxford University Press, 1977. p. 55.

的梦"①，又指政治实践功能的国家机器，从而呈现为"功能性概念"。这种观点揭示了该概念的认识论涵义和功能论涵义，具有一定科学性，但该概念的涵义并不仅限于此。第三，认为该概念涵义呈现为"否定的"（即指某种歪曲的思想）和"肯定的"（指社会意识的整体形式或一切社会阶级的所有政治观念）的对立，②并为前者辩护。这种观点尽管揭示了该概念部分涵义，但既缺乏全面性，也把肯定性涵义与否定性涵义简单对立起来了。第四，认为该概念呈"限制性概念，因为它把这个概念限定在特定的政治信念体系"，和"包容性概念，因为'意识形态'适用于所有政治学说"③两类范畴。这种观点揭示了该概念的阶级性与超阶级性涵义，但这并非该概念的全部涵义。第五，认为该概念分别指称"唯心论"和"辩护性的思想体系"④两重涵义。前者"指的就是唯心主义者关于意识本质的看法，包含有典型的唯心主义者的'方法'和'分析模式'"⑤。后者指把具体的"思想形式、认识范畴、自己社会或集团的利益和价值观"⑥视为一种"普遍有效"的存在。这种观点揭示了该概念认识论、利益论层面的涵义，但仍把其涵义狭隘化了。第六，认为该概念呈现为"论战性的、揭露的""解释的、本质上是功能性的"以及"批判—哲学的"等涵义⑦。这种观点揭示了该概念部分涵义，却仍是对该概念涵义的不完全归纳。第七，认为该概念具有"非评价和非判断的"描述性的中性涵义、作为"错觉或虚假意识"的否定性涵义，但尚不具有列宁等人后来揭示的肯定性涵义⑧。该观点揭示的前两重涵义是成立

---

① ［法］阿尔都塞：《哲学与政治：阿尔都塞读本》，陈越编，吉林人民出版社2003年版，第251—253页。
② ［英］拉雷恩：《马克思主义与意识形态：马克思主义意识形态论研究》，张秀琴译，北京师范大学出版社2013年版，第4页。
③ Martin Seliger, *The Marxist Conception of Ideology*, Cambridge: Cambridge University Press, 1977, p.1, 26.
④ BhikhuParekh, Marx'sTheoryofIdeology, Lon–don: CroomHelm, 1982. p.1.
⑤ Ibid., p.7.
⑥ Ibid., p.10.
⑦ ［匈］乔治·马尔库什：《马克思的意识形态概念》，孙建茵译，《马克思主义与现实》2012年第1期。
⑧ Raymond Geuss: *The Idea of a Critical Theory*, Cambridge: Cambridge University Press, 1981, pp. 1, 5, 12, 24–25.

的，但否定该概念有肯定性涵义则欠妥。

上述观点都承认马克思恩格斯意识形态概念具有否定性或批判性涵义，以及为集团利益服务和辩护的本质，并都直接间接地揭示了该概念部分认识论涵义。其中一些观点还分别揭示了该概念具有意义体系的涵义、中性描述性概念的涵义、承载国家机器的涵义等内容。如此认识尽管有可肯定之处，但也有如下缺陷：其一，对该概念一些涵义的内在差异缺乏深入阐发，例如，尽管指出该概念具有认识论涵义，但未看到该涵义的内在差别。其二，未看到该概念诸如社会治理工具论、社会机理要素论、潜在的科学论等层面的涵义。其三，对该概念不同涵义的历史性，以及不同涵义的关系缺乏分析，从而不能把握其涵义的动态性和不同层面涵义间复杂的内在关联。其四，把其"虚假意识"涵义与作为科学的涵义简单对立起来，忽视了它们间的统一性。总之，既有研究仅把握了该概念部分而非其全部涵义，也忽视了其涵义的历史性，更未能正确把握该概念不同涵义间的关系，从而把其涵义简单化、抽象化、凝固化、狭隘化了。

二 马克思恩格斯"意识形态"概念内涵的多义性

无论人们对意识形态涵义的认识有怎样的差异，意识形态是由社会生活秩序问题衍生出来的现象这一点，却是人们的共识，也是人们关于该概念的不同定义由以立足的基础。社会生活秩序是用来约束社会生活的构成要素及其联系的，当然就会受社会生活构成要素及其相互联系制约。社会生活的构成要素及其联系无疑是复杂的历史性的，社会生活秩序问题也就自然是复杂的历史性，由社会生活秩序问题衍生出来的意识形态问题也势必是复杂的历史性的，意识形态的属性也就势必是复杂的和历史的，其涵义也就难免不具有多义性。综观马克思恩格斯使用该概念的不同文献，可发现，其赋予该概念的内涵正是多义性的：

（一）认识论层面的涵义

所谓认识论层面的涵义，即马克思恩格斯着眼于人类认识内在特性，所赋予的意识形态的相关涵义。

其一，作为幻象的意识形态概念。这体现在他们如下论述中："意识在任何时候都只能是被意识到了的存在，而人们的存在就是他们的实际生活过程。如果在全部意识形态中人们和他们的关系就象在照相机中一样是倒现着的，那么这种现象也是从人们生活的历史过程中产生的，正如物象在眼网膜上的倒影是直接从人们生活的物理过程中产生的一样。"① "意识形态家……制作了一幅因脱离现实基础而扭曲的、像在凹面镜上反映出来的头足倒置的画像。"② "在'施蒂纳'那里，连这种意识也'全部完了'，他真正相信意识形态的各种抽象思想统治着现代世界，他深信他在其反对'宾词'、反对概念的斗争中攻击的已不是幻想，而是统治世界的现实力量。由此可以看出他的头脚倒置的手法，同此可以看出他的无限的轻信，竟把资产阶级的一切虚伪的幻想、一切伪善的保证信以为真。"③ 可见，马克思、恩格斯这些论述，赋予了意识形态以"幻相"也即所谓"颠倒意识"的涵义。这是因为，在他们看来，意识形态表达和主张的，并非现实生活中真实存在的东西。而"意识形态"作为这种"幻相"的成因，主要在于人认识能力的局限性，而未必是人刻意所为。例如，马克思在谈到宗教这种作为"幻相"的意识形态时说："国家、社会产生了宗教即颠倒了的世界观，因为他们本身就是颠倒了的世界。"④ 可见，宗教尽管是人自觉建构起来的，但它并非人刻意把虚幻的东西判断为真实的东西的产物，而是人对本质上虚幻的东西信以为真的结果。因此，"幻相"并不是虚假的，而是人自以为真实而事实上并不真实的东西；虚假的则是人刻意为之的结果。这就是说，"幻相"不是自觉的，虚假的则是自觉的。因此，二者不能等同起来。这意味着作为"幻相"的意识形态，并不具有刻意的欺骗性。不过，尽管这种作为"幻相"或作为"颠倒意识"的意识形态未必是人刻意所为，但它本质上毕竟是关于现实的臆想性反映，故是一种唯心主义的意识形态。

---

① 《马克思恩格斯文集》第1卷，人民出版社2009年版，第525页。
② 《马克思恩格斯文集》第9卷，人民出版社2009年版，第102页。
③ 《马克思恩格斯全集》第3卷，人民出版社1960年版，第263页。
④ 《马克思恩格斯选集》第1卷，人民出版社1972年版，第1页。

第六章 马克思恩格斯"意识形态"概念的多义性及其实践意蕴

其二,作为脱离实际的理论的意识形态。这体现在其如下论述中:"不要以为,对天体现象的研究,无论就整个研究而言或就个别部分而言,除了和研究其余的自然科学一样能够获得心灵的宁静和坚定的信心之外,还能达到别的目的。我们的生活需要的不是意识形态和空洞的假设,而是我们要能够过恬静的生活。正如生理学的任务一般是研究最主要的事物的原因一样,这里幸福也是建立在对天体现象的认识基础上的。关于日月出没的学说,关于星辰的位置和亏蚀的学说,本身并不包含有关幸福的特殊根据;不过恐惧却支配着那些看见这些现象但不认识它们的性质及其主要原因的人。"[①] 该论述把"意识形态"与"空洞的假设"并列使用,表征了意识形态是脱离实际的空洞理论的属性。显然,如此意识形态必须被抛弃:"问题并不在于实现某种空想的体系,而在于要自觉地参加我们眼前发生的革命地改造社会的历史过程。"[②]

其三,作为无意识的不自觉产物的意识形态。这体现在其如下论述中:"意识形态是由所谓的思想家通过意识、但是通过虚假的意识完成的过程。推动他的真正动力始终是他所不知道的,否则这就不是意识形态的过程了。因此,他想象出虚假的或表面的动力。因为这是思维过程,所以它的内容和形式都是他从纯粹的思维中——不是从他自己的思维中,就是从他的先辈的思维中引出的。他只和思想材料打交道,他毫不迟疑地认为这种材料是由思维产生的,而不去进一步研究这些材料的较远的、不从属于思维的根源。而且他认为这是不言而喻的,因为在他看来,一切行动既然都以思维为中介,最终似乎都以思维为基础。"[③] 该论述既指出了意识形态是通过虚假意识完成的过程,也指出了人们建构意识形态的动力始终是人们所不知道的。这意味着尽管人们会提出这样那样的意识形态主张,但人们对驱动其主张的真正动力、真正原因未必自觉,而可能是无意识的,从而意识形态就可能是一种人们无意识地不自觉地建构起来的产物。同样论述还有:"任何意识形态一经产生,就同现有的观

---

① 《马克思恩格斯全集》第40卷,人民出版社1982年版,第236页。
② 《马克思恩格斯全集》第19卷,人民出版社2006年版,第137页。
③ 《马克思恩格斯选集》第4卷,人民出版社1995年版,第642页。

念材料相结而发展起来,并对这些材料作进一步的加工;不然,它就不是意识形态了,就是说,它就不是把思想当作独立地发展的、仅仅服从自身的独立存在的东西来对待了。人们头脑中发生的这一思想过程,归根到底是由人们的物质生活条件决定的,这一事实,对这些人来说必然是没有意识到的,否则,全部意识形态就完结了。"① 显然,该论述仍强调了意识形态生成的无意识属性。路易·阿尔都塞主张的"意识形态是意识和无意识的(知识和无知识)形式"②的命题,显然是对恩格斯揭示的意识形态无意识性一面的肯定。

其四,作为科学的意识形态。如前述,马克思、恩格斯是在阶级对立、从而统治阶级把其特殊利益说成是普遍利益的前提下,判定反映统治阶级利益的意识形态是"虚假意识"的。但马克思又指出:"只要不再有必要把特殊利益说成是普遍利益,或者把'普遍的东西'说成是占统治地位的东西,那么,一定阶级的统治似乎只是某种思想的统治这整个假象当然就会自行消失。"③ 这意味着,在该条件下,意识形态不再是"虚假意识",而是体现社会共同利益诉求的关于社会秩序安排的主张。这种意义上的意识形态,可能是科学的。这表明,在马克思看来,只要相应条件具备,意识形态具有的虚假意识这一属性就会脱落,从而就可能呈现为科学。可见,马克思、恩格斯尽管未直接赋予意识形态以科学这一涵义,但其理论的内在逻辑中,显然已包含这一涵义。

(二) 本体论层面的涵义

所谓本体论层面的涵义,即马克思、恩格斯着眼于作为社会历史根本前提和基础的物质资料生产方式与意识形态间的关系,赋予意识形态的涵义。该诠释框架中的意识形态,或直接间接地肯定其对作为社会历史根本前提和基础的物质资料生产方式的根本依赖性;或否定其对物质资料生产方式的根本依赖性,把其看作独立自立的东西。

其一,作为掩盖关于社会秩序安排的主张真实动机意义上的意识形

---

① 《马克思恩格斯选集》第 4 卷,人民出版社 1995 年版,第 254 页。
② [法] 路易·阿尔都塞:《保卫马克思》,顾良译,商务印书馆 2010 年版,第 13 页。
③ 《马克思恩格斯文集》第 1 卷,人民出版社 2009 年版,第 553 页。

第六章 马克思恩格斯"意识形态"概念的多义性及其实践意蕴

态概念。这种意义上的意识形态,即所谓的作为"虚假意识"的意识形态。它之所以被马克思、恩格斯视作"虚假意识",根本原因就在于其直接呈现出来的内容,掩盖了其事实上统一于其相应物质基础这一本质。这体现在其如下论述中:"因为每一个企图代替旧统治地位的新阶级,就是为了达到自己的目的而不得不把自己的利益说成是社会全体成员的共同利益,就是说,这在观念上的表达就是:赋予自己的思想以普遍性的形式,把它们描绘成唯一合乎理性的、有普遍意义的思想。"①"资产者的假仁假义的虚伪的意识形态用歪曲的形式把自己的特殊利益冒充为普遍的利益,这位具有移山信念的乡下佬雅各却认为这种歪曲形式是资本主义世界的现实的世俗的基础。为什么这种意识形态的欺骗在我们的圣者那里正是获得了这种形式,我们在谈到'政治自由主义'时将会知道。"② 把代表本阶级利益的关于社会利益资源分配的主张,判定和论证为代表全社会的利益,这正是具有欺骗性、虚伪性的意识形态的根本特征和本质属性。

有论者把马克思、恩格斯赋予意识形态的"虚假意识"这一涵义,与"颠倒意识"等涵义等同起来,甚至把这种"虚假意识"意义上的意识形态简单地判定为"唯心主义的意识形态"③。这就把马克思、恩格斯赋予意识形态的"虚假意识"这一涵义泛化、模糊化了。马克思、恩格斯赋予意识形态的"虚假意识"这一涵义,其所指并不是抽象的不确定的,而是专指资产阶级意识形态的欺骗性、"假仁假义的虚伪"性。除该特定义项外,"虚假意识"并不具有其他涵义。忽视这一点,把其他涵义涵盖在"虚假意识"这一具有特定所指的涵义之下,就会淡化马克思、恩格斯赋予意识形态这一概念的战斗性,同时也会弱化其科学性。由于作为具有这种特定涵义的"虚假意识"的意识形态本质上是为资产阶级利益服务的,这一点充分体现了历史唯物主义揭示的社会存在与社会意识间的本然关系,故这种"虚假意识"意义上的意识形态,恰好顺应了

---

① 《马克思恩格斯选集》第 1 卷,人民出版社 1995 年版,第 100 页。
② 《马克思恩格斯全集》第 3 卷,人民出版社 1960 年版,第 195 页。
③ 李彬彬:《马克思恩格斯"意识形态"概念再析》,《哲学动态》2015 年第 6 期。

历史唯物主义的基本原理。在此意义上，它恰好不是唯心主义的、反而是体现着唯物主义精神的意识形态。这意味着把这种作为"虚假意识"意义上的意识形态判定为所谓"唯心主义的意识形态"，恰好是对这种意识形态本质的根本误读和扭曲。

可见，简单地否定或肯定马克思、恩格斯关于意识形态是虚假意识这一论述的观点，本质上都是把问题简单化的做法，都在一定程度上把问题绝对化、简单化、片面化和抽象化了。从根本上看，按照马克思、恩格斯相关论述的逻辑，意识形态作为"虚假意识"，只在阶级对立等社会的利益分裂和利益对立这样的特定历史条件下成立。这意味着该特定历史条件一旦消失，意识形态作为"虚假意识"的必要性就消失了，也就不再具有"虚假意识"这一属性了，而会以其他可能属性的形式存在着。就此而言，无条件地肯定马克思、恩格斯关于意识形态是"虚假意识"命题的观点，之所以是错误的，就在于其忽视了该命题成立的条件性；相应地，无条件地否定马克思、恩格斯关于意识形态是"虚假意识"命题的观点，之所以是错误的，就在于其忽视了阶级对立等社会的利益分裂和利益对立对意识形态约束的不可避免性，以及这种约束诱发意识形态内在地具有"虚假意识"属性的必然性。

其二，作为视思想为不依赖于物质基础、具有独立性自足性的观念力量的意识形态。这体现在其如下论述中："任何意识形态一经产生，就同现有的观念材料相结而发展起来，并对这些材料作进一步的加工；不然，它就不是意识形态了，就是说，它就不是把思想当作独立地发展的、仅仅服从自身的独立存在的东西来对待了。人们头脑中发生的这一思想过程，归根到底是由人们的物质生活条件决定的，这一事实，对这些人来说必然是没有意识到的，否则，全部意识形态就完结了。"① 显然，该论述以否定意识形态不是什么的形式，肯定了意识形态是一种"把思想当作独立地发展的、仅仅服从自身的独立存在的东西"。这样，意识形态就呈现为一种被其主张者理解为独立自主的思想形态。在该论述看来，持这种意识形态观念的人，意识不到作为这种意识形态的观念，对物质

---

① 《马克思恩格斯选集》第 4 卷，人民出版社 1995 年版，第 254 页。

第六章　马克思恩格斯"意识形态"概念的多义性及其实践意蕴

生活条件的依赖性。显然，这种意义上的意识形态，在本体论上具有自足性，不依赖于其他前提、基础和根据就能存在。这意味着这种意义上的意识形态，是在本体论意义上被界定和诠释的。

（三）意义论层面的涵义

所谓意义论层面的涵义，即马克思、恩格斯赋予意识形态作为人生社会意义体系和意义规范的涵义。这体现在其如下论述中："在考察这些变革时，必须时刻把下面两者区别开来：一种是生产的经济条件方面所发生的物质的、可以用自然科学的精确性指明的变革，一种是人们借以意识到这个冲突并力求把它克服的那些法律的、政治的、宗教的、艺术的或哲学的，简言之，意识形态的形式。"① "更高的即更远离物质经济基础的意识形态，采取了哲学和宗教的形式。在这里，观念同自己的物质存在条件的联系，愈来愈混乱，愈来愈被一些中间环节弄糊涂了。但是这一联系是存在着的。"② 由于"那些法律的、政治的、宗教的、艺术的或哲学的，简言之，意识形态的形式"除满足生产方式内在要求之外，还有具有塑造和设定人生社会意义体系意义规范的效能，故马克思、恩格斯也就赋予了意识形态作为人生社会意义体系和意义规范的涵义。这意味着，在马克思、恩格斯看来，意识形态是否能赢得人们的认同，并不只取决于意识形态是否能有效满足人们物质利益诉求，还取决于它是否能给人们带来充实的生存意义，是否能使人们感受到生存的魅力，是否能使生活令人神往和陶醉。

（四）社会治理工具论层面的涵义

所谓社会治理工具论层面的涵义，即马克思、恩格斯赋予意识形态的实现社会变革、化解社会冲突的工具的涵义。

其一，作为认识和化解社会冲突的方式和工具的意识形态。这体现在其如下论述中："随着经济基础的变更，全部庞大的上层建筑也或慢或快地发生变革。在考察这些变革时，必须时刻把下面两方面区别开来：

---

① 《马克思恩格斯选集》第 2 卷，人民出版社 1995 年版，第 32—33 页。
② 《马克思恩格斯选集》第 4 卷，人民出版社 1995 年版，第 254 页。

前提批判的内在逻辑及其多维展开

一种是生产的经济条件方面所发生的物质的、可以用自然科学的精确性指明的变革，一种是人们借以意识到这个冲突并力求把它克服的那些法律的、政治的、宗教的、艺术的或哲学的，简言之，意识形态的形式。"① 显然，该论述赋予意识形态如下涵义：首先，意识形态是实现社会变革的力量。该论述中所谓"下述两者"都是相对于"这些变革"而言的，其中前一种变革是一种"生产的经济条件方面所发生的物质的、可以用自然科学的精确性指明的变革"即刚性变革，它呈现为"这些变革"的一种形式；后一种变革则是"人们借以意识到这个冲突并力求把它克服的那些法律的、政治的、宗教的、艺术的或哲学的，简言之，意识形态的形式"。严格来看，文本对后一种变革的表述，在语法上、逻辑上是有问题的。从语境来看，这里的论述所要解决的问题，是要把两种变革区分开来。因此，这里所应该谈的问题，就是两种应该被区分开来的变革。既然如此，那么，该论述对前一种变革的刻画和表述就是合乎这一语境中的语法和逻辑要求的。从道理上看，在刻画和表述了前一种变革的属性和特征之后，应该紧接着刻画和表述第二种变革。但该处论述并未刻画和表述第二种变革，而是陈述了"一种是人们借以意识到这个冲突并力求把它克服的那些法律的、政治的、宗教的、艺术的或哲学的，简言之，意识形态的形式"这样一句话。显然，这句话所陈述内容的本质，即"意识形态的形式"。"意识形态的形式"和"变革"当然不是一回事。因此，该句话只有陈述与前一种变革相区别的变革，在语法和逻辑上，才可能是正确的。按照这一推论，该句话的准确内容应是："一种是通过人们借以意识到这个冲突并力求把它克服的那些法律的、政治的、宗教的、艺术的或哲学的，简言之，意识形态的形式，而完成的变革。"果若此，那么，在该论述中，意识形态就呈现为一种实现社会变革的方式和途径，即呈现为社会变革借以实现的条件。其次，意识形态作为社会变革借以实现的条件，呈现为社会变革的引导和驱动力量。该论述既然认为意识形态是一种"人们借以意识到这个冲突并力求把它克服的那些法律的、政治的、宗教的、艺术的或哲学的"等力量，那就表明，在

---

① 《马克思恩格斯选集》第2卷，人民出版社1995年版，第32—33页。

第六章 马克思恩格斯"意识形态"概念的多义性及其实践意蕴

该论述看来,意识形态既能认识孕育着社会变革的这种"冲突",又能克服这种"冲突",从而能完成和实现社会变革。在此意义上,意识形态呈现为社会变革得以实现的先导力量和组织力量。再次,意识形态作为社会变革的引导和驱动力量,呈现为一种推翻旧秩序、建构新秩序的革命性创新性力量,因而它并不是保守的,而是一种建设性的力量。这意味着那种把意识形态仅理解为既有秩序的维护力量的观点,从而把意识形态仅理解为一种保守性力量的观点,就被该处论述的内在逻辑彻底颠覆了。复次,意识形态作为社会变革的引导和驱动力量,呈现为揭示和发现社会变革内在的属性规律法则和要求的认识活动及其结果,从而既作为科学性认知又作为价值性认知活动及其结果而存在和运行着;相应地,也就具有了科学探索的属性。这样,意识形态与科学就具有了相通性,从而具有了科学属性;相应地,也就作为科学而存在着。而其作为这种意义上的科学,是由其实施科学探索活动而保障的。而科学本来就是一种探索性活动。显然,意识形态作为这种意义上的科学,与列宁和葛兰西所赋予和揭示的意识形态的科学属性,是两种完全不同意义上的科学属性。复复次,意识形态作为社会变革的引导和驱动力量,呈现为由法律的、政治的、宗教的、艺术的或哲学的等内容构成的综合性力量。最后,意识形态作为社会变革的引导和驱动力量,是一种以"生产的经济条件方面所发生的物质的、可以用自然科学的精确性指明的变革"为前提和基础的力量,它不能离开这种前提和基础所许可的功能空间,来引导和驱动社会变革。显然,该论述所赋予的意识形态的上述涵义,都把意识形态规定为社会治理的一种工具和力量。

其二,作为保障社会安全和公共利益安全的意识形态。这体现在其如下论述中:"国家作为第一个支配人的意识形态力量出现在我们面前。社会创立一个机关来保护自己的共同利益,免遭内部和外部的侵犯。这种机关就是国家政权。它刚一产生,对社会来说就是独立的,而且它越是成为某个阶级的机关,越是直接地实现这一阶级的统治,它就越独立。"[①] 该论述既然把作为"意识形态"的国家看作是被"社会创立"的

---

① 《马克思恩格斯选集》第4卷,人民出版社1995年版,第253页。

一个用"来保护自己的共同利益,免遭内部和外部的侵犯""机关",那就表明,在其看来,意识形态是一种保障社会安全和公共利益安全的力量。显然,作为这种意义上的意识形态,它既非谎言,也非幻象,更非什么虚假意识,而是社会一种内生性的维护自我安全的强制力量。由于它是任何阶级社会都必然具有的一种力量,而非为任何阶级社会所独有、所独享,也非为任何阶级所垄断,更非只有某个阶级才可能拥有它;由于任何阶级社会一旦离开了这种力量,其安全都不能得到维护,所以,意识形态作为这种意义上的保障社会安全和公共利益安全的力量,就具有超阶级的属性,相应地也就呈现为一种社会治理的工具和力量。

(五) 社会机理要素论层面的涵义

所谓机理要素论层面的涵义,在马克思、恩格斯那里有两层涵义。其一是指社会构成机理要素论层面的涵义;其二是指社会运行机理要素论层面的涵义。所谓社会构成机理要素论层面的涵义,即马克思、恩格斯赋予意识形态作为社会所必需的基本构成要素的涵义。这种意义上的意识形态,主要呈现为马克思、恩格斯所谓的上层建筑这一社会的构成要素[①]。它依赖于社会由以构成所必需的经济基础要素,且满足经济基础要素的要求,并与经济基础一起共同构成社会有机体。所谓社会运行机理要素论层面的涵义,建立在马克思揭示的社会运行机理的基础之上。马克思揭示的社会运行机理集中体现在《〈政治经济学批判〉序言》[②]中。该论述把社会存在和运行机理概括为如下环节:1. 物质生活的生产构成社会生活存在的前提和基础,从而物质生活的生产方式制约着整个社会生活、政治生活和精神生活的过程。2. "法律和政治的上层建筑"等意识形态依赖物质生活的生产方式而生成,并统一于该生产方式的内在要求。3. 物质生活的生产方式的内在矛盾运动,决定着意识形态的矛盾运动,即意识形态随着物质生活的生产方式的运动而运动。4. 社会的矛盾运动是经济性过程和非经济性过程的综合性过程,从而除向特定的

---

① 《马克思恩格斯选集》第 2 卷,人民出版社 1995 年版,第 32—33 页。
② 同上。

经济性目标运动外，也向特定的社会性目标运动着。5. 社会各层级的运动不是自发实现的，而是通过意识形态对社会各层级矛盾冲突的认识，以及对各层级矛盾运动的组织、调控和引导而实现的。总之，上述诸环节结合在一起，共同构成该论述所揭示的社会存在和运行的机理。而意识形态则是该机理的构成要素之一。与该机理相对应，该论述赋予意识形态所谓的社会运行机理要素论层面的涵义，即作为社会正常存在和运行所服从的基本机理由以构成的要素的意识形态。这种意义上的意识形态，基于并呼应于社会物质生活的生产方式的内在要求，通过社会认知，揭示和阐发社会生活基本法则、基本规范，并据此来组织社会生活、化解和克服社会冲突、引导社会走向特定终极目标。

由于该论述所揭示的社会机理，既呈现为社会构成机理，又呈现为社会存在和运行的机理，意识形态作为上述意义上述社会机理的要素，就呈现为作为上述社会构成机理要素的意识形态，与作为社会存在和运行机理要素的意识形态形成统一体。因此，这种意义上的意识形态，既是社会必要构成环节，又是社会生活的认知、组织、调控和制导力量的意识形态。由于任何社会都既需要由这种意识形态来构成，也需要由这种意识形态来供给社会认知、社会组织、社会调控和社会制导的机能，因此这种意义上的意识形态，是任何社会都不可或缺的，是社会得以可能的必要条件。由于没有任何力量能确保这种意义上的意识形态的自发运行，一定会呈现为社会进步的推动力量，故其社会效能就具有不确定性，既可能是社会前进的动力，也可能是社会前进的障碍，从而是一种中性的社会现象。正因为如此，该论述并未赋予该概念褒贬涵义，而仅作为没有价值取向的中性概念予以使用。

（六）政治实践论层面的涵义

所谓政治实践论层面的涵义，即作为特定政治实践力量和特定政治实践活动的意识形态。这体现在如下论述中："国家作为第一个支配人的意识形态力量出现在我们面前。社会创立一个机关来保护自己的共同利益，免遭内部和外部的侵犯。这种机关就是国家政权。它刚一产生，对社会来说就是独立的，而且它越是成为某个阶级的机关，越是直接地实现这一阶级的统治,它就越独立。"① 该论述把国家指认为意识形态,那就表明该论述认为,意识形态并非仅是观念和理论形态的东西,同时也是保障公共利益安全的强制性的政治实践力量和政治实践状态形态的东西。这就超出了把意识形态仅理解为观念形态的东西的认知定势,拓展了意识形态的构成范围。可以看出,该论述把国家这种强制性的政治力量判定为意识形态的基本思路基本逻辑,与把观念性的东西判定为意识形态的基本思路基本逻辑完全一致,都是从建构和维护社会基本秩序这一根本出发点,来理解和定义意识形态的。这意味着在马克思、恩格斯看来,凡是建构和维护社会公共秩序的普遍性力量,都是意识形态。

上述分析显示,该概念有着学界既有认识忽视了的社会治理工具论、社会机理要素论和认识论层面作为科学的意识形态等层面的涵义,从而其涵义远比学界认识到的内容丰富、具体、深刻。

三 马克思恩格斯"意识形态"概念涵义的特征与相互关系

马克思、恩格斯赋予意识形态概念上述多义性内涵,并不是主观任意的,而是以历史唯物主义为根本依据的,同时也是以认识论为其重要的着眼点的。这就使得其所揭示的意识形态概念上述多义性内涵,具有与历史唯物主义基本精神和认识论的问题意识相对应的如下特征和内在联系:

(一)马克思恩格斯意识形态概念涵义的特征

其一,部分涵义是历史的暂时性的。例如,其中的"虚假意识"涵义,在马克思、恩格斯看来只存在于阶级对立社会中,"当阶级对立完全消失的时候"作为"虚假意识"的意识形态就会"完全消失"。② 这表明,该涵义并非其恒久必然的涵义。其二,部分涵义具有或然性。如前述,在马克思、恩格斯看来,意识形态往往具有无意识属性,但该属性

---

① 《马克思恩格斯选集》第 4 卷,人民出版社 1995 年版,第 253 页。
② 《马克思恩格斯文集》第 2 卷,人民出版社 2009 年版,第 51 页。

第六章 马克思恩格斯"意识形态"概念的多义性及其实践意蕴

并不具有普遍性必然性,故基于其这种无意识性属性所生成的诸如"虚假意识"或"幻象"或"颠倒意识"等继起属性,也就只能呈现为其偶然属性。其三,部分涵义仅在一定条件下成立。例如,其作为"虚假意识"和作为科学的涵义,如前述,都以阶级对立是否存在为前提条件,而非其无条件地始终具有的凝固涵义:阶级对立存在,其作为"虚假意识"的涵义就成立;阶级对立消失,其作为科学的涵义就可能成立。其四,前文分析显示,其涵义是多层面的、历史性的且受特定条件约束的。这决定了其涵义是复杂的、多元的和演进形态的,而非完全凝固和抽象的。其五,其涵义的多层面性,并不仅仅意味着其涵义的丰富性,更意味着具有如此丰富涵义的意识形态,本质上是一种"综合的总体的学说","提供一个系统的、总体的关于社会-历史领域的观点"①。

上述特征,决定了该概念多义性内涵,并非全都处于同一时空框架中,并不能都在同一时空框架中成立和有效,从而也就决定了它们并不都是恒常在场、普遍有效的;相应地,决定了不能用一种涵义取代或遮蔽其他涵义,不能把一定条件下才成立的涵义抽象化为其普遍而凝固的涵义,也不能把其不同涵义简单对立起来。

(二)马克思恩格斯意识形态概念多重涵义间的关系

其一,部分涵义间具有并列关系。例如,其作为"虚假意识"的属性,可以和其前述社会治理工具论、本体论层面等不同层面的涵义并列存在。这意味着其某一涵义并不必然排斥其相异层面的其他涵义。其二,部分涵义间具有排他性、替代性关系。例如,基于如前所述的原因,其"虚假意识"涵义与科学性涵义间的关系就是排他性、替代性的。其三,部分涵义间具有既相互对立又相互内在的关系。例如,其"虚假意识"涵义和其科学涵义间就可能存在这种关系,从而其就可能呈现为虚假意识和科学的矛盾统一体。马克思指出:"无论哪一个社会形态,在它所能容纳的全部生产力发挥出来以前,是决不会灭亡的;而新的更高的生产关系,在它的物质存在条件在旧社会的胎胞里成熟以前,是决不会出现

---

① [英]约翰·B.汤普森:《意识形态与现代文化》,高铦译,译林出版社2012年版,第90页。

的。所以人类始终只提出自己能够解决的任务,因为只要仔细考察就可以发现,任务本身,只有在解决它的物质条件已经存在或者至少是在生成过程中的时候,才会产生。"① 该论述表明,阶级对立社会中,统治阶级只要还能促进生产力发展,其意识形态就因顺应了生产力发展要求而具有一定科学性和历史合理性。否认这一点,就背离了唯物史观基本原则。马克思、恩格斯相关论述还有:"进行革命的阶级,仅就它对抗另一个阶级而言,从一开始就不是作为一个阶级,而是作为全社会的代表出现的;它以社会全体群众的姿态反对唯一的统治阶级。它之所以能这样做,是因为它的利益在开始时的确同其余一切非统治阶级的共同利益还有更多的联系,在当时存在的那些关系的压力下还不能够发展为特殊阶级的特殊利益。"② 该论述表明,即使阶级对立社会,革命阶级主张的关于社会利益秩序安排的主张,一开始还可能代表整个社会利益,从而就不具有欺骗性,反而可能具有科学性和历史合理性。然而,"任何一个时代的统治思想始终都不过是统治阶级的思想"③,"每一个企图代替旧统治地位的新阶级,就是为了达到自己的目的而不得不把自己的利益说成是社会全体成员的共同利益,就是说,这在观念上的表达就是:赋予自己的思想以普遍性的形式,把它们描绘成唯一合乎理性的、有普遍意义的思想"④。这种因顺应生产力发展要求、代表历史进步方向的而具有科学性的统治阶级的意识形态,也就相应地具有了"虚假意识"这样的欺骗性属性,从而也就相应地呈现为既具有一定科学属性又具有一定"虚假意识"属性,即呈现为科学性与虚假性的统一体。需指出的是,该概念的"虚假意识"涵义和科学涵义具有的这种既对立又统一的关系,意味着其"虚假意识"属性中渗透着科学属性,而其科学属性中也渗透着"虚假意识"属性。这样,其"虚假意识"属性与其科学属性的关系,就并非外在并列和相互独立关系,而是相互内在关系,从而二者既是其本身,也是其对方。所以,它们之间并不具有前述相互排斥、相互替代关

---

① 《马克思恩格斯选集》第 2 卷,人民出版社 1995 年版,第 32—33 页。
② 《马克思恩格斯文集》第 1 卷,人民出版社 2009 年版,第 552 页。
③ 《马克思恩格斯文集》第 2 卷,人民出版社 2009 年版,第 51 页。
④ 《马克思恩格斯选集》第 1 卷,人民出版社 1995 年版,第 100 页。

第六章 马克思恩格斯"意识形态"概念的多义性及其实践意蕴

系。于是，这种意义上的意识形态，就既是"虚假意识"又是科学，从而其涵义就具有由此构成的对立统一性和综合性特征。显然，该概念的"虚假意识"涵义和"科学"涵义间的这种关系，是被学界所忽视了的关系。其四，其涵义的历史性，决定了其多义性内涵间的关系，势必是历史的，即其在不同历史阶段所具有的不同的涵义，也势必使其不同涵义间的关系呈现出历史演替形态的关系来。例如，"虚假意识"是其特定条件下才具有的涵义，而非其必然的涵义。随着该义项的生成或消失，其不同涵义间的关系，也势必发生相应的变化。

不难看出，该概念多义性内涵间的关系不是单一的，而是呈现为上述不同的性质和类型；而其上述不同性质和类型的关系，也不是凝固的，而是历史的，即其关系的性质和类型的具体状况，依相应历史条件的变化而变化。这决定了其多义性内涵间的关系，不能被简单地归结为其中某种性质或类型的关系，不能用其中某种性质或类型的关系，替代或置换其他性质或类型的关系。否则，势必会曲解该概念的涵义。

四 马克思恩格斯多义性"意识形态"概念的实践意蕴

从马克思、恩格斯"意识在任何时候都只能是被意识到了的存在，而人们的存在就是他们的现实生活过程"[①] 这一观点来看，其关于意识形态概念涵义的认识，归根结底是作为现实生活内容而存在的，归根结底，既要获得其实践的规定性，又要赋予实践以规定。其在实践中获得的规定性和其对实践的规定性，即实践意蕴。既然马克思、恩格斯关于意识形态概念涵义上述认识的内容，归根结底是作为现实生活内容而存在的，决定了在把握马克思、恩格斯意识形态概念上述理论涵义的基础上，只有进一步把握其实践意蕴，才能真正完成对马克思、恩格斯该概念内涵的把握。

---

① ［德］马克思、［德］恩格斯：《费尔巴哈》，人民出版社1988年版，第15页。

其一，认识论向度的意识形态概念的实践意蕴。

1. 作为"幻象"的意识形态概念的实践意蕴。作为"幻象"的意识形态既然并非人刻意所为，也非人利益偏好作用的结果，而主要是人认识的局限性诱生而成的，那么，意识形态呈现为如此"幻象"，未必是可以避免的，从而实践中的意识形态就可能具有"幻象"属性。这决定了意识形态的实践意蕴，就在于意识形态的建构实践、运行实践和认同实践，都须以批判、反思的方式来鉴别其科学性、可靠性和合法性，以清除其作为"幻象"的潜在危险，以免被其可能具有的这种潜在危险所危害。

2. 作为脱离实际的理论的意识形态概念的实践意蕴。意识形态毕竟要通过理论建构而生成。理论与实践质的差异，以及理论本身的主观性本质，决定了并非一切意识形态都能免于具有马克思、恩格斯揭示的"意识形态"可能具有的作为脱离实际的"空洞的假设"这一属性，进而也就决定了与此相对应的意识形态的实践意蕴，就在于意识形态的建构实践、运行实践和认同实践，都存在着在建构、运行和认同一种作为脱离实际的空洞理论的意识形态的可能，从而就都必须以批判性、反思性的实践态度，来审慎地考察评判相应意识形态实践，以便使实践中的意识形态能呈现为"革命地改造社会的历史过程"[①] 的现实有效的精神力量。

3. 作为无意识的不自觉产物的意识形态概念的实践意蕴。无意识既是人意识的内在构成层面之一，也是人行为内在基本特征之一。因此，一切意识形态难免不在一定程度上呈现为无意识的产物并一定程度上具有无意识属性。这就决定了意识形态难免不具有马克思、恩格斯揭示的意识形态前述作为无意识产物的属性，从而实践中的意识形态的科学性可靠性、合法性，就难免不存在着为此所冲淡甚至被完全破坏的可能性。所以，意识形态实践就必须被置于反思批判和纯化的监控之下。

4. 作为科学的意识形态概念的实践意蕴。由于人认识的局限性，意

[①] 《马克思恩格斯全集》第19卷，人民出版社2006年版，第137页。

第六章 马克思恩格斯"意识形态"概念的多义性及其实践意蕴

识形态才具有马克思、恩格斯揭示的前述无意识属性、"幻象"等缺陷。因此,意识形态的科学属性并不会随着阶级对立的消失而自发呈现出来。这意味着与此相对应的意识形态的实践意蕴,就在于不断革除人意识种种局限性,对意识形态的建构、运行和认同实践的种种阻障和误导,使其得以展开于科学状态。此外,如前述,马克思、恩格斯理解的意识形态,并不仅仅是关于利益秩序如何安排的主张,而是在根本上也对应于生产力的要求,从而具有其效率属性,并且还供给着社会的意义与价值规范。这就决定了马克思、恩格斯作为科学的意识形态概念的实践意蕴,也呈现为意识形态的建构、运行和认同实践,既要代表更为普遍的利益诉求,从而具有公正性,也要反映生产力发展的要求,从而具有效率取向,同时还要能给整个社会供给健康文明的意义规范,从而具有可靠的终极关怀取向。只有以这三重向度为前提,意识形态实践才可能是科学的。

其二,意义向度的意识形态概念的实践意蕴。马克思、恩格斯阐发的作为意义体系的意识形态概念的涵义既然表明,意识形态不仅要满足人物质利益的要求,也必须满足人关于生活意义的要求,那么,该意义向度的意识形态概念的实践意蕴,在于限定意识形态的实践建构、实践运行和实践认同,既要满足经济基础的物质性要求,也要为人精神生活提供充分有效的意义规范,供给"有组织的信仰体系","提供事实上的意义架构,使人们能够在一个从某种意义上说无根据的世界中为自己定向"①,使人能够感受到生活的魅力和乐趣,从而深深地热爱生活。因此,那种仅统一于社会集团物质利益要求、不能为人意义生活提供根本慰藉的意识形态实践,势必是庸俗、狭隘和失败的。

其三,本体论向度的意识形态概念的实践意蕴。马克思、恩格斯揭示的意识形态前述本体论层面的涵义,尽管昭示着意识形态终究以物质生活生产方式为前提、根据和基础,或如卡尔·曼海姆所言的那样,主张"存在的条件不仅影响思想在历史上的发源,还构成思想产物的主要

---

① [英]约翰·B. 汤普森:《意识形态与现代文化》,高铦译,译林出版社 2012 年版,第 89 页。

部分，并且使人们可以在思想产物的内容和形式中感到它们"①，但其如此本体论涵义，并非还原论的本体论涵义。这就使得意识形态既有基于和统一于物质生活生产方式要求的内容，也有不能还原为该要求却为人生社会必需的其他内容。这决定了意识形态的实践意蕴，就在于限定意识形态任何实践内容，既要基于和统一于物质生活生产方式的要求，也要在此基础上，满足人生社会诸如价值性意义性等其他基本要求，从而既具有统一于物质生活生产方式要求的一元性内容，又具有基于该生产方式要求又超越于该要求之上的非一元性内容。

其四，社会治理工具论向度的意识形态概念的实践意蕴。从马克思、恩格斯揭示的意识形态前述社会治理工具论层面涵义来看，意识形态的实践意蕴在于限定意识形态实践的内容，并不局限于实施一般社会教化，必须认识、引导和实现社会变革，还必须洞察和化解社会冲突，保障社会及公共利益安全。如此实践意蕴表明，意识形态实践有着远比实施一般社会教化更积极的塑造、调控、保障等治理社会生活的使命和机能，从而本来就是一种重要而有效的社会治理力量资源。这意味着把意识形态实践的使命，仅局限于一般社会教化，闲置和浪费了马克思、恩格斯揭示的意识形态前述社会治理机能，也把意识形态实践使命和机能狭隘化了，更阻滞了社会治理的健康发展。而马克思、恩格斯对意识形态前述社会治理工具论层面涵义的揭示，既扩展了意识形态的实践机能，也丰富了社会治理的力量资源。

其五，社会机理要素论向度的意识形态概念的实践意蕴。马克思、恩格斯阐发的意识形态由社会构成机理要素和社会运行机理要素构成的社会机理要素论向度的涵义，决定了意识形态的实践意蕴，就在于意味着限定实践中的意识形态都只能作为如此社会机理构成要素存在着，意味着没有意识形态的实践中的社会，既不可能存在也不可能运行；意味着实践中的人们，可以否定和拒绝这种或那种意识形态，但无法否定和拒绝意识形态本身，甚至对这种或那种意识形态的否定和拒绝本身，就

---

① ［德］卡尔·曼海姆：《意识形态与乌托邦》，黎鸣、李书崇译，商务印书馆2000年版，第284页。

第六章 马克思恩格斯"意识形态"概念的多义性及其实践意蕴

是意识形态;意味着意识形态的终结,也就是社会的终结;意味着意识形态实践,一方面,必须肯定意识形态存在的合法性,同时彰显和揭示一切反意识形态行为的荒唐性、愚昧性和伪正当性,涤除"两个世纪以来,意识形态概念在社会与政治思想的发展中"往往具有的"不光彩的地位"①;另一方面,必须正确定位意识形态自身的功能地位和功能界限,充分有效地满足社会结构各环节和社会结构整体的要求,充分有效地满足社会运行机理各部分及其整体的要求,使其以确当姿态有效扮演社会构成要素和社会机理运行要素角色的形式,以保障社会结构完整性和社会运行顺畅性的功能状态,精准融入社会结构和社会运行过程,以保障社会的健康存在和充满活力的运行发展。

其六,政治实践论向度的意识形态概念的实践意蕴。马克思、恩格斯阐发的政治实践论向度的意识形态概念的涵义,视意识形态为维护社会"共同利益"的政治实践力量,使意识形态不再局限于思想上层建筑,也呈现为政治上层建筑这种具有刚性强制性支配功能的实践力量和活动。这决定了意识形态的实践意蕴,限定意识形态的实践建设,既要建设作为思想上层建筑的意识形态,也要建设作为政治上层建筑的意识形态;限定作为刚性强制性政治实践力量的意识形态,必须清醒自觉地处于防御和抗拒侵害社会共同利益的战斗状态,有效地保护社会共同利益,才可能是合法的;限定敌对力量对作为如此刚性强制性政治实践力量的意识形态的诋毁和破坏,将是其可能面对的基本处境;限定保障社会共同利益免于被侵害的程度,即防御和抗击侵害社会共同利益的活动有效性的程度,就呈现为评判该意识形态优劣基本尺度。

其七,涵义的多层面性、历史性、复杂性向度的意识形态概念的实践意蕴。马克思恩格斯意识形态概念涵义的前述多层面性、历史性和不同层面涵义关系的复杂性,决定了该意识形态概念的实践意蕴,也必然是复杂的多层面的和历史性的。首先,其涵义的多层面性,决定了该概念的实践意蕴,就在于对意识形态的实践操作,决不能把意识形态的某

---

① [英]约翰·B. 汤普森:《意识形态与现代文化》,高铦译,译林出版社2012年版,第30页。

种属性，误作其全部属性，也不能用其某些属性来代替和排斥其其他属性，而必须把意识形态作为不同层面属性所构成的有机整体来驾驭和操作。其次，其涵义的历史性，决定了该概念的实践意蕴，就在于对意识形态的实践操作，必须立足于具体的实践情境，来判定其复杂的、多重的内在属性中，哪些属性已随着历史情境的变迁而脱落，演变为已失效的属性，哪些属性则只有在怎样的历史情境中，才可能是有效的。再次，其不同层面涵义关系的复杂性，决定了该概念的实践意涵，就在于对意识形态的实践操作，必须以对该概念不同涵义间关系的具体性质的清晰把握和严格甄别为前提和基础，不能抽象地、笼统地操作和驾驭意识形态。最后，意识形态实践决不能离开该概念涵义的多层面性、历史性、复杂性等基本特征，或抽象地肯定或抽象地否定意识形态，或僵化地把其属性凝滞在某种单一的状态中，而必须全面地、具体地、历史地把握和驾驭意识形态。总之，只有具体地响应其涵义的多层面性、历史性、复杂性，对意识形态的实践操作才可能是正确的、可靠的和有效的。

需要看到，马克思、恩格斯意识形态概念上述不同向度的实践意蕴尽管互有区别，但它们的本质却是相同的，即都是意识形态与实践不同层面、不同向度的相互限定、相互塑造的过程。这一过程，使得意识形态与实践相互对象化、相互内化，从而相互在一定程度上存在和运行于对方所要求和所可能容纳的限度内，进而作为一个相互内在的整体而存在着。而马克思、恩格斯相关论述对意识形态概念上述多义性内涵揭示的意义，以及论者们对马克思、恩格斯所赋予的意识形态概念内涵的探索的意义，就在于为意识形态与实践这种既相互塑造又相互内化的过程，运行于具有科学合法性和价值合法性的路径中，提供必要的理论基础。

第七章 "分析"合法性的知识意识形态阻障及其规避途径

一 问题的缘起

"分析哲学关心的是把复合物分解为它们的组成部分。但由于对被作为这种分析主题的复合物的看法各不相同,也就产生了分析哲学的不同形式。因为根据某些看法,被看作属于哲学分析的是实在或被认为构成实在的事实,因此,分析就被看作是揭示世界的终极成分和由此构成的事实的最一般形式(罗素);此外,它也被视为展现不依赖心灵之概念的结构和构成客观实在的命题(摩尔)。根据另一些看法,分析的内容是人类的思想和语言,而分析的结果被看作是揭示思想的以及语言的形式必然反映实在的结构。但根据其他的看法,可以看作属于分析的只能是语言,或者是科学语言的逻辑句法(卡纳普),或者是极为不同的'分析'意义上的日常语言。而且,形成不同种类的分析,取决于分析是否被看作终结于简单的、不可分析的组成部分。因此,原子主义的本体论分析刻画了怀有还原与建构抱负的逻辑原子主义特征,它可能与1945年之后的更为整体主义的'关联的'语言分析形成反差,后者避免了还原和逻辑建构。"① 还有论者指出,对于"'何谓分析'的问题,各个学派的哲学都有回答的权利和义务。从各自不同的立场出发,人们都可以对'分析'这个同一主题作出答复。"而各个学派的回答"最终必须统一起来,但是直到目前即使

---

① [英]P. M. S. 哈克:《分析哲学:内容、历史与走向》,江怡译,《世界哲学》1996年第3期。

在同一学派内部也都不能得到统一"①。学界关于"分析"内涵这种长期难以化解的歧见丛生的局面,在拓展了理解"分析"内涵的可能性空间的同时,也使关于"分析"内涵的理解因长期处于隔膜、破碎状态,而难免不阻障"分析"的合法性。鉴于此,笔者拟着眼于迄今仍被忽视的知识意识形态视角,探究上述歧见成因及其化解途径,以期对"分析"合法性的提升提供可能的参考。

二 "分析"对知识性认知框架的依赖性

不同分析哲学家对"分析"的内涵、路径、形式的不同理解、选择和确定,不是与其既有知识资源、知识偏好绝缘、游离、隔膜的,而是在各自知识资源、知识偏好的约束、支撑和浸润下生成、展开和进行的,都对各自知识资源、知识偏好有根本依赖性、统一性。分析哲学家们的知识资源、知识偏好是怎样的,其对"分析"的内涵、路径、形式的理解、选择和确定一定程度上就是怎样的;而不同分析哲学家知识资源、知识偏好的差异,也就决定了其关于"分析"的内涵、路径、形式的理解、选择和确定的差异。摩尔和罗素关于分析的对象、方式理解的分歧即体现了这一点:"由于摩尔和罗素的学术背景的差别(前者主要受语言学和古典的训练,后者受数学和逻辑的训练)导致了双方分析方式的差别。摩尔热衷于对日常语言的精细分析,以及对常识的健全的尊重;而罗素则致力于逻辑技术分析,并竭力追求精密性这一理想。"② 这一切表明,分析哲学家们据以审视"分析"含义、据以进行分析活动的既有理论框架正是以"知识"为基本参量构成的,从而本质上是一种知识性框架。分析哲学家们的"分析观"及其分析活动,正是在该框架中生成、为该框架约束的,其"分析"的结论一定程度上即该框架的函数。

蒯因把"分析"理解为追求表述清晰性的过程:"我们选定不清晰表达式的那些值得为之烦神的特定功能,然后设计出一个适于担当那些功能

---

① [日] 永井成男:《分析哲学》,李树琦译,中国社会科学出版社1992年版,第6页。
② 刘放桐:《现代西方哲学》修订本(上册),人民出版社1990年版,第409页。

第七章 "分析"合法性的知识意识形态阻障及其规避途径

的替代者,它是清晰的,并且是根据我们的喜好铸造的。"① 这样,分析就不再是把整体分解为部分的过程,也不是为了使句子结构符合实在结构的逻辑建构,而是一种根据特定目的和表达方式选择不同语言形式,以保证语言交流"通畅无误"。假如某特定情境下某特定表述事情的方式不能提供帮助,那就试着找更好的表述方式。蒯因认为,哲学分析是从一种表达形式到另一种表达形式的转换。就其这种把"分析"理解为语言分析的观点而言,由于概念、语词的含义及其之间的逻辑联系确实不具有自明性,且自发状态下往往是模糊、含混的,往往存在着歧义性、多义性问题,特别是不同情境、语境中,概念、语词含义及其逻辑联系往往是不同的,并随情境、语境变化而流动。这一切,决定了把"分析"理解为语言分析无疑有其合理性。然而,这种把"分析"理解为语言分析的"分析"观并不会自发、无故生成,而是持该观点的人对语言意义问题一定程度的知识修养、知识偏好,使其对语言意义问题生成了不可平息的问题意识,进而使其能够发现和揭示语言意义分析特殊的科学价值、科学机理和科学地位,从而生成了其语言分析取向的"分析观"。可见,无关于语言意义问题一定知识修养、知识偏好,就无关于语言意义问题的问题意识,把"分析"理解为语言分析的观点就不能生成。

罗素认为分析的对象应是"实在或被认为构成实在的事实,因此,分析就被看作是揭示世界的终极成分和由此构成的事实的最一般形式"②。就罗素此观点而言,由于"实在或被认为构成实在的事实"是人一切活动终极约束力量,不认清它,人的活动就是盲目、被动和无出路的,这决定了把它作为"分析"对象、把"分析"理解为"揭示世界的终极成分和由此构成的事实的最一般形式",就有其合理性。而罗素对"分析"之所以作出如此理解,自然不是随意、盲目的,而是受所谓"作为理解条件的前见"③ 的知识的约束、限定的。正是罗素关于实在问题的知识修

---

① W. V. O. Quine: Word and Object, Cambridge, Mass.: MIT Press, 1960. pp. 258–259.
② [英] P. M. S. 哈克:《分析哲学:内容、历史与走向》,江怡译,《世界哲学》1996 年第 3 期。
③ [德] 汉斯-格奥尔格·伽达默尔:《真理与方法》(上卷),洪汉鼎译,上海译文出版社 1999 年版,第 355 页。

养、知识偏好，使其对"揭示世界的终极成分和由此构成的事实的最一般形式"生成了特定问题意识，进而使其能够洞悉揭示"世界的终极成分和由此构成的事实的最一般形式"的不可替代的哲学价值和哲学地位，从而就形成了关于"分析"就是"揭示世界的终极成分和由此构成的事实的最一般形式"的"分析观"。

"维也纳学派以及整个逻辑经验主义……都承认，分析活动应当终结于那些最为简单的不可分析的组成部分。"①"分析"终究是一种认识活动，其使命就在于弄清对象世界的属性。人的对象世界一定意义上确是由"那些最为简单的不可分析的组成部分"组成的，弄清了它们，确实可在一定程度上弄清对象世界。因此，这种对"分析"的理解，无疑有其合理性。当然，这种理解决不是任意、盲目的，而是受"作为理解条件的前见"②即理解由以进行的知识约束、限定的。正是维也纳学派及整个逻辑经验主义者拥有的"作为理解条件的前见"的特定知识修养、知识偏好，使其对揭示对象世界"那些最为简单的不可分析的组成部分"、而不是别的什么问题，生成了不可替代的问题意识，从而把其研究的对象锁定在揭示对象世界"那些最为简单的不可分析的组成部分"这一特定问题上，并用其关于该问题的特定知识储备，来分析、理解和处理这一特定问题。这样，其关于"分析"就是揭示世界"那些最为简单的不可分析的组成部分"的分析哲学观，就由此而形成了。

摩尔认为，"当我谈到分析某个事物的时候，我所说的被分析的事物始终是观念或者是概念或者是命题，而不是任何语言表达式。这就是说，如果我谈到分析一个'命题'的时候，我总是在下述意义上使用'命题'这个词，即任何语言的表达式（例如语句）在这种意义上都不可能是'命题'。"③ 在摩尔看来，分析的对象应是"展现不依赖心灵之概念的结构和构成客观实在的命题"，被分析的对象一定是概念或命题，而非纯粹的语言表达式。分析是对概念和命题（被分析者）下定义的方式。对某

---

① 江怡：《分析哲学中的"分析"概念》，《云南大学学报》（社科版）2006年第2期
② G. E. Moore, "A Reply to My Critics", *The Philosophy of Geore E. Moore*, ed. by P. A. Schilpp, The Library of Living Philosophers, Evanston, Ⅲ: Northwestern University Press, 1942, p.661.
③ Ibid. .

第七章 "分析"合法性的知识意识形态阻障及其规避途径

概念或命题进行分析或下定义，需要提出另一组概念或命题（分析者），且其在逻辑上是与被分析概念或命题等值的。分析意味着对某概念组成部分进行说明；对人们理解某概念意义时心灵所得到东西进行说明，即对隐藏于心灵深处的东西的考察，例如某简单的不可分析的共同特性，或可分析为组成部分的共同特性；对一给定概念与其他概念间关系和差异性进行说明。摩尔对分析的这种理解，当然也非任意、盲目的，而是受其关于"概念""命题"内在构成及其关系，在描述对象世界、表述主观认知中特定作用的知识约束的。无这种知识，他把"任何语言的表达式"排除在分析对象之外，以及把"概念""命题"确定为分析对象，就没有内在根据和理由。

上述考察尽管是对问题在不完全归纳意义上的探究，但这种逐一探究的所有结论，却无不与解释学关于任何解释都受相应"前见"约束的学理性判断，形成了相互支撑、印证关系。这表明，关于"分析"内涵的理解和相应的分析活动，总是受分析者的知识参量约束的，总对其知识参量有基本的统一性，从而知识参量就成为据以理解"分析"内涵和进行分析活动的基本认知框架。

三　知识的意识形态属性与知识意识形态对"分析"的内在参量地位

路易斯·沃斯指出："各种学说不仅有自己的一套利益和目的，而且有自己对世界的描述，它们把相同的物体描述为具有十分不同的含义和价值。在这样一个世界里，知识交流和达成一致的可能性被降至零点。""持派别观点的人顽固地拒绝考虑或者认真地考虑对手的理论，原因不过是他们属于另一个知识营垒或政治营垒。知识界并没有超脱为个人声誉和权力而进行的斗争，这一情况使得上述令人沮丧的状况更加恶化。它导致了把推销术的骗人把戏引入思想领域，并造成甚至连科学家也无法坚持公正的看法。"[1] 路易斯·沃斯这种论述，典型地揭示了知识的意识

---

[1] ［德］卡尔·曼海姆：《意识形态与乌托邦》，序言，黎鸣、李书宗译，商务印书馆2000年版，第17页。

形态属性。"意识形态通常被感受为自然化和普遍化的过程。通过设置一套复杂的话语手段,意识形态把事实上是党派的、论争的和特定历史阶段的价值,显现为任何时代和地点都确乎如此的东西,因而这些价值也就是自然的、不可避免的和不可改变的。"① 可见,意识形态作为特定社会阶层着眼于其内在要求形成的关于社会公共秩序认识与主张,具有通过种种形式的论证、教化、诱导,把代表其阶层要求的主张,鼓胀为代表社会整体生活内在要求的合法主张,并诱导和教化社会整体生活接受和服从这样的主张,以把其转化为整体社会现实生活基本秩序的内在特质。这决定了它内在地具有以偏概全、以特殊强制普遍、以一元遮蔽多元、以局部代替整体、以相对挟持绝对、以暂时性支配永恒性等扭曲特定阶层生活与社会整体生活均衡关系的特征,并呈现出自我强化性、封闭性、排他性、对异质视野的遮蔽性、非批判性、独断性等内在倾向。

事物的属性、秩序往往是复杂、多环节、多层面、多向度的;受理性的有限性约束,人在有限时空条件下往往只能认识事物多环节、多层面、多向度复杂属性、秩序中的部分而非其全部。人一旦获得关于事物部分属性、秩序的认识,就会把其自觉不自觉地合法化为稳固的知识,固化在人意识中,成为其认识和行为的基本依据,并限制甚至阻遏其他知识引导和支配人的行为,限制和阻遏人思维和行为按其他关于事物秩序的知识来进行。可见,知识具有前述意识形态的属性,呈现为一种知识意识形态。福柯关于"知识型"的理论,间接地印证着这一点:"在任何文化中,都存在着一种知识型,该知识型规定着特定时刻的知识的可能性的条件。"② "知识型"既"支配着该时代知识的整体配置",也构成了"一个时代的知识的条件。""'知识型'是制约、支配该时代各种话语、各门学科的形成规则,是该时代知识密码的特定'秩序''构型'和'配置',是某一特定时期社会群体的一种共同的无意识结构,它决定着该时代提出问题的可能方式和思路,规定着该时代解决问题的可能途径

---

① Terry Eagleton, "Ideology" in Stephen Regan, ed, *The Eagleton Reader*, Cambridge: Blackwell, 1998, p. 236.
② 转引自王治河《福柯》,湖南教育出版社1999年版,第55页。

第七章 "分析"合法性的知识意识形态阻障及其规避途径

与范畴。"① "知识型"的存在,使得"每一种知识在主题和内容上不同,但知识的内在构成、组织形式、表意法则则是相同的。知识型就是使这些知识内部的形式法则具有相同的决定性条件"②。而不同的"知识型""具有不相容性、不可通约性"③。福柯指出:"如果把科学仅看作一系列程序,通过这些程序可以对命题进行证伪、指明谬误、揭穿神话的真相,这样是远远不够的。科学同样也施行权力,这种权力迫使你说某些话,如果你不想被人认为持有谬见,甚至被人认作骗子的话。科学之被制度化为权力,是通过大学制度,通过实验室、科学试验这类抑制性的实施。"④ 不同"知识型"的"不相容性、不可通约性",决定了以此为基础的不同知识必然"具有不相容性、不可通约性"和竞争性张力,从而决定了每一种知识都要通过尽力张扬其逻辑和秩序的合法性、并遮蔽其他知识逻辑和秩序的合法性,来获得被认同、传承的机会和空间,以实现其社会化和对社会生活的支配与控制,即"施行权力"。这样,知识也就因此而具有了意识形态属性。

除了知识上述内在属性使其具有意识形态属性外,知识的外在社会权力属性,也是其具有意识形态属性的基本根源。福柯认为,知识和权力具有循环关系:"在人文科学里,所有的门类的知识的发展都与权力的实施密不可分……当社会变成科学研究的对象,人类行为变成供人分析和解决的问题时,我相信这一切都与权力的机制有关——这种权力的机制分析对象(社会、人及其他),把它作为一个待解决的问题提出来,所以人文科学是伴随着权力的机制而产生的。"⑤ 这就是说,知识的生产、确立和传承,始终渗透着"权力机制"对其的约束,从而使得知识成为权力的函数。由于意识形态的核心问题,就是关于公共秩序的主导权的归属问题,所以,知识作为权力的函数,也就意味着知识是意识形态的

---

① 转引自王治河《福柯》,湖南教育出版社1999年版,第55页。
② 汪民安:《福柯的界线》,南京大学出版社2008年版,第57页。
③ 刘北成:《福柯思想肖像》,上海人民出版社2001年版,第145页。
④ [法]福柯:《权利的眼睛——福柯访谈录》,严锋译,上海人民出版社1997年版,第31页。
⑤ [英]爱德华·摩尔:《伦理学原理》,长河译,上海世纪出版集团2003年版,第14页。

函数，相应地，知识也就内在地具有意识形态属性。

知识具有意识形态属性，意味着不同知识派别都具有把其命题和逻辑的适用性、有效性与合法性普遍化、一般化，求得被普遍认同和服膺，并遮蔽和阻障认知活动按其他派别的知识来进行的可能性，以主导公共认知活动的内在取向。

知识既然具有意识形态属性，而非只是"象征着真理和自由"的"领域"，那么，它作为"分析"无法摆脱的基础，势必把其意识形态属性传递、渗透和浸润到"分析"之中，并内隐性地约束着"分析"，使其展现为秉承一定知识意识形态而进行的过程，从而随之具有一定意识形态属性。其结果，使得"分析"并不完全像分析哲学家理解和希冀的那样，只是祛除传统形而上学神秘性、解析命题内在逻辑构成与根据、使命题真理性清晰起来的纯学理性过程，而也是一个在不同知识框架互具张力、相互竞争背景下，把对命题内在逻辑及其根据的探究、把对命题真理清晰性的追求，限定在某特定知识框架而非一切知识框架中的过程，是遮蔽对命题内在逻辑及其根据其他可能的理解、排除命题真理其他可能意义上的清晰性的过程，因而，也是一个使得关于命题内在逻辑及其根据的认识、使得关于命题真理清晰性的理解变得凝固、狭隘、封闭和片面化的过程。这表明，知识的意识形态属性，已通过知识对"分析"的基础和理论框架这一地位，传导于"分析"之中，构成了"分析"的内在参量，从而使"分析"也相应地具有了意识形态属性。例如，受不同知识背景约束，"黄"是否可定义问题的答案就不相同。爱德华·摩尔从被定义对象可离开与其他事物间的联系，而只需着眼于其是否为复合性事物，就可判定其是否可定义知识出发，认为不可分解的单纯事物不具有可定义性。他举例说，"黄"就是如此不可定义的对象。① 然而，若从事物是相互联系的知识视野看，"不可分解的"事物完全可通过与相关事物的联系而得到定义。例如，"黄"可按如下思路来定义：是人们共同经验到的一种颜色；是人们关于共同经验到的一种颜色的感知，是人们

---

① ［美］赫伯特·西蒙：《现代决策理论的基石》，杨砾、徐立译，北京经济学院出版社1989年版，第176页。

第七章 "分析"合法性的知识意识形态阻障及其规避途径

关于一种颜色共同感知经验的凝结；是一种亮色、暖色；是颜色序列中的一个环节；界于相邻的两个色质之间，比强于它的色弱但比弱于它的色强；这样，"黄"就通过与相关事物的联系，而得到定义。可见，对对象是否可定义的判断，是受判断者知识框架约束的。这表明，"分析"并不具有确定性、唯一性；"分析"的合法性也就因"分析"的知识背景的不同而不同。分析者有怎样的知识，就会按其所拥有知识的逻辑来分析对象，而对按所不拥有的知识的逻辑来分析对象的可能性，处于盲视状态，甚至否定按所不拥有的知识及其逻辑来分析对象的合法性。

可见，知识既然是"分析"的背景和基础，其意识形态属性就难免不渗入"分析"，从而知识意识形态就难免不成为"分析"的内在约束参量，相应地，"分析"及其结果，也就难免不具有一定意识形态属性。忽视这一点，在被理解为纯粹科学性、真理性的知识框架中，理解"分析"本质，进行"分析"活动，获得"分析"结论，其彻底性和合法性必然是不充分的。

四 知识意识形态对"分析"合法性的阻障

知识意识形态作为"分析"的内在约束参量，对"分析"的合法性具有多重阻障作用。

首先，对分析视野合法性的阻障：拒斥其他可能的分析视野，把分析视野单一化。任何知识都必然要把其内在逻辑贯穿"分析"活动，使"分析"活动对其内在逻辑保持同一性和连贯性，相应地阻滞"分析"活动进入和统一于异质知识的逻辑之中。然而，"人类看不到整个世界，我们所见到的不过是其所处的一小部分世界。人们能够虚构一个局部世界的形形色色的合理性，并极大地夸大了它们的重要性"[①]。所以，任何知识，作为对所看到的世界的表达，其所看到的世界既然只是整体世界的一部分，那么，其本身就是片面的。这样，知识的意识形态属性使"分

---

① [美]赫伯特·西蒙：《现代决策理论的基石》，杨砾、徐立译，北京经济学院出版社1989年版，第176页。

析"局限于、统一于一种知识基础的逻辑,而阻隔于异质知识基础的逻辑的结果,必然使"分析"仅局限于由单一知识构成的封闭视野之中,而关闭了"分析"拥有由异质知识供给的其他开放性视野的可能性,使"分析"的视野处于狭隘状态,从而也就阻滞了"分析"视野合法性的提升。

其次,对"分析"客观性的阻障。"在'意识形态'一词中内含一种洞悉,即在一定条件下,某些群体的集体无意识既对其本身,也对其他方面掩盖了真实的社会状况。"① "集体无意识以及由它所激励的行动……掩饰着社会现实的某些方面。"② 而知识意识形态对"真实的社会状况"的"掩盖",必然导致基于它的"分析"的客观性被在一定程度上打了折扣。

再次,对分析的完整性的阻障:拒斥分析的不同视野、路径、环节的融通与整合,把分析的完整性狭隘化。"意识形态把事实上是党派的、论争的和特定历史阶段的价值,显现为任何时代和地点都确乎如此的东西"③ 的内在属性,使得知识意识形态一方面总具有"党派性"倾向;另一方面又总是试图遮蔽其这种"党派性"倾向,而肯定和论证其普遍有效性。这既使"分析"难免不具有"党派性"取向,也使分析者对该"党派性"取向或盲视或有意予以遮蔽,同时也必然遮蔽其他知识派别的合法性,进而拒绝与其他派别的知识相结合、相融通。其结果,难免不把"分析"局限在某一知识派别所主张的逻辑、所揭示的事物某单一属性之中,阻滞"分析"依凭其他知识派别的逻辑和主张把握事物更进一步的属性,并拒斥基于不同派别知识的"分析"组合、贯通起来,从而也就阻滞了"分析"关于事物完整属性的认识。

复次,对"分析"深度延展的可能性的阻障:拒斥"分析"深度的推进,把"分析"肤浅化、平面化。任何知识都只是对事物特定层面属

---

① [德]卡尔·曼海姆:《意识形态与乌托邦》,黎鸣、李书崇译,商务印书馆2000年版,第41页。
② 同上书,第42页。
③ Terry Eagleton, "Ideology" in Stephen Regan, ed, *The Eagleton Reader*, Cambridge: Blackwell, 1998, p. 236.

第七章 "分析"合法性的知识意识形态阻碍及其规避途径

性的揭示;不同知识则揭示了事物不同层面的属性。不同知识结合起来,在历史的传承中不断深化关于事物的认识。然而,"科学是文化的诊断性和鉴别性维度,而意识形态则是文化的辩护性、辩解性维度——它指'文化中那个积极关心建立和防护信仰与价值模式的部分'"①。知识意识形态这种保守性、辩护性认知取向,使得它力求被无条件服从、认同和顺应,而禁绝对它的反思和批判,从而使"分析"被限制在知识意识形态所主张、所保守和所辩护的关于事物某层面单一属性的认识之中,阻滞"分析"向异质知识所揭示的关于事物其他层面属性的认识扩展和深化,最终也就严重堵塞了分析深度进一步延展的可能性。

最后,对"分析"的自我批判性的阻障。"任何知识……都是一种转译和重构,当然人们可能被幻觉欺骗,可能犯错误,但是任何知识都不是对真实的照相般的反映。诚然,以观念和理论形式存在的知识是以某种提炼的形式对真实进行的转译和重构,但是这也可能携带重大的错觉和错误。这种错觉是整个人类历史的素材。"② 此外,"所有知识都是阐释。错觉在于说:'我将我认为现实的东西称为现实';也就是说:'我将来自我个人的现实概念的东西称为现实主义。'甚至在其最客观的程度上,现实总还是具有某种认知和主观因素。"③ 再者,人们"在研究问题时,总带有一套意识形态观念,它们影响了课题的挑选以及起初采用的分析方法"④。这就使得"课题的挑选以及起初采用的分析方法"难免不因此而有一定偏向。知识既然一方面具有如上所述的主观性、可错性和偏向性;而另一方面知识的意识形态属性又使得知识对其这种主观性、可错性和偏向性处于盲视和隔膜状态,其结果,必然使基于知识意识形态的"分析"的自我批判、自我纠错机能,处于匮缺状态,最终阻障"分析"合法性的提升。

---

① [美]克利福德·格尔兹:《文化的解释》,上海人民出版社1999年版,第258页。
② [法]埃德加·莫兰:《现实主义与乌托邦》,周云帆译,《第欧根尼》2007年第1期。
③ [美]赫伯特·西蒙:《现代决策理论的基石》,杨砾、徐立译,北京经济学院出版社1989年版,第176页。
④ [美]道格拉斯·C. 诺思:《经济史中的结构与变迁》,上海三联书店1994年版,第61页。

五　知识意识形态对"分析"合法性阻障的规避措施

知识意识形态阻障"分析"视野的合法性、使其处于狭隘、封闭、保守状态的根源，既然在于受知识意识形态限制，"分析"所依凭的知识资源往往是单一、封闭和排他性的，而被"分析"对象的属性却总是复杂的、综合性的，那就必须更新关于"分析"视野合法性的意识，把由知识意识形态主张和论证的单一知识视野盲目、被动、独断地视为合法的意识，升华为确认只有多元性异质知识的关联、贯通、融合和相互提升构成的综合性视野，才具有合法性的意识。例如，摩尔认为，他"所说的被分析的事物始终是观念或者是概念或者是命题，而不是任何语言的表达式。如果我谈到分析一个'命题'的时候，我总在下述意义上使用'命题'这个词，即任何语言的表达式（例如语句）在这种意义上都不可能是'命题'"①。显然，摩尔把"分析"的合法视野，仅限定在关于"观念""概念"或"命题"的知识构成的视野中，而把关于"语言表达式（例如语句）"的知识，排除在合法视野之外。因此，只有树立起由异质性知识构成的综合型知识视野才具有合法性的观念，才可能自觉地把"分析"置于由关于"观念""概念"或"命题"的知识，与罗素、维特根斯坦强调的关于语言结构和用法的知识，以及奥斯汀强调的关于日常语言用法细微差别的知识，自觉地关联、结合、贯通起来，形成"分析"的综合性视野，"分析"视野狭隘性的缺陷才能被克服。当然，罗素、维特根斯坦和奥斯汀分别主张的"分析"视野自我同一的狭隘性，也可基于同理而得到克服。但要做到这一点，就须扩展、更新、深化"分析"的知识基础，为分析者体认单一知识视野狭隘性、走向综合视野，构筑基本的知识保障。

知识意识形态把"分析"深度肤浅化、平面化的根源，在于它使

---

① G. E. Moore, "A Reply to My Critics", The Philosophy of Geore E. Moore, ed. by P. A. Schilpp, *The Library of Living Philosophers*, Evanston, Ⅲ: Northwestern University Press, 1942, p.661.

第七章 "分析"合法性的知识意识形态阻障及其规避途径

"分析"所凭借知识往往是单一、凝固的,被"分析"对象属性则往往是复杂、多元和历史演替中的,那么,要克服知识意识形态对"分析"深度合法性的阻障,"分析"就须有驱动知识资源不懈更新和提升的内在主体性力量来作为支撑,以保障"分析"始终基于由多元性知识的横向结合、纵向贯通所构成的常新的知识资源的基础之上。而要获得这种保障,"分析"就必须具有批判性,而且这种批判性就不仅必须指向被"分析"对象,也必须同时指向"分析"本身、特别是其所依凭的知识基础的历史合法性,以及"分析"者的批判与自我批判意识。这意味着批判必须被理解为"分析"的内在规定性,"分析"就意味着批判,"分析"的含义必须在此意义上加以深化和拓展,树立无批判即无"分析"的意识;自觉认识到离开如此批判的"分析",必将因不能超越知识意识形态对"分析"深度合法性的阻障,而使其自身失去合法性。

知识意识形态既然导致"分析"所凭借的只能是单一、同质性的知识,如此知识既然只能揭示"分析"对象单一属性,而被"分析"对象的属性又总是复杂的、整体性的,那么,要规避知识意识形态把"分析"片面化、破碎化和狭隘化的缺陷,全面把握被"分析"对象完整属性,"分析"就须占有充分且相互贯通的完整知识系统。对此,L.乔纳森·科恩认为分析要解决的问题可归结为不同类型。①"这些问题相互重叠或相互联系……无疑,还可以把更多类的问题列在这里。分析哲学的某些流行问题,乍一看来似乎属于不同的性质,但是,仔细考虑一下,可以表明它们之所以流行,与构成人类合理性的程序和原则、假定和方法的错综复杂的网络有联系。"② 这些不同类型的问题既然构成相互关联、相互补充的"网络",那么,关于这些问题的"分析"所须知识基础也就必须是系统性的。可见,提升"分析"所依凭的知识基础的完整性、系统性,是消除知识意识形态对"分析"完整性阻障的基本途径。

---

① [英] L. 乔纳森·科恩:《理性的对话:分析哲学的分析》,邱仁宗译,社会科学文献出版社 1997 年版,第 47—48 页。
② 同上书,第 50 页。

知识意识形态阻障"分析"客观性的根源，既然在于知识主体对知识局限性的不自觉和对其的无意识掩盖，那么，消除这种阻障的根本途径，就在于破除对知识可靠性、合法性的自然主义的迷恋和独断膜拜，树立关于知识可靠性的不确定性和知识的可错性观念，在运用知识资源进行"分析"活动之前，先对其进行"分析"活动的知识资源的可靠性、合法性，以及知识主体对知识理解和把握的可靠性、合法性，进行评判和审察，并把这种评判和审察，作为"分析"活动的必备前提和基本环节确定下来，判定未经这种评判和审察的"分析"即为非法"分析"。可见，要消除这一阻障，就意味着要像如上所显示的那样，改进进行"分析"的前提，完善"分析"的内在构成环节。

知识意识形态阻障"分析"自我批判性生成的根源，既在于知识的意识形态属性，使得知识内在地具有无意识掩盖和盲视知识前述主观性、可错性和偏向性的倾向，从而使基于知识意识形态的"分析"，也相应缺乏自我批判、自我纠错机能。那么，消除这种阻障的根本途径，就在于通过揭示"分析"对本来就具有主观性、可错性和偏向性的知识的根本依赖性和内在统一性，彰显"分析"本身由此而来的可能的主观性、可错性和偏向性，从根本上清除"分析"被膜拜的理由及其豁免于被批判的可能性，使其被批判和自我批判的逻辑必要性无法回避，相应地也使"分析"的自我批判，成为"分析"得以可能和得以合法的必要条件，以及"分析"必要的内在构成环节，被确立起来。

综上所述，知识意识形态对"分析"合法性的阻障是多层面、多环节的，相应地，规避其阻障的途径和措施也就是由多层面、多环节内容构成的整体。

六　结语

对"分析"内涵的理解尽管可以是多元、开放的，但这种多元、开放的理解一旦离开对使"分析"得以可能的具有意识形态属性的知识基础合法性状况的审视与应对，就难免不陷入自然主义和独断论，从而这种理解的合法性就缺乏基本的保障，相应地，基于合法性状况缺乏有效保障的知识基础的"分析"的合法性，自然就是可疑的。可见，要确保"分析"的合法性，"分析观"就必须推动知识基础的前批判取向向批判取向转化和提升。而这种转化和提升，则意味着对合法"分析"基本前提、内在构成和具体条件的认识全面提升。

第八章 意识形态与乌托邦对立关系的构成、历史演替及其意蕴探析

一 问题的缘起

国内外学界普遍认为意识形态与乌托邦的关系是对立的。例如，国外有论者指出，"每一种乌托邦立场都不可能没有深刻的意识形态性"①，国内也有论者认为，"意识形态离不开乌托邦，而乌托邦也往往维系着意识形态"②。但从总体上看，学界关于二者对立关系具体构成及其历史规定性，尚乏深入、具体的分析。然而，二者对立关系的具体构成及其历史规定性是客观的，它们限定着关于二者对立关系的理论认识和实践驾驭，只能在特定限度内、沿特定路径展开和进行。因此，既不能臆断其构成的具体格局，也不能把其不同历史条件下的不同规定性混同起来；既不能人为地渲染和放大其对立性，也不能有意遮蔽或无视其对立性。所以，对二者对立关系具体构成及其历史规定性缺乏深入把握，难免不使关于二者对立关系的理论研究和实践驾驭陷入盲目、独断、笼统的状态，难免不把其对立简单化、凝固化和绝对化，难免不把二者不同时代不同规定性的对立关系或混同在一起，或相互遮蔽，或相互替代，最终难免不诱发消极的理论和实践效应。当下关于二者对立关系的理论研究和实践驾驭中，一些乌托邦的理论研究者和实践追求者，对意识形态往

---

① Fredric Jameson, The Politics of Utopia, *New Left Review*, Jan/Feb 2004, p. 50.
② 杨生平：《试论曼海姆的乌托邦思想》，《北京大学学报》（哲学社会科学版）2010 年第 5 期。

第八章　意识形态与乌托邦对立关系的构成、历史演替及其意蕴探析

往呈现出来的过激拒斥姿态和行为（"愤青"现象以及社会心理中往往出现的那些与主流意识形态冷漠对立，以彰显其清明纯洁的现象，或即如此），以及意识形态的部分理论研究者和实践驾驭者，对不同乌托邦所往往呈现出来的过度紧张防范甚至对抗的姿态和行为（前几年《人民日报》连续发表的诸如《执政者当以包容心对待"异质思维"》①《执政者要在众声喧哗中倾听"沉没的声音"》② 等系列文章，即此类姿态和行为存在的间接证明），就是对二者对立关系的构成及其历史规定性缺乏深入、具体认识，从而把二者对立关系简单化、极端化和凝固化的具体表现。可见，深入把握二者对立关系具体构成及其历史规定性，既是关于意识形态与乌托邦对立关系的理论发展的需要，也是合法二者对立关系、有效开发运用二者对立关系积极社会效应并有效戒免其消极效应，从而最大限度地降低社会发展成本，以更有效地促进历史进步和社会和谐的重要前提。

二　意识形态与乌托邦对立关系的内在构成及其本质

意识形态和乌托邦尽管像以卡尔·曼海姆思想为代表的主流知识社会学所认为的那样，是关于整体社会一元秩序安排的不同主张③，然而，其本质上都是关于整体社会利益秩序的主张，都具有追求确定利益的本质属性。社会不同层级只能存活于同一整体中。该整体要正常存在和运行，只能具有一元秩序。这种一元秩序的安排不同，不同层级的利益、收益就不同。因此，不同层级都试图把基于本层级利益诉求的关于整体社会秩序安排的主张，论证为代表整体社会利益的合法主张，以期把其转化为整体社会一元现实秩序。曼海姆就此指出，意识形态"主要与利

---

①　人民日报评论部：《执政者当以包容心对待"异质思维"》，《人民日报》2011年04月28日。
②　人民日报评论部：《执政者要在众声喧哗中倾听"沉没的声音"》，《人民日报》2011年5月26日。
③　［德］卡尔·曼海姆：《意识形态与乌托邦》，黎鸣、李书崇译，商务印书馆2000年版，第14页、第196页。

益心理学一起起作用……假定这种或那种利益是一个既定谎言的原因。"①乌托邦作为与意识形态对立的力量,自然要追求异于意识形态追求的社会利益,从而自然也具有追求特定社会利益的本质属性。当然,它并非像意识形态那样主要追求统治阶层利益,而主要追求的是社会一切阶层的整体利益。

整体社会一元秩序的安排除了要解决不同集团间利益关系问题外,也要解决"使各种分散的意愿和各不相同的目标在对世界的平等的共同观念的基础上融合为一个单一的目标"问题。毕竟,"只有'集体意义上的人'才能完成历史性的任务。""而这又需以取得'文化—社会'的统一为前提。"②"从组织文化角度看,意识形态在组织意义结构的合法化和再现过程中起着主要作用。"③ 这表明,意识形态显然在执行着组织文化职能,具有组织文化属性。由于乌托邦也试图解决"使各种分散的意愿和各不相同的目标在对世界的平等的共同观念的基础上融合为一个单一的目标"的问题,而该问题的实质是把分散的个体性、局部性参量组织为一个有序的整体,这决定了乌托邦也具有组织文化属性。

上述分析显示,意识形态乌托邦的本质,都分别具有特定利益取向和特定组织文化取向这双重本质。

意识形态是为特定阶层利益服务的,其利益取向具有集团性。乌托邦则追求"无阶级社会的终极具体的集体生活"④,"包含着对于《圣经》和柏拉图的具有普世价值的理想国观念所展示的巴别塔之前世界的大一统的怀念因素"⑤。显然,乌托邦恰好要消解意识形态为特定集团服务的偏狭利益取向,追求为全社会利益服务。可见,二者的利益取向具有对

---

① [德]卡尔·曼海姆:《意识形态与乌托邦》,黎鸣、李书崇译,商务印书馆2000年版,第59页。
② [美]丹尼斯·K.姆贝:《组织中的传播与权力:话语、意识形态和统治》,陈德民、陶庆、薛梅译,中国社会科学出版社2000年版,第49页。
③ 同上书,第41页。
④ [美]弗雷德里克·詹姆逊:《政治无意识》,王逢振译,中国社会科学出版社1999年版,第50页。
⑤ [乌拉圭]费尔南多·艾因萨:《作为交融的乌托邦之命运》,陆象淦译,《第欧根尼》2007年第2期。

第八章　意识形态与乌托邦对立关系的构成、历史演替及其意蕴探析

立属性。

此外，二者的组织文化取向也具有对立属性：其一，意识形态着眼于现实性参量的要求，确定其关于整体社会秩序安排的主张，因而具有现实性取向；乌托邦则基于可能性视角，确定其关于整体社会秩序安排的主张，"因而它在根本上有一种无穷的潜能"[①]，从而具有可能性取向。由于可能性只是未来或然状态，现实性则是当下确定性的实然状态，可见，二者关于整体社会秩序实现状态的要求是对立的。其二，意识形态必然要维护由其转化来的整体社会现实秩序，因此具有保守性取向；"乌托邦的核心精神是批判，批判经验现实中的不合理、反理性的东西，并提出一种可供选择的方案。"[②] 因而具有批判性取向。可见，二者对社会秩序的意志取向具有对立属性。其三，意识形态利益取向的阶级性、现实性、保守性，决定了其对整体社会秩序合法性要求是相对、有限的；乌托邦利益取向的全社会性、可能性、批判性，决定了其对整体社会秩序合法性要求是绝对、无限的。毕竟，"诸乌托邦总是或多或少明确地汲取了它们的关于完美、理想和终级秩序的某种模型。乌托邦工程的合法性……总是被追溯到一种理想状态，如果它不是被想象为在一个神话般的起源时期真正存在过的话，那么至少它被认为代表着人类、社会以及世界的本质"[③]。可见，二者对社会秩序合法程度的要求，也具有对立属性。二者在组织文化层面这三种对立尽管具体形式不同，但都不是直接围绕整体社会秩序统一于什么社会集团的利益来安排所形成的对立，而是围绕社会秩序怎样安排才具有科学性问题所形成的对立。

对于意识形态与乌托邦双重本质对立关系而言，没有二者本质利益取向层面的对立，二者本质组织文化层面的对立就失去了目的性；没有二者本质组织文化层面的对立，二者本质利益取向层面的对立就因不具有借以展现的组织形式而难以生成。可见，二者的对立就是由二者本质

[①] ［英］本·安德森：《乌托邦主义与希望精神》，乔春霞、吕增奎译，《马克思主义与现实》2007 年第 2 期。

[②] ［德］哈贝马斯等：《作为未来的过去》，章国锋译，浙江人民出版社 2001 年版，第 122—123 页。

[③] ［意］詹尼·瓦蒂莫：《消散的乌托邦》，俞丽霞译，《第欧根尼》2007 年 01 期。

利益取向层面的对立与二者本质组织文化层面的对立构成的矛盾统一体。二者本质利益取向层面的对立，即关于整体社会秩序应把什么样的利益取向合法化问题的对立，所以，本质是关于秩序公正性主张的对立；二者本质组织文化层面的对立实即关于整体社会秩序如何安排才能更有效地服务于已明确的利益取向问题的对立，因此，本质是关于秩序科学性主张的对立。这表明，二者的对立作为前述矛盾统一体，也就是公正性层面的对立与科学性层面的对立的矛盾统一体。在该统一体中，公正性方面和科学性方面何者居主导地位，并不是凝固的，而是在不同阶段有不同的表现形式。二者对立所具有的这种矛盾统一本质表明，意识形态尽管具有把特殊利益膨胀为普遍利益的取向，但同时也具有一定科学性取向；乌托邦尽管具有追求公正和谐的取向，但同时也具有一定虚幻性。可见，二者各有其不同的合理性和缺陷。

三 意识形态与乌托邦对立关系的外在阵垒

意识形态与乌托邦的对立关系，不仅有其如上所述的内在具体构成，而且也有其作为外在构成直接表现形式的外在具体阵垒。

其一，由意识形态内在差别决定的二者对立的具体阵垒。

社会不同层级都有把代表其利益的关于整体社会秩序安排的主张，鼓胀为代表整体社会利益的主张的取向。就此而言，其主张都具有意识形态属性。不过，只有其中一种主张因其主体具有主导性社会控制力，能转化为整体社会现实秩序，从而成为"在场性（统治性）意识形态"。其余主张则不能转化为整体社会现实秩序，从而成为"非在场性（非统治性）意识形态"。前者总要维护现实秩序；后者和乌托邦总要消解现实秩序。可见，意识形态乌托邦对立的具体阵垒，主要是"在场意识形态"与乌托邦的对立。

社会层级关系的复杂性，使得统治性、非统治性社会层级界限往往是模糊的，存在一定交错、重叠现象，从而使"非在场性意识形态"呈现出"准在场性意识形态"和"完全非在场性意识形态"两种类型。前者内容能在"在场意识形态"中得到部分反映，从而对其一定程度上既

第八章　意识形态与乌托邦对立关系的构成、历史演替及其意蕴探析

反对又支持。后者内容完全不能反映在"在场意识形态"中,必然会反对之。可见,反对"在场意识形态"的社会意识,未必只是乌托邦。这表明,曼海姆着重从是否"超越现存秩序"角度,来区分乌托邦和意识形态的做法有一定片面性。当然,乌托邦内在特性,决定了它也必然与一切"非在场意识形态"相对立。

其二,由乌托邦内在差别决定的二者对立具体阵垒。

乌托邦尽管具有批判性、超越性和理想性取向,但这种取向选择作用对象的现实针对性却有内在差别。乌托邦的批判性、超越性和理想性取向对作用对象的一种选择,具有较强现实针对性和具体性、历史性,它并不离开现实来追求绝对至善的未来理想目标,反而直接批判、超越"在场意识形态"确立的现实秩序,试图以一种合理秩序来取而代之。它"并非发生于与社会生活无关的领域。相反,尤其是在现代历史发展中,乌托邦一系列形式,开始都与一定历史阶段紧密联系,它们中的每一种形式都与特殊的社会阶层紧密联系"①。可见,选择如此作用对象的乌托邦,即"现实批判型"乌托邦。其批判性维度的现实性取向,决定了其与意识形态的对立,主要是与"在场性"、而非与"非在场性"意识形态的对立。

乌托邦的批判性、超越性和理想性取向对作用对象的另一种选择,并不指向由某一意识形态,而是指向一切意识形态都会导致的现实社会秩序的一切缺陷。可见,选择如此作用对象的乌托邦,显然在追求至善理想王国,故可称为"至善理想型"乌托邦。它"给我们描绘出某一时代或地方的图景:那里没有诽谤和犯罪行为,没有任何恨和战争,没有可避免的痛苦和不幸,没有不公道和迫害;那里会充满公正、友爱、和平、富裕和幸福"②,其主张者"认识到有可能创造人类更美好的幸福,便要求扫除当前社会和道路的弊端,与他们的时代决裂,摈弃旧的传统与宗教、政治偏见,消除那些阻挠他们前进、使他们不得自由的种种遗产,摆脱'现行的'陈词滥调,超越他们所处的时代,宣讲一些为群众

---

① [德] 卡尔·曼海姆:《意识形态与乌托邦》,黎鸣、李书崇译,商务印书馆2000年版,第210页。
② [美] 乔·奥·赫茨勒:《乌托邦思想史》,张兆麟等译,商务印书馆1990年版,第251页。

所难以理解的东西，重新创造一个世界"①。显然，该类型乌托邦的批判性维度具有绝对性、无条件性取向。因而，其与意识形态的对立，就表现为与意识形态全部类型的对立。

意识形态与乌托邦对立关系的上述外在具体阵垒表明，二者的对立关系是复杂的和严格受相应条件约束的，从而呈现为不同的具体阵垒。因此，不能抽象、笼统地应对二者的对立关系。

四 意识形态与乌托邦对立关系由前现代形态向现代形态的历史演替

社会历史的运动迄今为止经历了由前现代性形态向现代性形态演进的历史过程。意识形态与乌托邦的对立关系，生成和存在于这一历史过程之中，因此，必然随着这一历史过程的演替而发生相应的演替。总体上看，"前现代性体现为这样的主导性价值：身份、血缘、服从、依附、家族至上、等级观点、人情关系、特权意识、神权崇拜等"②。而现代性"既是指以启蒙运动为标志，以自由、民主、科学、理性为核心的时代意识和价值取向，也是指以市场经济、民主政治、科学管理等为基本构成元素的社会发展模式和内在要求"③。当然，现代性过程更主要的是指人类生产方式由封建形态向资本主义、社会主义形态转型的过程。人类社会现代性转型第一阶段率先在西方实现了私有制由封建形态向资本主义形态的演替；其第二阶段则先后在苏俄和中国开始用社会主义公有制代替私有制。当代中国通过改革开放对社会主义发展道路具有世界历史意义的探索，则开启了社会现代性转型第三阶段。这三个阶段前后承接，渐次弱化，瓦解着意识形态与乌托邦对立的社会基础，使其在如下不同层面呈现出由不可融通主导型对立，逐步走向可融通主导型对立的历史趋势。

---

① ［美］乔·奥·赫茨勒：《乌托邦思想史》，张兆麟等译，商务印书馆1990年版，第249页。
② 冷鹤鸣：《当代中国社会现代化转型中的现代性问题》，《上海行政学院学报》2004年第3期。
③ 丰子义：《发展的反思与探索》，中国人民大学出版社2006年版，第105页。

第八章　意识形态与乌托邦对立关系的构成、历史演替及其意蕴探析

对立强度由刚性渐次走向柔性。前现代条件下的阶级对立及专制统治，决定了意识形态乌托邦二者的对立，在利益取向和组织文化层面，都处于不可融通性对立居主导地位、可融通性对立居从属地位的状态。社会现代性转型第一阶段阶级对立仍未消失，资产阶级民主也具有严重的形式化、金钱化弊端。这决定了二者对立的不可融通性尽管因资产阶级民主的出现有所减弱、可融通性有所增强，但在利益取向和组织文化层面，都必然仍处于不可融通性对立居主导地位、可融通性对立居从属地位的状态。社会现代性转型第二、第三阶段，二者的利益诉求已根本一致，社会主义实质化民主体制也已建立。这决定了二者在利益取向和组织文化层面的对立，都必然处于可融通性对立居主导地位、不可融通性对立居从属地位的状态。可见，社会现代性转型，使二者对立强度由不可融通的刚性对立主导，渐次向可融通的柔性对立主导转化。弗雷德里克·詹明信的论述，典型地印证了这一点。他指出："只有当阶级消亡以后，（乌托邦）才可能对社会关系进行真正意义上的重构。"① 该论断之所以断定阶级对立存在的历史前提下，乌托邦对社会关系的重构是无效的，就是因为该历史前提下它与意识形态处于刚性对立状态，意识形态容忍乌托邦的可能性处于最低限度。随着历史的进步、阶级对立在趋势上走向弱化，乌托邦重构社会关系的可能性也在逐渐提升。阶级对立消失后，其重构的可能性达到最大限度，即能对社会关系"进行真正意义上的重构"。可见，按该论断的内在逻辑，乌托邦逐渐具备在真正意义重构社会关系能力的过程，实际上也就是意识形态与乌托邦的对立强度，由刚性走向柔性的过程。

立场和内容的对立由不可融通主导型渐次走向可融通主导型。有论者指出："乌托邦因素和意识形态因素在历史进程中并不是单独出现的。上升阶级的乌托邦在很大程度上常常浸透着意识形态因素。……它包含着朝向实现新社会秩序的因素，这些因素有助于瓦解目前存在的旧秩序。"② 按照

---

① ［美］弗雷德里克·詹明信：《乌托邦和实际存在》，载王逢振主编《文化研究与政治意识》，中国人民大学出版社2004年版，第386页。
② ［德］卡尔·曼海姆：《意识形态与乌托邦》，黎鸣、李书崇译，商务印书馆2000年版，第208页。

该论断的逻辑，意识形态与乌托邦立场、内容对立的程度，是由二者主体历史地位对立程度决定的。二者主体历史地位的对立愈严重，二者立场、内容的对立愈严重。反之，二者主体历史地位的对立愈弱、统一性愈高，二者立场、内容的对立愈弱，融通的程度就愈高。此论不谬。现代条件下的阶级对立及专制统治，决定了意识形态追求和反映剥削阶级利益的立场与内容，同乌托邦追求和反映社会各阶级利益整体协调的立场与内容间的对立，在利益取向和组织文化层面，都必然处于不可融通性对立居主导地位、可融通性对立居从属地位的状态。社会现代性转型第一阶段，阶级对立仍未消失，资产阶级形式化、金钱化的民主体制也不足以促使意识形态与乌托邦二者的立场和内容实现根本融通。这决定了该阶段二者立场和内容对立的可融通性尽管较之于前现代阶段已有显著提升，但二者立场和内容对立的不可融通性仍居主导地位。社会现代性转型后两个阶段，二者利益诉求已根本一致，社会主义实质化民主体制已经生成，二者在利益取向和组织文化层面，尽管仍存在着意识形态现实性、局部性、保守性取向的立场和内容，同乌托邦理想性、整体性和批判性取向的立场和内容的对立，但二者可融通性对立必然居主导地位，不可融通性对立必然居从属地位。可见，社会现代性转型，使二者立场和内容的对立，由不可融通主导型渐次走向可融通主导型。

对立的效应由相互阻抗主导型渐次走向相互昭启主导型。前现代条件下的阶级对立及专制统治，决定了意识形态和乌托邦在上述各种形式中的对立，在利益取向和组织文化层面，必然具有相互摧毁破坏效能（"罢黜百家，独尊儒术"及其引起的反弹即为实例），而意识形态虚伪的整体利益取向及乌托邦对剥削阶级利益的涵盖，也难免不使二者的对立在利益取向和组织文化层面，相互具有一定昭示、孕生、开启效能。然而，根本利益的对立决定了该时代条件下，二者对立具有的相互摧毁效应必然居主导地位，相互昭示、孕生、开启效应必然居从属地位。社会现代性转型第一阶段，资产阶级民主尽管不能改变二者对立的相互破坏效应居主导地位的格局，但可在一定程度上弱化这种效应，同时提升和强化二者对立的相互昭示、孕生、开启效能。社会现代性转型第二、第三阶段，阶级对立尽管已消失、社会主义实质化民主尽管已生成，但二者追求根本一致利益的着眼点的不可通约性和二者内蕴的不同组织文化取向，决定了二者对立仍具有一定相互阻抗效能。当然，这种效能在二者对立效能中必然居从属地位，而二者对立的相互昭示、孕生、开启效能必然居主导地位。可见，社会现代性转型使二者对立的效应，由相互阻抗主导型渐次走向相互昭启主导型。

动机的对立由相互摧毁主导型渐次走向建设性的相向批判主导型。前现代条件下的阶级对立及专制统治，决定了意识形态与乌托邦二者主体，在利益取向和组织文化层面，必然具有相向摧毁动机，而相向融合动机近乎不存在。社会现代性转型第一阶段，相向摧毁动机尽管仍据主导地位，但资产阶级民主毕竟会在一定程度上促使其走向弱化。社会现代性转型第二、第三阶段，意识形态不再只表达统治力量诉求，同时也统一于各层民众利益，从而一定程度上成为"官方化乌托邦"；而乌托邦与意识形态的利益诉求也已根本一致，不但必然与其具有可沟通性，也具有向其转化的潜质，从而一定程度上成为"准意识形态"。这决定了二者主体动机的对立，尽管因对根本一致利益取向的不同和内蕴的组织文化范式的不可通约性，而仍有相向阻抗性，但这种相向阻抗性对立动机，已在二者动机对立中居从属地位，而二者主体以建设性的相互质疑、激励性的相互拷问、向善性的相互批判为内容的对立性动机，则必然在其中居主导地位。可见，社会现代性转型使二者主体动机的对立，由相互摧毁动机主导型渐次走向建设性的相向批判动机主导型。

上述分析显示，随着社会现代性转型的展开和深化，二者前现代性条件下不可融通型主导对立，分别在不同层面和环节渐次向可融通型主导对立转化，使二者对立进入了一种新的质态。

五 意识形态乌托邦对立关系的具体构成及其历史演替的理论和实践意蕴

意识形态与乌托邦对立关系的上述具体构成及其历史演替，内蕴着可供关于二者对立关系的研究参考、甚至依循的多重理论意蕴，在一定程度上规定了关于二者对立关系理论研究合法有效地展开难以拒斥的理论框架、难以绕开的理论路径、难以摆脱的基本方法和原则。

第一，二者内涵的对立尽管具有确定性，但并不具有超历史的恒定性。阶级对立条件下，意识形态即"指导维持现存秩序的活动的那些思想体系"，乌托邦"即往往产生改变（摧毁、破坏、消灭）现行秩序活动的那些思想体系"。①阶级对立消失的条件下，意识形态已转变为通过向乌托邦批判性取向开放，来维持和改进现行社会秩序的思想体系。乌托邦也已不再是以摧毁方式来改变现行社会秩序、而是以建设性的批判来优化现行社会秩序的那些思想体系。可见，必须具体、历史地把握二者内涵的对立关系，避免像卡尔·曼海姆那样，误把二者在阶级对立条件下的对立性内涵，视作一切条件下的对立性内涵。

第二，二者对立关系是绝对性与相对性的统一体。其绝对性表现为二者对立的不可消除性、普遍性和无条件性。它根源于人有限性和无限性内在矛盾的绝对性、无条件性和超历史性。意识形态归根结底是反映和维护"现行秩序的思想"，它是人有限性、现实性诉求的体现和凝聚。而"每一种实际'发挥作用的'生活秩序同时又受一些观念所绊住，这些观念将被叫做'超验的'或'非真实的'，因为它们内容在自己所存在的社会中永远不能实现，还因为在现存社会秩序的范围内，人们不能根据它们来生活和行动。"②显然，这些"将被叫做'超验的'或'非真实的'""观念"实即乌托邦，它无疑是人无限性、理想性诉求的体现和凝聚。人的有限性和无限性规定性，作为人内在固有的两种不同属性，不可相互替代和通约，因而，其对立具有绝对性、无条件性品质。因此，作为这二者之反映的意识形态和乌托邦的对立，也自然具有绝对性、无条件性品质，是不可融通的。其相对性表现为二者对立的具体实现形式的有条件性、具体性和历史性。它根源于人有限性与无限性矛盾的相对性、有条件性和历史性。人有限性与无限性绝对性、无条件性的对立，又总是通过具体、历史的形式来展开、来体现、来落实的，因而，人有

---

① ［德］卡尔·曼海姆：《意识形态与乌托邦》，黎鸣、李书崇译，商务印书馆2000年版，第14页。
② 同上书，第198页。

第八章　意识形态与乌托邦对立关系的构成、历史演替及其意蕴探析

限性与无限性绝对性、无条件性对立的展现和存在形式，又总是具体的、历史的、相对的、有条件的。意识形态和乌托邦二者不可融通性对立、可融通性对立，都是人有限性与无限性绝对性、无条件性对立的展现和存在形式的相对性、有条件性的表现。因此，关于二者对立关系的认识，不仅需要曼海姆主张的知识社会学，也需要知识人类学、知识本体论和知识辩证法。

第三，二者对立既然是由不可融通性、可融通性对立构成的矛盾统一体，且这两种不同质态的对立在该统一体中的地位，随着历史演进呈现出由前者居主导地位渐次向后者居主导地位演进的走势，那就应避免把二者对立关系视作单一、凝固的，而应把其视为矛盾的和历史性的。

第四，二者对立关系总是相对于二者同一关系而存在的，且与后者构成一个矛盾统一体。只不过在二者对立呈现为不可融通主导型对立状态时，二者同一性关系仅表现为二者抽象的相互联系，因而处于低弱状态。在二者对立呈现为可融通性主导型对立状态时，二者同一性关系则表现为一定程度的相互协调、融合和贯通，从而处于较发达状态。当然，二者对立和同一的矛盾统一体，随着二者对立性质的历史演替，也呈现出相应历史性。

第五，与二者对立由不可融通性对立居主导地位、可融通性对立居从属地位，向可融通性对立居主导地位、不可融通性对立居从属地位渐次转化的历史进程相对应，二者的对立也渐次由利益取向层面的对立居主导地位、组织文化层面的对立居从属地位，向组织文化层面的对立居主导地位、利益取向层面的对立居从属地位转化。

第六，二者对立的性质和历史形态是由生产方式性质决定的。整体社会秩序如何安排，主要取决于生产方式文明程度。二者对立的状况尽管约束着整体社会秩序安排的状况，但其作用终究是辅从性、有限性的。不致力于改进生产方式，仅通过调整二者的对立关系，来改进整体社会秩序，并不具有根本有效性。

不难看出，上述多重理论意蕴表明，深入、具体地把握对立关系的具体构成及其历史规定性，是关于二者对立关系的理论研究合法展开及其进一步深入的重要基础。

二者对立关系的上述具体构成及其历史演替，也内蕴着可供关于二者对立关系的实践驾驭、关于二者对立关系具有的支撑社会进步的内在资源的实践开发与运用，参照和依循的多重实践意蕴，在一定程度上提供了关于二者对立关系的合法实践操作有效展开的路径、准则、方法和机理。

首先，二者对立关系的两种不同质态，都与其相应的同一关系构成矛盾统一体。因此，须着眼于这种矛盾统一体来开发驾驭二者对立关系。忽视对二者同一性关系的开发驾驭，就会人为地相对放大二者对立乃至制造社会对立，浪费其同一性关系可能蕴含的支撑社会进步的资源；就会促使关于整体社会秩序如何安排问题的实践解答走向独断和僵化，阻碍实践解答实现创新；就会遮蔽二者通过相互批判、融通而提升关于整体社会秩序安排文明状况的可能性。忽视二者对立性关系，就会人为放大社会和谐的可能性，人为遮蔽二者对立关系对社会和谐的挑战。在现代性转向第二、第三阶段，对二者关系的驾驭，特别应把着力开发二者同一性关系相互补充、提升、融通的内在潜能，与着力开发二者对立性关系相互批判潜能有机结合起来，使二者关系既相互协同又互有张力，使其在良性互动中促使二者共同升华为整体社会秩序文明水平有效提升的合法社会意识基础。

其次，社会现代性转型的第二、第三阶段，须着眼于二者对立关系已由此前不可融通主导对立转化为可融通主导型对立，以及由此前的利益取向层面的对立主导型转化为组织文化层面的对立主导型这样的历史性转换，来开发驾驭二者关系。

再次，应着眼于意识形态与乌托邦矛盾统一关系、而不能在其相隔绝状态下，来开发驾驭其对整体社会秩序安排的不同功能：既参照后者的批判性、理想性和超现实性取向的内在要求来开发驾驭前者；也要参照前者现实性、保守性和对传统的维护性取向的内在要求来开发驾驭后者。通过这种相互参照、相互结合，来避免浪费二者各自建设性社会潜能，使二者各自建设性社会功能得以整合和提升。

复次，二者关系具有同一性在强化、斗争性在弱化的客观历史趋势，但二者的对立并不会消失。因此，对二者的开发驾驭，既不应期待其关

第八章　意识形态与乌托邦对立关系的构成、历史演替及其意蕴探析

系会自发协调，也不应忽视开发二者相互张力关系对社会整体秩序文明程度提升所具有的建设性功能。

最后，对二者关系的开发驾驭，须着眼于二者社会存在基础及其思想传统和具体时空条件，以确保二者关系具有社会合法性、文化契合性和时空有效性。

显然，上述多重实践意蕴表明，是否深入、具体地把握二者对立关系的具体构成及其历史规定性，是对二者对立关系的实践操作，是否合法有效展开的重要前提。

第九章　历史唯物主义问题意识中的意识形态认同合法形态解蔽

问题意识不同，对所研究问题的理解就不同。历史唯物主义问题意识的本质，在于"不仅看到当代的表面现象，而且也看到实际推动事件的那些比较深层的历史动力"①。既有研究由于历史唯物主义问题意识的缺场，对意识形态认同的理解存在着直观化、简单化、狭隘化、浅表化等缺陷，使对问题的把握凝滞于心理主义、相对主义、机会主义、保守主义、非反思的自然主义和朴素常识性层面，不具有宏阔、高远、深邃的历史境界，严重遮蔽了意识形态认同合法形态，难免不阻滞意识形态认同的理论和实践健康发展。故着眼于历史唯物主义视域，揭示意识形态认同合法形态，就是一项不容回避的理论使命。

一　意识形态认同既有认识合法性困境

（一）意识形态认同结构既有认识的合法性困境

学界迄今普遍认为，意识形态认同结构，由人这样的主观认同方，和意识形态这样的单一被认同方相互作用而构成。该认识的典型表述是："认同是指个体对自己所属身份或群体的一种带有肯定性的心理判断和情感归属，……意识形态认同是人们对某种意识形态自觉自愿的接受和遵从。"② 对问题的如此认识，内蕴着意识形态认同的如下合法性危机：其

---

① ［匈］卢卡奇：《历史与阶级意识》，杜章智等译，商务印书馆1999年版，第312页。
② 孔德永：《当代我国主流意识形态认同建构的有效途径》，《马克思主义研究》2012年第6期。

第九章　历史唯物主义问题意识中的意识形态认同合法形态解蔽

一，使意识形态认同仅呈现为人主观评判意识形态合法性状况的过程，从而仅呈现为一种基于主观根据的认同。然而，基于主观性根据的认同合法性只能是或然性的。这意味着既有认识主张的意识形态上述认同结构，不能保障意识形态认同必然享有合法根据。其二，意识形态生成存在对相应生产方式基础的根本依赖性，决定了其可认同性状况取决于其生产方式基础的可认同性状况，故其可认同性状况无法离开该基础的可认同性状况而得到彻底完整判定。其三，意识形态终究只能是人基于对其生产方式基础内在要求的理解建构起来的。由此建构起来的意识形态未必与该基础内在要求一致。即使该基础具有可认同性，其本身也未必具有可认同性。因此，离开其对其该基础内在要求统一性状况，就无法彻底有效地评判其可认同性状况。然而，前述既有认识既然所揭示的意识形态认同结构既然并不包括生产方式这一要素，那就排除了其构成意识形态认同评判客观依据的可能性，从而对意识形态的认同评判就难以具有彻底性、完整性和充分有效性。可见，既有认识使得意识形态认同根据处于非法状态，从而也使得认同评判不具有彻底性、完整性。

（二）意识形态认同本质既有认识的合法性困境

既有认识关于意识形态认同的前述定义，以及诸如《我国主流意识形态认同的策略定位》[①]《意识形态的策略与意识形态认同》[②] 等研究的内在逻辑，内蕴着关于意识形态认同本质的如下判断：意识形态认同即对意识形态的肯定和顺应，与对其批判反思无涉；认同方是人，被认同方是意识形态，从而认同只是一种主观性过程，与客观法则对意识形态的裁决无涉；意识形态构成完整的被认同方，不存在其他更根本的被认同方；主观认同具有天然合法性，被主观认同的状况是意识形态合法性状况的真实反映；被认同状况是策略性技术性经营博弈的结果，与意识形态及其生产方式基础合法性状况无涉。然而，从历史唯物主义视域看，上述判断存在着严重合法性困境：其一，生产力作为生产方式主导性要素，具有无限的发展要求；而"马克思提出了意识形态的滞后性问

---

① 聂立清：《我国主流意识形态认同的策略定位》，《河南师范大学学报》2010 年第 5 期。
② 高立平：《意识形态的策略与意识形态认同》，《求索》2006 年第 10 期。

题。一定的意识形态作为对一定的生活过程的反映","总是被动的、保守的、滞后的。"① 这意味着意识形态一经基于生产方式内在要求生成并确立起来,就具有稳定性凝滞性和固化性,从而难免不因与其生产力不断发展要求存在的脱节,而出现一定合法性缺陷。再者,意识形态作为人为建构的产物,难免不受人局限性影响而存在一定合法性缺陷。这表明,并不存在可直接完全认同的意识形态,从而意识形态认同就不可能具有以对意识形态直接接受和纯粹顺应为内容的本质。可见,既有研究认为意识形态认同的本质,是"人们对某种意识形态自觉自愿的接受和遵从"的观点,显然难以完全成立。其二,意识形态存在的必要性、可能性和根本意义,在于满足生产方式发展的内在要求,从而该内在要求就呈现为评判和决定意识形态是否合法、是否能被肯定和接受的具有根本支配性主导性地位的力量。可见,意识形态认同除具有人对意识形态主观认同这重主观性取向的本质外,还具有生产方式发展要求对意识形态的肯定或否定这一客观性取向的本质。既有研究把意识形态认同的本质仅理解为"人们对某种意识形态自觉自愿的接受和遵从",就把其本质狭隘化浅表化庸俗化了。其三,"物质生活的生产方式制约着整个社会生活、政治生活和精神生活的过程。"② 这意味着意识形态认同评判,只能以意识形态生产方式基础的合法性评判为前提和基础来进行,从而意味着意识形态生产方式基础的合法性评判,是意识形态认同评判得以可能的内在条件和内在构成环节,进而意味着意识形态认同的本质,包含对意识形态生产方式基础的认同。再者,意识形态本来就是其生产方式基础内在要求的产物和间接存在形式,从而对意识形态的认同性评判就内蕴着对其生产方式基础的评判,而评判意识形态的可认同性状况,也就意味着要评判其生产方式基础的可认同性状况。这表明,既有研究把意识形态认同的本质,仅理解为对意识形态的认同,而不包括对其生产方式基础的认同,显然把问题肤浅化、狭隘化、片面化了。其四,意识形态既然是适应其生产方式基础发展的内在要求生成存在的,那么,其存

---

① 俞吾金:《意识形态论》,人民出版社2009年版,第108页。
② 《马克思恩格斯选集》第2卷,人民出版社1995年版,第32页。

第九章　历史唯物主义问题意识中的意识形态认同合法形态解蔽

在的意义就在于满足该要求，以促进生产方式不断发展。这决定了意识形态认同本质上只能是围绕意识形态满足生产方式发展要求的机能状况这一主题展开的，从而其本质并不在于对意识形态的"接受和遵从"，而在于对其满足上述要求的机能的肯定和开发。是否具有该机能是其能否被认同的关键。可见，既有研究把意识形态认同的本质仅归结为对意识形态的"接受和遵从"，显然把该本质狭隘化浅表化和庸俗化了。最后，既有研究把意识形态认同理解为人对意识形态的"接受和遵从"，这在逻辑上意味着意识形态主观认同本身具有天然合法性，被主观认同的状况是意识形态合法性状况的真实反映。这表明，既有研究所理解的认同，不具有内在反思批判的向度。然而，"辩证法不崇拜任何东西，按其本质来说，它是批判的革命的"①。现象学将这种非反思的理解问题的态度，看作一种自然的态度："自然的精神态度尚不关心认识批判。"② 在该态度看来，认识一定是可能的或真理是可获得的，所以并不反思、批判认识的合法性有效性。可见，既有研究对意识形态认同本质的认识，与历史唯物主义革命的批判的本质相隔膜，存在着现象学所批判的自然主义缺陷。

（三）意识形态认同取向既有认识的合法性困境

既有研究前述观点，内蕴着意识形态认同取向的多重合法性危机：其一，既有研究使意识形态认同仅呈现为人主观意向对意识形态的评判，从而仅具有主观性认同取向。但纯主观性认同取向对意识形态的认同评判，未必统一于生产方式内在要求，因而未必具有历史客观法则高度的合法性。其二，生产力的革命性使任何既有意识形态都存在着完善性缺陷，从而都需适应生产力发展而不断完善，才能获得被认同的内在资质。这就离不开对既有意识形态的批判超越。可见，对既有意识形态的批判超越，正是其得以被认同的起点，从而认同也就内蕴着批判、内在地具有批判性取向。前述既有研究认为意识形态认同即对意识形态的"接受和遵从"，从而使意识形态认同仅具有顺应性取向，而不具有批判性取

---

① 《马克思恩格斯选集》第 2 卷，人民出版社 1995 年，第 112 页。
② ［德］胡塞尔：《现象学的观念》，倪梁康译，人民出版社 2007 年版，第 16 页。

向,这就使意识形态认同失去了内在可能性。其三,意识形态作为生产方式内在要求的反映,其可认同性评判,在根本上依赖于其生产方式基础的可认同性评判。但意识形态并不能完全还原为其生产方式基础内在要求这一点,决定了意识形态可认同性评判对其生产方式基础可认同性评判,又具有相对独立性。就此而言,意识形态认同评判,既具有根本依赖性取向,又具有相对独立性取向。前述既有研究把意识形态认同评判仅看作对意识形态的认同评判,这意味着它认为该评判可以独立进行,从而具有独立性取向,不具有对意识形态生产方式基础可认同性评判的根本依赖性取向,这就使得意识形态认同评判失去客观根据,不具有客观有效性。

二 对内在约束项把握的残缺性：意识形态认同既有认识合法性缺陷的实质

意识形态认同释放于其内在固有约束项中。对其内在固有约束项的认识是否完整彻底、进而意识形态认同是否以该内在固有约束项为基本框架来进行,决定着用来认识和驾驭意识形态认同活动的基本框架是否完整彻底,进而决定着由此展开的意识形态认同形态是否充分合法性。就此而言,意识形态认同既有形态前述种种合法性缺陷的实质,不过是关于该内在固有约束项把握不完整的缺陷。

其一,对意识形态认同内在结构约束项把握的残缺性。历史唯物主义"不是人们的意识决定人们的存在,相反,是人们的社会存在决定人们的意识"[①] 的思想既然表明,意识形态能否生成存在、能否在历史进程中普遍有效地存在,从而能否被历史客观法则所肯定和接受、能否成为人们普遍无法超越的基本意识,终究取决于其与生产方式发展内在要求统一性的状况;而认同既然意味着对对象的肯定、同意、接受和确立,那就表明,意识形态认同方,既呈现为主观性认同方,也呈现为生产方式发展的内在要求这样的客观性认同方。再者,历史唯物主义前述思想

---

① 《马克思恩格斯选集》第 2 卷,人民出版社 1995 年版,第 32 页。

第九章　历史唯物主义问题意识中的意识形态认同合法形态解蔽

既然把生产方式置于社会意识决定性的思想基础地位，那就意味着生产方式可认同性状况的评判，是意识形态可认同性状况的根本依据，离开对生产方式可认同性状况的评判，关于意识形态可认同性状况的任何评判都是主观任意的、缺乏客观有效性和彻底有效性的。这决定了意识形态的可认同性评判，以其生产方式基础的可认同性评判为基础和起点，内蕴着评判其生产方式基础可认同性状况的基本要求，内在地依赖于其生产方式基础的可认同性状况的评判，通过对其生产方式基础的可认同性评判，而获得其可能性和有效性，从而与对其生产方式基础的可认同性评判是一个不可分割的整体。这表明，生产方式基础不但像意识形态一样，也是被认同方，而且是居于核心地位的被认同方。它是否被作为被认同方确定下来，直接决定着意识形态认同评判是否具有有效性。可见，意识形态认同既有形态结构、本质和内在取向前述主观性、不彻底性等缺陷，正是只看到了主观认同方未看到客观认同方、只看到意识形态这一直观被认同方未看到意识形态生产方式基础这一深层被认同方，从而对认同方与被认同方、进而对认同结构的把握，陷入残缺性状态的表现。

其二，对意识形态认同本质内在约束项认识的残缺性。意识形态认同既然是生成展开于认同方与被认同方间的活动，那么，其本质当然也就生成存在于认同方与被认同方间的相互作用之中。前述分析既然显示，意识形态认同方并非像既有研究理解的那样，不仅呈现为主观认同方，而且还呈现为意识形态生产方式基础的内在要求这样的客观认同方；被认同方并非仅呈现为既有研究理解的意识形态这一直观被认同方，还呈现为意识形态的生产方式基础这样的深层被认同方，那么，意识形态认同的本质，当然就是由认同方与被认同方的上述具体构成间相互作用决定的，从而对其的把握就必须着眼于认同方与被认同方的上述具体构成间相互作用来进行。是否着眼于认同方与被认同方的上述具体构成来把握意识形态认同的本质，决定着这种把握的彻底性、完整性状况。可肯定，只看到前述主观性认同方未看到前述客观性认同方，只看到意识形态这一直观被认同方未看到意识形态的生产方式基础这一深层被认同方，只看到意识形态认同主观层面的本质，就无法看到其客观层面的本质。

可见，既有研究关于意识形态认同本质认识的上述主观性、片面性、不彻底性缺陷，实质上是其关于该本质内在约束项认识不完整性的表现。

其三，对意识形态认同内在取向约束项认识的残缺性。（1）人作为主观认同方，决定了意识形态认同具有体现人要求的主观性取向。如前述，意识形态生产方式基础是客观认同方。这决定了意识形态认同具有体现意识形态生产方式基础发展要求的客观性取向。可见，既有研究判定意识形态认同仅具有纯主观性取向的缺陷的实质，就在于对该取向的把握是残缺的。（2）如前述，意识形态认同对意识形态既具有顺应性取向也具有批判性取向，而非像既有研究理解的那样仅具有顺应性取向。可见，既有研究判定其仅具有纯顺应性取向的缺陷的实质，就在于对认同取向的把握是残缺的。（3）如前述，意识形态认同评判，既具有根本依赖性取向，又具有相对独立性取向。可见，既有研究判定其仅有独立性取向，呈现出浅表性、狭隘性等缺陷的实质，就在于对意识形态认同取向的把握是残缺的。

三 历史唯物主义问题意识的缺场：意识形态认同既有认识合法性缺陷的根源

既有研究对意识形态认同认识的上述缺陷的根源，就在于其历史唯物主义问题意识的缺乏：

其一，就对意识形态认同结构的把握而言，要看到意识形态认同不仅有前述主观性认同方，还有前述客观性认同方，前提就在于要具有着眼于历史唯物主义关于社会存在决定社会意识等原理，来理解意识形态的肯定或否定力量的问题意识；要看到被认同方不仅呈现为意识形态，也呈现为意识形态的生产方式基础，前提就在于要具有历史唯物主义关于判定意识形态合法性，终究是由其生产方式基础合法性决定的问题意识，进而要具有意识形态可认同性评判，终究是对其生产方式基础可认同性的评判的问题意识。可见，既有研究之所以把意识形态认同结构，仅理解为是由主观性认同方，和意识形态这样的直观被认同方构成的，从而把该结构简单化、狭隘化、浅表化，其根源就在于不具有上述历史唯物主义性质的问题意识。

其二，就对意识形态认同本质的把握而言，要看到意识形态认同不仅有既有研究主张的对意识形态的接受和服从这样的主观性本质，还有由生产方式发展内在要求规定的客观性本质，进而要能看到主观性本质，依赖、从属于客观性本质，前提就在于具有历史唯物主义关于社会意识根本依赖于社会存在而不能独立存在的问题意识。可见，既有研究之所以把意识形态认同的本质仅归结为上述主观性本质，从而把其本质浅表化、狭隘化、庸俗化，其根源就在于不具有上述历史唯物主义性质的问题意识。

其三，就对意识形态认同取向的把握而言：（1）要看到意识形态认同不仅有既有研究主张的前述顺应性取向，而且还有批判性取向，前提就在于具有历史唯物主义关于生产力因其不断发展要求，而对意识形态具有否定性、超越性地位的问题意识。可见，既有研究之所以认为意识形态认同仅具有顺应性取向，从而把认同取向片面化、狭隘化，其根源就在于不具有历史唯物主义上述问题意识。（2）要看到意识形态认同不仅有既有研究主张的前述主观性取向，还有前述客观性取向，前提就在于具有历史唯物主义关于社会存在决定社会意识的问题意识。可见，既有研究之所以认为意识形态认同仅具有主观性取向，从而把认同取向片面化、狭隘化，其根源就在于不具有历史唯物主义上述问题意识。（3）要看到意识形态认同评判除具有既有研究主张的独立性取向外，还具有为其忽视了的前述根本依赖性取向，前提就在于具有历史唯物主义关于意识形态，终究是生产方式内在要求的反映的问题意识。可见，既有研究遮蔽了其根本依赖性取向，其根源就在于不具有历史唯物主义上述问题意识。

四 意识形态认同内在约束项的历史唯物主义诠释

前述分析既然显示，意识形态认同既有形态合法性缺陷的实质，在于对意识形态认同内在固有约束项把握不完整；该缺陷的根源在于意识形态认同既有研究的历史唯物主义问题意识的缺场，那么，基于历史唯物主义问题意识，准确把握该内在约束项，就呈现为意识形态认同合法形态得以解蔽的前提。

结构作为事物的基本存在形式，决定着事物赖以构成的基本内容、基本框架和基本格局。结构不同，事物的性质就往往不同。因此"一切有关社会研究的形式、不管它们多么不同，都是要导向结构主义的"①。这决定了意识形态认同活动的内在结构，是其内在基本约束项之一。本质是事物最基本的内在规定性，本质不同事物就不同。所以，意识形态认同的本质也是其内在基本约束项之一。意识形态认同的内在取向，作为其结构和本质内在要求的绽现，规定着意识形态认同的内在要求，从而也是其内在基本约束项之一。有了其确定的内在结构、本质和取向，意识形态认同就能呈现为一个完整过程而独立运行，这表明，这三者就呈现为意识形态认同内在基本约束项。从历史唯物主义视野看，其分别具有如下具体内容：

（一）意识形态认同结构的历史唯物主义诠释

意识形态认同，是认同方与被认同方相互作用的过程，故其结构状况，取决于这二者的内在构成。

1. 认同方的内在构成。意识形态认同直观地呈现为人对意识形态的认同，故人构成了主观认同方。不过，"历史中的决定性因素，归根结蒂是直接生活的生产和再生产"②。"一切社会变迁和政治变革的终极原因，不应当到人们的头脑中，到人们对永恒的真理和正义的日益增进的认识中去寻找，而应当到生产方式和交换方式的变更中去寻找。"③ 可见，生产方式发展的内在要求这种客观性力量，从根本上决定着意识形态生成存在的可能性、必要性、合法性；加之对意识形态的主观性认同是否合法有效，也取决于其是否与意识形态生产方式基础内在要求相一致，这表明，意识形态生产方式基础发展的内在要求，也是意识形态能否存在下去、是否具有合法性的裁决力量；而认同既然意味着对对象的肯定、同意、接受和确立，就此而言，生产方式发展的内在要求，也呈现为意

---

① ［瑞士］皮亚杰：《结构主义》，倪连生、王琳译，商务印书馆1996年版，第83页。
② 《马克思恩格斯选集》第4卷，人民出版社1995年版，第2页。
③ 《马克思恩格斯选集》第3卷，人民出版社1995年版，第740—741页。

第九章　历史唯物主义问题意识中的意识形态认同合法形态解蔽

识形态一种认同方。由于该认同方是一种客观法则，故是一种客观认同方。可见，意识形态认同方呈现为主、客观认同方两种形态。

2. 被认同方的内在构成。就事论事地看，意识形态呈现为直观的被认同方。由于"物质生活的生产方式制约着整个社会生活、政治生活和精神生活的过程。不是人们的意识决定人们的存在，相反，是人们的社会存在决定人们的意识"①。这决定了意识形态可认同性状况，取决于其生产方式基础的可认同性状况，从而在其生产方式基础可认同性状况得到评判之前，意识形态的可认同性状况就无法得到评判。可见，意识形态生产方式基础可认同性评判，是意识形态可认同性评判得以可能的前提，从而构成后一种评判的起点、基础和依据。这意味着后一种评判依赖于前一种评判，与前一种评判是一个不可分割的整体。这表明，被认同方除意识形态外，还是其生产方式基础，从而呈现为双重被认同方。

3. 认同关系的构成。该关系由上述认同方与被认同方间稳定的相互作用构成。（1）认同方对被认同方的认同关系呈现为两种类型：其一，主观性认同关系。受前述主观性认同方限定，意识形态认同呈现为人主观意向，对意识形态及其生产方式基础进行认同性评判的过程，由此生成的认同关系，就呈现为一种主观性认同关系。其二，客观性认同关系。受前述客观性认同方限定，意识形态认同呈现为生产方式发展内在要求对意识形态满足该要求状况，进行可认同性裁决的过程，由此生成的认同关系，就呈现为一种客观性认同关系。（2）被认同方对认同方的认同关系，呈现为作为被认同方的意识形态及其生产方式基础，运用其满足上述认同方的效率性价值性要求的机能作用于上述认同方，通过求取认同方的肯定，来获得其存在可能性、必要性、合法性，以按照其内在属性来塑造历史的关系过程。

结构既然是指"诸要素之间相对稳定的联结关系的总和"②，那么，意识形态认同上述构成要素，以及其稳定的相互关系结合在一起，就共同构成了意识形态认同的内在基本结构。

---

① 《马克思恩格斯选集》第 2 卷，人民出版社 1995 年版，第 32 页。
② 冯契主编：《哲学大辞典》（下），上海辞书出版社 2007 年版，第 950 页。

(二) 意识形态认同本质的历史唯物主义诠释

受意识形态认同结构上述构成要素及其关系约束,意识形态认同呈现出如下本质:

其一,前述主观性认同方的认同要求,在于评判意识形态价值属性,追寻合乎特定价值要求的意识形态;客观性认同方的认同要求,则在于评判意识形态效率属性,追寻合乎特定效率要求的意识形态。价值评判离不开效率评判的支撑,效率评判则是为价值评判服务的。这决定了意识形态认同的本质,在于评判意识形态及其生产方式基础的效率属性与价值属性的可认同性。

其二,前述主观性认同方,决定了意识形态认同具有服从人主观心理要求的属性,从而具有主观心理层面的本质。前述客观性认同方,决定了意识形态认同具有为生产方式基础内在要求所主导的属性,从而具有客观法则层面的本质。主观层面的本质以客观层面的本质为基础,客观层面的本质则服务于主观层面的本质。可见,意识形态认同具有主观性层面与客观性层面相统一的综合性本质。

其三,如前述,意识形态可被认同性评判,以意识形态生产方式基础可被认同性评判为前提、基础、起点和根据,从而与后者作为一个不可分割的整体而存在着。这决定了意识形态认同,既具有认同意识形态这一重本质,也具有认同意识形态生产方式基础这一重本质。其中,前一重本质以后一重本质为基础和根据,后一重本质以前一重本质为其外在表现形式,从而这二重本质是作为一个有机整体而存在的。

其四,如上述,任何既有意识形态面对生产力革命性发展,所必然呈现出的合法性缺陷,使得对意识任何形态顺应性认同失去可能性,相应地使得通过意识形态批判,揭示和祛除其非法内容、发现和建构其合法内容,成为肯定、接受和遵从一种意识形态的前提、基础和必要条件。这意味着意识形态批判,本来就是意识形态认同的一种特定形式;相应地,也使得意识形态认同的本质,依次呈现为批判性认同和顺应性认同两个前后相继的层级,其中,后者以前者为前提和基础;前者则服务于后者,以后者为目的和归宿。这样,意识形态认同的本质,就呈现为由

第九章　历史唯物主义问题意识中的意识形态认同合法形态解蔽

批判性认同与顺应性认同前后相继所构成的动态过程。

其五,"人们的社会存在决定人们的意识"① 这一客观法则,既决定了对作为被认同方的意识形态生产方式基础认同的本质,即对生产关系满足生产力发展要求的属性,以及对该属性驱动下的生产力发展状态的认同,也决定了对作为被认同方的意识形态认同的本质,即对其满足合法生产方式发展要求机能的认同。这意味着意识形态认同,本质上是围绕生产方式实现生产力最大限度发展的机能状况、进而围绕意识形态最大限度推动生产力发展的机能状况,而展开的可认同性状况评判活动。可见,意识形态认同的本质,既贯穿于认同什么对象的问题层面,也贯穿于认同对象什么属性的问题层面。

上述多层面本质的聚合,使意识形态认同整体本质呈现为:上述主客观二重认同方,基于追求生产力发展的效率性尺度和满足人价值要求的价值性尺度,批判地揭示和涤除意识形态及其生产方式基础的合法性缺陷,进而发现、建构、肯定和顺应二者合法性内容的过程;相应地,也是上述二重被认同方,通过其满足效率要求状况和实现人价值目标的状况,来赢得历史进步所贯穿的效率法则和价值法则肯定和接受,从而释放其对历史进程影响力的过程。从根本上来看,该过程本质上既是主客观力量,对意识形态及其生产方式基础满足生产力发展的效率性要求和满足价值性要求的机能状况评判的过程,也是意识形态及其生产方式的基础,通过其效率机能和价值机能,向历史客观法则和人的价值诉求,求证其存在的可能性,从而释放其对历史的影响力的过程。这意味着意识形态认同并非只是认同方单向裁定被认同方的过程,也是被认同方影响认同方的过程,从而是这两个过程的统一体。

(三) 意识形态认同取向的历史唯物主义诠释

从历史唯物主义视域看,意识形态认同具有如下基本内在取向:

其一,意识形态认同,受前述主观认同方约束,体现人主观意向,从而内在地具有主观性取向;受前述作为意识形态生产方式基础的客观

---

① 《马克思恩格斯选集》第 2 卷,人民出版社 1995 年版,第 32 页。

认同方约束，服从该基础发展的内在要求，内在地具有客观性取向。社会存在决定社会意识的法则，决定了主观性取向必然以客观性取向为前提和基础，客观性取向则通过主观性取向而起作用，这就使得意识形态认同具有主观性取向与客观性取向相统一的综合取向。

其二，如前述，生产力的革命性使得任何既有意识形态都存在着完善性缺陷。意识形态认同当然意味着对意识形态的肯定和顺应，但不可能肯定和顺应具有缺陷的意识形态。因此，肯定和顺应要得以可能，就必须揭示其既有缺陷，探索和发现既有缺陷得以克服的有效路径。而这则离不开对既有意识形态的批判超越。只有经过这种批判超越，意识形态才能合法化，具有被肯定接受和顺应的可能性。可见，意识形态批判，并非意味着对其的完全否定和背弃，而是对意识形态肯定和顺应的前提和基础，是对意识形态肯定和顺应的起点，从而是意识形态认同的特定形式。这决定了意识形态认同既具有顺应性取向，又具有批判性取向，且前者以后者为基础和起点，后者则以前者为归宿。这表明，意识形态认同具有批判性与顺应性相统一的综合性取向。

其三，"思想过程，归根到底是由人们的物质生活条件决定的"，而非"独立地发展的、仅仅服从自身规律的独立存在"[①]。这意味着对意识形态的认同评判，对其生产方式基础的认同评判具有根本依赖性取向。不过，意识形态生产方式基础最根本的内在取向是追求生产力发展的效率性取向，而意识形态除了具有由此所决定的效率性取向外，还具有前述价值性取向。意识形态与其生产方式基础性质的这种差异，决定了意识形态认同评判，对其生产方式基础认同评判不但不具有完全还原性取向，反而具有相对独立性取向。当然，相对独立性取向以上述根本依赖性取向为前提和基础，根本依赖性取向也渗透于相对独立性取向之中。可见，意识形态认同具有相对独立性与根本依赖性相统一的取向。

其四，上述客观性认同方发展生产力的内在要求，决定了意识形态认同具有效率性取向。上述主观性认同方对特定价值目标的追求，决定了意识形态认同具有价值性取向。价值性取向只能以效率性取向为基础，

---

① 《马克思恩格斯选集》第4卷，人民出版社1995年版，第726页。

效率性取向最终服务于价值性取向。可见,意识形态认同具有价值性与效率性相统一的内在取向。

五 历史唯物主义问题意识中的意识形态认同合法形态解蔽

意识形态认同是内在约束项限定下的活动,内在约束项构成了理解意识形态认同合法形态的基本框架。基于前述分析揭示的该内在约束项的基本内容,从前述历史唯物主义问题意识来看,意识形态认同合法形态,呈现为由如下多层内容构成的复杂整体:

其一,如前述,意识形态认同方呈现为主观认同方和客观认同方。前者执行着人主观意向对意识形态的认同评判,使认同呈现为一种服务服从于人价值追求的过程,绽现着认同的属人性;后者作为生产方式内在要求,实施着历史客观法则对意识形态的认同裁决,体现着意识形态认同宏阔的历史属性、森严的客观法度,阻遏意识形态认同滑向相对主义、心理主义和机会主义。显然,主观认同要求以客观认同要求为基础,客观认同要求依赖于主观认同要求来获得其价值归宿。这表明,意识形态合法认同形态之一,并非像既有研究理解的那样,仅呈现为主观性认同形态,而是呈现为主观性认同与客观性认同的统一体。

其二,如前述,意识形态被认同方呈现为意识形态及其生产方式基础两个层面。后者对前者的前提和基础地位,决定了意识形态认同的完整形态,超出了对意识形态认同的范围,绽现到对意识形态生产方式基础可认同性评判层面,从而使意识形态认同若仅局限于对意识形态进行认同评判,就无法完成。前者既是生产方式内在效率要求的反映又是人内在价值要求的表达这一事实,决定了它对后者具有相对独立性,决定了意识形态的认同评判,尽管要以对意识形态生产方式基础的认同评判为前提和基础,但也必然以对意识形态价值属性的可认同性评判为归宿。这决定了意识形态合法认同形态之一,既以对意识形态生产方式基础可认同性评判为起点,以意识形态可认同性评判为终点的过程,也呈现为由对意识形态生产方式基础的认同评判,与基于此的对意识形态的认同评判这样两个前后相继的环节所构成的整体。对意识形态认同合法形态的这种把握，避免了既有研究局限于常识层面，就事论事地把意识形态认同仅理解为对意识形态的认同，所导致的把其片面化、浅表化、直观化、狭隘化、静态化缺陷，以及由此所引起的对意识形态的认同评判失去客观有效性、彻底性和完整性的消极后果。

其三，如前述，意识形态认同取向呈现为顺应性、批判性两种取向。对后一取向而言，它是前一取向的前提和基础，揭示着前一取向的可能性、必要性和合法性，从而使意识形态顺应性被认同方，呈现为一种被揭示被发现的结果，而非既有现成对象。这意味着任何孤立纯粹的顺应性认同，都必然是独断的朴素的，从而顺应性认同只能呈现为一种根本地依赖于批判性认同的次生性、继起性认同形态，而非一种独立的原生性、初始性认同形态。对前一取向而言，它在依赖于后一取向而得以展开的同时，也在肯定、固化和确证着后一取向的认同结果，从而使顺应性认同呈现为批判性认同的完成形态。这意味着任何批判性认同，终究都服务、归宿于顺应性认同。两种取向间上述关系，决定了意识形态合法认同形态之一，是为批判性认同与顺应性认同的统一体。

其四，意识形态合法认同作为前述批判性认同与顺应性认同的统一体，决定了有效认同的被认同方，并非直观的现成的和完全独立、外在于认同方的，而是在一定程度上呈现为认同方批判性发现的产物，从而一定程度上内蕴于认同方分析框架的品质和逻辑中。毕竟，"科学发展的任何阶段，我们都是以某种类似于理论、假说、先入之见或者以某种方式指导着我们观察问题的事物开始的"①。这意味着认同评判结论并非只是被认同方属性的绽现，也是认同方认同评判所依赖框架科学性状况的绽现。但认同评判结论未必具有普遍有效的合法性，这种合法性要得到必要保障，就须对认同评判本身进行合法性批判。既然如此，那就决定了意识形态合法认同基本形态之一，是为意识形态认同评判与意识形态认同评判批判的统一体。对该统一体而言，前者合法性的或然性赋予了后者存在的必要性；后者则通过对前者合法性的守护，阻遏着对意识形

---

① [法]让·博杜安：《卡尔·波普》，吕一民等译，商务印书馆2004年版，第30页。

第九章　历史唯物主义问题意识中的意识形态认同合法形态解蔽

态认同的把握，陷入前述非反思的自然主义谬误之中。

其五，如前述，意识形态认同取向，呈现为效率性取向与价值性取向的统一体。前一取向保障着意识形态认同运行于生产方式内在效率要求的向度中，阻遏着其陷入受纯主观意向支配的误区；后一取向保障着意识形态认同运行于人主观价值要求的向度中，阻遏着其陷入纯粹为盲目必然性所宰制的误区。显然，后一取向只有以前一取向为基础，才具有客观有效性；前一取向只有服务于后一取向，才能为人接受和服从。这决定了意识形态合法认同形态之一，呈现为效率取向的认同与价值取向的认同的统一体。

其六，如前述，意识形态认同的本质是对意识形态及其生产方式基础实现生产力发展和人解放的机能的认同。意识形态认同的关键并不在于认同何种意识形态及其相应生产方式基础，而在于所认同的意识形态及其生产方式基础是否具有上述机能。一种意识形态及其生产方式基础并不必然具有该机能，故意识形态认同评判，决不能局限于其内容而忽视其上述机能状况。显然，其上述机能和其内容是作为一个有机整体而存在的。这决定了意识形态合法认同基本形态之一，既呈现为对意识形态及其生产方式基础内容的认同，也呈现为对意识形态及其生产方式基础上述机能的认同，从而呈现为内容认同与机能认同的统一体。

意识形态合法认同上述不同形态结合在一起，共同构成意识形态合法认同基本形态。

六　结语

其一，意识形态认同既然并非既有研究理解的那样，只是意识形态与评判意识形态的主观意向这二者关系限度内的问题，无论是认同方还是被认同方，都必然由意识形态生产方式基础作为其基本内容，从而呈现为一个涵盖生产方式内在要求这样的历史法则层面的问题。那么，关于意识形态认同的认识和实践，就须摆脱前述既有研究那种因局限于意识形态及其主观认同方，而呈现出的就事论事的狭隘的直观性的问题视野，以及心理主义的问题意识，转而在历史唯物主义问题意识高度，来运营关于该问题的认识和实践，以确保其彻底性、完整性和合法性。

其二，意识形态认同的本质，既然是对其促进生产力发展和人解放机能的认同，那就意味着不从根本上改进意识形态上述机能，而是像既有研究那样满足于通过策略性技术性努力，提升人对意识形态认同度。那么，这种对意识形态认同的追求，就是无效的，难免不延误阻障意识形态认同度的根本有效提升，势必把这种追求导入机会主义泥沼，沦失意识形态得以被认同的根本基础，从而以捍卫意识形态的方式，摧毁其所捍卫的意识形态。

其三，批判性认同既然是由生产力发展要求决定的意识形态缺陷得以被发现和涤除、意识形态合法内容得以绽现的必要条件，从而既然是意识形态顺应性认同得以可能的前提和意识形态认同的特殊形式；进而意识形态认同既然呈现为由批判性认同和顺应性认同这样两个前后相继的内在环节构成的整体，而非仅呈现为既有研究主张的单一顺应性认同。那么，意识形态认同的认识和实践对批判性认同的开放包容的程度，不但决定着意识形态认同的历史有效性，也决定着意识形态生机的持久性和命运的安全性。就此而言，拒绝批判性认同，仅强调顺应性认同，似在捍卫意识形态，实为以遮蔽其缺陷的方式摧毁它。

其四，不同生产方式间的竞争性和替代性，决定了与之对应的不同意识形态间的斗争、对抗。这种斗争、对抗对意识形态而言，无疑是外在否定性的，即是一种外在置换取向的活动。意识形态批判性认同，本质上是意识形态的内在反思性活动，即是意识形态的一种内在改造取向的活动，目的在于实现意识形态促进生产力发展和人解放机能的不断提升。故不能把意识形态批判性认同，混同于一般意识形态斗争，更不能碍于后者而拒绝意识形态批判性认同。

第三编

科学批判确当性的哲学反思

第十章　由非前提性批判走向前提性批判：科学规范批判合法形态解析

论者们对由"普遍主义、公有主义、非谋利性以及有组织的怀疑主义""四种制度上的必须规范"① 构成的默顿规范合法性的多向度既有批判，尽管不乏深刻和敏锐之论，但迄今尚未呈现出反思批判有效性的问题意识，从而使批判难免不陷入盲目性和无效性困境。其结果，势必会阻障科学规范根本合法形态的解蔽、绽现和在场，最终延误科学的健康发展。这决定了揭示默顿规范，进而揭示一般科学规范批判的根本有效形态，已成为一项迫切的理论课题。

一　默顿规范的前提及其本质

1. 默顿规范的前提

任何科学规范终究是特定科学的规范，科学是怎样的，其所要求的规范就是怎样的；科学不同，其所要求的规范就不同。例如，实证主义的科学形态要求任何科学命题的意义，都"完全依存于给与的证实"②，"经验证实原则"是科学据以确立的最根本的原则。功利主义科学形态则要求科学活动"把新的发现和新的力量惠赠给人类生活"③。可见，任何科学规范总是统一于特定科学而生成和存在的。科学规范对科学的这种根本依赖性，决定了科学构成了科学规范的直接前提。

---

① [美] R. K. 默顿：《科学社会学》（上册），鲁旭东、林聚任译，商务印书馆2010年版，第365页。
② 洪谦编：《现代西方哲学论著选辑》（上册），商务印书馆1993年版，第437页。
③ [英] 培根：《新工具》，商务印书馆1984年版，第58页。

| 前提批判的内在逻辑及其多维展开

　　科学终究是人建构起来的，人总是基于科学观来建构科学的。科学观根本地规定着科学活动，使其按照"对自然科学的对象、性质、体系结构、方法、发展规律、社会功能以及与其他社会意识形式的关系等基本问题的总的根本的认识"① 来运行，从而呈现为科学的直接前提。科学观是怎样的，基于该科学观可能建构起来的科学就是怎样的。例如，逻辑实证主义科学观认为，科学本质上是纯粹客观的，是纯粹的客观事实或外在世界的逻辑，"是某种超出人类或高于人类的本质，成为一种自我存在的实体，或者被当作是一种脱离了它赖以产生和发展的人类的状况、需要和利益的母体的——事物"②。这意味着基于这种逻辑实证主义科学观生成的科学，就不可能呈现为一种具有人文属性的科学形态。

　　科学观既然是科学的前提；科学既然是科学规范的前提，那么，科学观自然也就是科学规范的前提。这样，默顿规范、进而一般科学规范就分别具有科学、科学观这样的直接与间接的双层前提。

　　双层前提既非完全重复关系，也非纯粹二元性关系。由于科学以科学观为前提，科学观渗透于科学中，故双层前提无疑具有连贯性和统一性。但科学观和科学毕竟具有异质性，前者是关于如何认识实在的理论根据，后者则是关于实在的具体认识，故二者相互关联又具有一定独立性，不能相互代替、归结。

　　2. 默顿规范所服膺前提的本质

　　默顿认为，科学"所指是诸多不同的、尽管是相关的事项。它通常被用来指：（1）一组特定的方法，知识就是用这组方法证实的；（2）通过应用这些方法所获得的一些积累性知识；（3）一组支配所谓的科学活动的文化价值和惯例；（4）上述任何方面的组合。在这里，作为准备，我们要考虑科学的文化结构，即科学作为一种制度的一个有限的方面"③。

---

① 中国大百科全书编辑委员会：《中国大百科全书》（哲学卷），中国大百科全书出版社1987年版，第1261页。
② M. W. 瓦托夫斯基：《科学思想的概念基础——科学哲学导论》，求实出版社1982年版，第29页。
③ ［美］R. K. 默顿：《科学社会学》（上册），鲁旭东、林聚任译，商务印书馆2010年版，第362—363页。

第十章 由非前提性批判走向前提性批判：科学规范批判合法形态解析

由于默顿所主张的科学，是基于其科学观形成的，默顿规范上述双层前提的本质，可通过默顿关于科学的上述界定探明。

先来看默顿前述科学定义所体现的科学的本质。第一层定义判定科学是"一组特定的方法，知识就是用这组方法证实的"。这就是说，科学本质上是一种求知工具。第二层含义，即"通过应用这些方法所获得的一些积累性知识"。这即判定科学的本质是被证实的积累性知识。第三层含义，即"一组支配所谓的科学活动的文化价值和惯例"。显然，该层定义把支配科学的规范误作了科学本身，逻辑混乱。第四层含义即"上述任何方面的组合"。不难发现，上述四层定义中，前两层定义直接间接地都把科学本质理解为知识，第三层定义则与科学内在本质无关，第四层含义并未揭示科学新的属性，故其所谓科学只不过是一种运用特定方法和规范而生成和得到确证的知识。这样，其所谓科学的本质就取决于其所谓"知识"的本质。默顿认为，"知识是经验上被证实的和逻辑上一致的规律（实际是预言）的陈述"①。可见，其知识本质上是实证主义形态的知识。这就决定了其所主张的科学的本质，也就只能是实证主义取向的科学。

再来看默顿前述科学定义所体现的科学观的本质。如前述，默顿的科学定义，把科学的本质判定为知识。这样，默顿科学观的本质就取决于其"知识观"的本质。前文考察显示默顿所谓"知识"是一种实证主义取向的知识，而其对知识的理解是受其知识观限定的，内在地渗透着其知识观，那就表明，其"知识观"本质上是一种实证主义的"知识观"。而其主张的科学既然是由"知识观"所主张的"知识"定义的，那就表明，其科学观是实证主义取向的科学观。有论者与此持论相同。他指出，默顿关于科学的上述定义中"'一套特定的方法'就是指逻辑一致和经验证据；默顿还极力排斥个人和社会因素在科学研究中的作用：'无论是把一些主张划归在科学之列，还是排斥在科学之外，并不依赖于这些主张的人的个人或社会属性。'②上述引文中所讲的'知识的证实'

---

① ［美］R. K. 默顿：《科学社会学》（上册），鲁旭东、林聚任译，商务印书馆 2010 年版，第 365 页。

② 同上。

'积累性的知识',经验证据、逻辑一致,以及否定个人和社会因素对科学知识的影响,正是标准的逻辑实证主义的科学观的核心因素。"①

默顿规范的双层前提即默顿科学规范所渗透、内蕴和服膺的科学和科学观,既然都以实证主义为其根本取向,那就表明,默顿规范的前提,本质上是一种实证主义取向的前提。

二 默顿科学规范既有批判的具体形态、本质及其缺陷

(一)既有批判的具体形态与本质

默顿规范迄今所遭遇的批判,主要呈现为如下具体形态:

其一,对其可认同性的质疑。一论者对以色列250名科学家关于默顿规范认同状况一项调查结果显示:科学家对默顿规范不同条目认同度显著不同②。不过,科学家们并未质疑默顿规范所依赖的前述实证主义取向的双层前提合理性状况,仅就事论事地评判默顿规范本身合理性状况。

其二,对其有效性的质疑。有论者指出:"各种证据指出,与科学的精神气质体现的理想状态的背离,是广泛存在的。"③"对于个人和共同体,科学规范都很难做到。"④ 显然,这种质疑并未涉及默顿规范所依赖的前述实证主义取向的双层前提合理性状况,而只是质疑其实际有效性。

其三,对其作为科学规范的唯一性的质疑。有论者认为,默顿规范的反规范即与"普遍主义"对应的"特殊主义"、与"公有性"对应的"个人性"、与"无私利性"对应的"私利性"、与"有组织的怀疑"对应的"有组织的教条主义"⑤ 等规范也有助于科学发展。这种对默顿规范

---

① 宋芝业、王彦雨:《评述学界对默顿规范的多维度质疑》,《自然辩证法研究》2010年第4期。
② The New Code of Scientists, Nina Toren, *IEEE Transactions on Engineering Management*, Vol. EM-27, No. 3, August 1980.
③ [美] J. 加斯顿:《科学的社会运行》,顾昕译,光明日报出版社1988年版,第224页。
④ [英] 约翰·齐曼:《真科学——它是什么,它指什么》,上海科学技术教育出版社2002年版,第41页。
⑤ Ian I. Mitroff, Norms and Counter-Norms in a Select Group of the Apollo Moon Scientists: A Case Study of the Ambivalence of Scientists, *American Sociological Review*, Vol. 39, No. 4 (Aug, 1974): 592.

第十章 由非前提性批判走向前提性批判：科学规范批判合法形态解析

作为科学规范的唯一性的批判，亦未批判其所依赖的前述实证主义取向的双层前提合理性状况。

其四，对其完备性的质疑。认为默顿规范不充分，应追加"理性原则""情感中立原则"①；认为默顿规范仅反映了精英科学家、未反映普通科学家的科学精神："我们不仅应从伟大科学家观念态度中，也应从整个科学共同体中所存在的各类行为和复杂态度中提炼出科学的制度性规范。"② 显然，该批判仍未指向默顿规范所依赖的前述实证主义取向的双层前提的合法性状况。

其五，对其作为科学规范独特性的质疑。有论者指出："怀疑主义""不是科学所独有的，因此它不能成为科学的规范。"③ "公有性和无私利性这两个道德不仅限于科学"，它们"与人们日常行为相关联"④。显然，该批判仍未指向默顿规范所依赖的前述实证主义取向的双层前提的合法性。

前述分析既然显示，默顿规范既有批判各具体形态，都只是关于默顿规范具体内容不同方面合法性状况的批判，而非关于默顿规范所依赖的前述实证主义取向的双层前提合法性状况的批判。这表明，默顿规范合法性状况的既有批判，本质上是一种非前提性批判或前提内批判，而非前提性批判。

（二）默顿规范既有非前提性批判的缺陷

其一，批判的非充分有效性。前提即事物生成存在和发展的先决条件与根据。它规定着事物生成存在和发展的性质、内容、方向和状况。前提的这种本质，决定了在未通过批判确定科学规范所依赖前提是怎样的情形下，就无法确定科学规范的内容是怎样的；决定了在未弄清科学规范所依赖前提合法性的情形下，就不可能知道科学规范本身合法形态

---

① ［美］伊安·巴伯：《科学与社会秩序》，顾昕等译，生活·读书·新知三联书店1991年版，第102页。
② ［英］迈克尔·马尔凯：《科学与知识社会学》，顾昕译，东方出版社2001年版，第69页。
③ ［美］J. 加斯顿：《科学的社会运行》，顾昕译，光明日报出版社1988年版，第221页。
④ ［美］伯纳德·巴伯：《科学与社会秩序》，顾昕译，生活·读书·新知三联书店1991年版，第110页。

是怎样的。这意味着离开对科学规范所依赖前提合法形态的探索、离开科学规范所依赖前提合法性状况的评判,而对科学规范所做的任何评判,都必然是无根据的,从而就必然是无效的和非法的。

其二,批判的保守性和不彻底性。事物整体内容根本性质是由其前提决定的。只有立足于事物赖以确立的前提,才能弄清楚其完整内容的界限和其根本性质的类型,进而也才能对其内容和性质的合法性状况做出评判。这决定了默顿规范批判要具有彻底性,就必须其整体内容和根本性质的确立所依赖的基本前提。前述分析既然显示,默顿规范既有批判本质上是一种非前提批判,那么,就意味着对默顿规范的既有批判,既不能把握其内容的完整性状况和根本性质归属的状况,也不能透彻地把握其完整内容和根本性质合法性状况,从而其对默顿规范的批判,就必然是保守和不彻底的。

其三,批判的错位性。20世纪90年代,西方学界爆发的"新"科学论与传统科学观的大论战中,"新"科学论主张者注重科学中的人为因素,强调科学是社会建构的结果。传统科学观的坚持者,则强调科学知识的客观真理性以及科学发现过程的客观性、经验性。[1] 该论战表明,并不存在普遍同一的科学观。学界关于后现代科学的研究形成的"互补性科学"与"实证主义科学"的冲突,[2] 也绽现了科学观的歧异性。可见,默顿上述实证主义科学观,不过是多样性科学观中的一种具体形态而非科学观的唯一或一般形态。既然如此,那么,这就意味着与默顿上述科学观相对应的默顿规范,也就只是科学规范可能形态之一而非唯一可能形态;只是其一种特殊形态而非其一般形态。这决定了默顿规范批判的根本意义并不只在于批判默顿规范本身,而主要在于通过这种批判,揭示科学规范一般合法形态。然而,默顿规范既有批判局限于批判默顿规范合法性,忽视了对科学规范一般合法形态的揭示,陷入就事论事的批

---

[1] Jay A Labinger, Harry Collins, *The One Culture?: A Conversation about Science*, [C] Chicago: The University of Chicago Press, 2001 5, ix, pp. 296 – 297.

[2] [美]威利斯·W.哈曼:《后现代的异端:作为原因的意识》,载[美]大卫·雷·格里芬《后现代科学——科学魅力的再现》,马季方译,中央编译出版社1998年版,第170—171页。

第十章　由非前提性批判走向前提性批判：科学规范批判合法形态解析

判状态，使批判因定位错位而沦失了其根本使命，使批判意义大打折扣，阻障了科学规范一般合法形态的绽现。

其四，批判的盲目性、独断性和片面性。既有批判非前提批判的本质，决定了它不可能揭示一般科学规范的合法前提，进而决定了这种批判是一种无合法前提作为基础和根据，而展开的关于科学规范合法性的批判。这意味着这种批判必然是独断、盲目、片面的。例如，一些批判认为默顿规范的内容缺乏完备性，应追加"理性原则""情感中立原则"[①]等内容。对默顿规范完备性状况的这种既有批判，并不具有前提批判意识，并未揭示科学规范合法前提，这使得其对默顿规范完备性状况的批判缺乏前提性根据，从而只能呈现为一种盲目、独断、片面的批判，难免不具有主观偏好性和意识形态色彩。

其五，科学性批判而非哲学性批判。理论批判呈现为哲学性批判和科学性批判。前者着力于揭示理论的合法前提；后者着力于考察理论对既确立前提统一性状况。前者对理论前提具有直接更新扬弃功能，从而能促成新理论生成和既有理论品质的提升；后者只能把既有前提内蕴的理论可能性挖掘出来，而不能绽现出既有前提之外的新理论。默顿规范既有非前提批判的本质，决定了它只是后者而非前者，从而也就决定了它不能通过对一般科学规范合法前提的绽现，来揭示科学新的合法规范、促成科学规范品质的提升，更不能促成科学和科学观的革命性变革、自然也就不可能孕育出新的合法形态的科学和科学观。

其六，对默顿规范错误前提的掩盖。如前述，默顿规范的前提，本质上是一种由实证主义取向的科学和科学观构成的双层前提。构成默顿规范前提的这种实证主义取向的科学和科学观，在思想家们看来，存在着诸多缺陷。胡塞尔指出，"实证主义将科学的理念还原为纯粹事实的科学。科学的'危机'表现为科学丧失其对生活的意义"[②]。"现代人的整个世界观唯一受实证科学的支配，并且唯一被科学所造成的'繁荣'

[①] ［美］伯纳德·巴伯：《科学与社会秩序》，顾昕译，生活·读书·新知三联书店1991年版，第102页。
[②] ［德］胡塞尔：《欧洲科学的危机与超越论的现象学》，王炳文译，商务印书馆2001年版，第17页。

所迷惑，这种唯一性意味着人们以冷漠的态度避开了对真正的人性具有决定意义的问题。单纯注重事实的科学，造就注重事实的人。"① 这就是说，实证主义科学观使科学呈现为与生活意义无关的纯粹事实，必然导致人性的扭曲。霍克海默则指出："甚至在进行认识的个人有意识地从理论上阐述被知觉的事实以前，这个事实就由人类的观念和概念共同规定好了。"② "感官显现给我们的事实通过两种方式成为社会的东西：通过被知觉对象的历史特性和通过知觉器官的历史特性，这两者不仅仅是自然的因素，它们是由人类活动塑造的东西。"③ 因此，"就知觉给予的客观实在被认作原则上应该由人类控制的产物，或至少将来会实际上由人类控制的产物而言，这些事实失去了纯粹事实的特征"④。实证主义科学观主张的纯粹事实的这种虚幻性，决定了实证主义取向的科学合法性的危机。库恩认为："在科学中，我们把主观态度同客观需要结合起来，例如，把美的喜悦同需要的合理性结合起来。我们把美丽同实用结合起来。"⑤ 库恩这种主张科学具有主观性和价值性属性的观点，也反证着实证主义科学观把科学仅看成是关于纯粹事实性内容的知识，是片面的。思想家们尽管揭示了作为默顿规范前提的实证主义科学和科学观所存在的上述诸多缺陷，然而，默顿规范既有批判既然呈现为一种非前提批判取向的批判，那么，这就决定了它不但不能揭示默顿规范前提的上述诸多缺陷，反而会掩盖上述缺陷，从而陷入以批判默顿规范缺陷的方式，固化由其错误前提所决定的其更根本的缺陷这种更严重的错误之中。

默顿规范既有非前提批判既然具有上述诸层缺陷，那就意味着科学规范批判必须超越既有非前提性批判，走向新的批判形态。

---

① ［德］胡塞尔：《欧洲科学的危机与超越论的现象学》，王炳文译，商务印书馆2001年版，第18页。
② ［德］霍克海默：《批判理论》，张小兵译，重庆出版社1989年版，第192页。
③ 同上。
④ 同上书，第200页。
⑤ 转引自［美］M. W. 瓦托夫斯基《科学思想的概念基础》，求实出版社1982年版，第551页。

第十章　由非前提性批判走向前提性批判：科学规范批判合法形态解析

三　默顿规范合法批判的前提：由非前提性批判走向前提性批判

既有非前提性批判上述缺陷，决定了默顿规范批判只有置于合法前提下，才可能具有合法性。

（一）科学规范、科学、科学观间的关系

默顿规范作为科学规范，终究是特定科学形态要求的规范，而特定科学形态则受特定科学观辖制，故要揭示默顿规范批判的合法前提，就必须弄清楚科学规范、科学和科学观间的关系。

1. 科学规范与科学的关系。对科学规范和科学而言，一方面，前者总是适应后者要求而生成存在的，在根本上为后者所约束，后者则构成了前者的前提条件。后者是怎样的，其所要求的前者就是怎样的。前者本质上是后者借以存在发展的工具，其存在的必要性、可能性和全部意义，由其满足后者存在发展要求的功能状况决定，从而与后者间本质上是服从与被服从关系；另一方面，后者存在发展也依赖并通过与其要求相统一的前者的支撑、规导来实现，因此，前者是怎样的，后者存在发展状况一定程度上也就相应地是怎样的，后者存在发展状况一定程度上呈现为前者间接存在形式和前者合法性状况的标志。

2. 科学与科学观的关系。科学观作为"对自然科学的性质、理论结构、方法、基本概念、成长条件、发展规律、社会历史作用以及与其他社会意识形式的关系等的总看法"[①]，构成了科学由以生成的前提，规定着科学的性质、内容、发展方向和存在状态，相应地，其真理性状况也直接决定着科学的真理性状况；而科学则由科学观衍生而来，在根本上统一于科学观，使科学观所内蕴的科学形态得以现实化，从而构成了科学观的间接存在形式，而其合法性状况也就构成了科学观合法性状况的间接标志。

---

① 李淮春主编：《马克思主义哲学全书》，中国人民大学出版社1996年版，第886页。

3. 科学规范与科学观的关系。科学构成了科学规范的前提，科学观构成了科学的前提，那就表明，科学规范中经科学而对科学观具有根本依赖性；相应地，科学观中经科学而构成了科学规范的前提，从而科学规范也总是基于科学观这一前提而生成的，为科学观及其所支撑的科学服务的。因此，有怎样的科学观，就有怎样的科学，进而也就有怎样的科学规范。当然，科学规范也通过对科学的规范，驱动科学观基本精神转化为具体科学形态，使科学观所要求的科学形态得以现实化。这意味着科学观内在要求的满足，在一定程度上依赖于相应科学规范。

上述分析既然显示，科学构成了科学规范的前提，而科学观构成了科学的前提，从而科学观中经科学，也构成为科学规范的前提，这既表明科学观、科学、科学规范是一个内在统一的整体，也表明科学规范具有科学和科学观这样递进性的双层前提。

（二）由非前提性批判走向前提性批判：默顿规范合法批判的前提

科学和科学观既然构成了科学规范递进性双层前提，那就可断定，一方面，科学规范与科学和科学观是作为一个统一整体而存在着的；另一方面，科学规范的合法性状况在根本上统一于科学和科学观合法性状况。这意味着离开对科学和科学观合法性状况的批判，孤立地批判科学规范本身的合法性状况，这种批判不但无法确认科学规范与作为其前提的科学与科学观的统一性状况，从而无法评判由这种统一性状况决定的其合法性状况，而且也必然因为对科学规范上述双层前提合法性状况未加审查、从而对科学规范合法性状况处于无知状况的情形下，而评判科学规范本身的合法性状况，以至于使得这种评判，因无前提性根据和基础，而不具有充分有效性和彻底性。这决定了要确保默顿规范批判的合法性、有效性和彻底性，就必须由既有非前提性批判向前提性批判转换，从而这种转换、进而在前提性批判的前提下批判默顿规范，就成为默顿规范合法批判的前提。

第十章　由非前提性批判走向前提性批判：科学规范批判合法形态解析

四　从默顿规范既有批判局限性看一般科学规范批判的合法形态

默顿规范既有批判既然缺乏有效性，那么，反思默顿规范既有批判局限性，揭示一般科学规范批判的合法形态，就成为默顿规范批判、进而成为一般科学规范合法性批判的根本使命。

如前述，默顿规范既有批判的根本局限性，在于其是一种非前提性批判。鉴于此，可断定，一般科学规范批判的合法形态，至少须呈现为一种前提性批判。不过，前提作为事物发生或发展的先决条件，是"在推理上可以从它推出另一个判断来的判断"①，是一种被肯定为接受结论的根据或理由。它若具有合法性，由它推出的结论可能具有却并不必然具有合法性。毕竟，结论是人从前提推出的，前提若为真，人的理性却未必能确保人从中合法地推出为真结论。因此，一般科学规范批判的合法形态，在须呈现为前提批判取向的批判的同时，也须批判作为由合法前提所推出结论的一般科学规范，与其合法前提一致性状况。当然，由于前提并不能替代结论，前提合法并不意味着结论合法，与前提一致的结论也就未必具有充分的合法性和完备性，故一般科学规范批判的合法形态，在须满足上述条件的同时，还须进一步批判一般科学规范本身合法性状况。这样一来，一般科学规范批判的合法形态，就呈现为基于对一般科学规范前提合法性批判，而展开的关于一般科学规范合法性状况的批判。这就是说，一般科学规范批判的合法形态，既是贯穿着前提批判逻辑的批判，又是指向一般科学规范合法性状况的前提批判。综括上述内容，一般科学规范合法性批判的合法形态，就可概括为"前提批判取向的科学规范批判"。具体来看，它至少须由如下几层内容构成：

其一，批判科学规范既有前提合法性状况，揭示其合法前提。承前分析可知，科学规范依赖的前提，呈现为科学和科学观两个递进性层级。前者为直接前提；后者为间接前提。直接前提尽管统一于间接前提，但

---

① 彭漪涟、马钦荣主编：《逻辑学大辞典》，上海辞书出版社2010年版，第338页。

它毕竟是人依据间接前提建构起来的，人理性的局限性使得它未必彻底地统一于间接前提；再者，人理性的局限性，也决定了这两个层级的既有前提未必合法。这一切，决定了一般科学规范前提批判的合法形态的批判使命就依次在于：分别揭示科学规范上述两层级的既有前提；评判既有前提合法性状况；依次揭示合法形态的科学观，进而基于此揭示科学合法形态，从而确立科学规范合法的直接、间接前提。

其二，科学规范与其合法前提统一性状况批判。前一层批判既然揭示了科学规范直接、间接双层合法前提，那么，科学规范合法批判接下来的任务，就是审视科学规范对其直接、间接双层合法前提统一性状况，以确保其全部内容根本契合于其直接、间接双层合法前提的内在要求。需要看到，直接前提尽管统一于间接前提，但科学规范却毕竟直接受直接前提约束；加之科学、科学观毕竟具有异质性，所以，对科学规范与其间接前提统一性状况的批判，并不能代替对其与其直接前提合法性状况的批判。

其三，科学规范合法性的批判。继上述批判之后，科学规范合法批判接下来的使命，就逻辑地呈现为对科学规范本身合法性的批判。这种批判的必要性在于：①科学规范具有合法前提，仅意味着其具有合法性的可能，并不意味着其一定具有合法性。毕竟，前件为真，并不意味着后件必然为真。②科学规范即使统一于其合法前提，即前件为真，后件亦为真，并不意味着后件是完备和健全的。这种批判的基本方式，即揭示既有科学规范与其双层合法前提统一性状况，进而基于其双层合法前提内在要求和基本精神，评判其健全性、完善性状况。

其四，科学规范合法形态的建构。批判的本质就在于去旧布新。科学规范既有形态合法状况审视完成后，接下来的工作即揭示有效避免了既有规范缺陷的合法新规范。对科学规范新的合法形态的这种揭示和建构的实质，就在于领悟前述批判所揭示的科学规范双层合法前提的内在要求，把其所内蕴的关于合法科学活动健康发展所必需的基本规则揭示出来，从而使科学规范双层合法前提的基本精神，间接地作为科学合法规范而存在。

其五，科学规范驱动科学健康发展效能合法性状况的批判。科学规

第十章 由非前提性批判走向前提性批判：科学规范批判合法形态解析

范存在的根本必要性就在于充分有效地驱动科学健康发展。因此，继上述批判之后，科学规范合法批判接下来的使命，是审查主观建构起的科学规范驱动科学健康发展效能合法性状况。具体来看，科学规范效能合法性状况，呈现为其效能的质和量的合法性状况。其效能的质的合法性问题的实质，即科学规范是否具有保障科学活动运行于合法形态的效能；其效能的量的合法性问题的实质，即科学规范是否具有保障科学活动在合法形态中充分有效发展的效能。相应地，科学规范效能合法性批判，就呈现为质和量的合法性状况批判两个环节。由于效能是科学规范存在过程、意义和影响力的最后形态，故效能合法性批判，就构成了科学规范合法批判的最后一个层级的内容和根本落脚点。

上述各层级批判既前后承接，又相互不能替代，因此科学规范合法批判，就呈现为由对科学规范前提合法性的批判、对科学规范与其合法前提一致性状况的批判、对科学规范本身内容合法性状况的批判、对科学规范合法形态的建构、对科学规范效能合法性状况的批判等五层内容构成的批判整体。

五 结语

其一，对默顿规范批判的态度，体现了对科学和科学观的态度。对默顿规范非前提批判取向的批判态度，意味着认为科学和科学观具有天然合法性，从而对科学和科学观的态度就是保守、非批判、独断的。这不但使默顿规范、进而使一般科学规范难以实现革命性改进提升，也势必使科学和科学观陷于凝滞。反之，对默顿规范前提批判取向的批判态度，意味着认为科学和科学观并非天然合法的，其合法性状况是历史、具体、有待审视的。这就使科学和科学观革命成为可能。显然，这两种不同态度，既决定了默顿规范、进而决定了一般科学规范不同的命运，也决定了科学和科学观的不同命运。故促使默顿规范批判由非前提批判走向前提批判，本质上既是对科学规范得以具有合法性的基本条件的构筑，也是对科学和科学观革命性演进的可能性的捍卫。

其二，默顿规范、进而一般科学规范既然总是依赖于特定科学和科学观而生成确立的,从而总是与特定的科学和科学观作为一个整体而存在着,那么,这就意味着默顿规范批判、进而一般科学规范批判的本质,并不只在于对如此规范的批判,更主要的在于对支撑如此规范的科学和科学观的批判。因此,默顿规范批判、进而一般科学规范批判并不能在如此规范批判的限度内得以彻底完成;而如此规范批判的彻底完成,意味着其合法性得到确证的新的科学和科学观得到确立,相应地,也就意味着其合法性得到确证的新的科学规范得到确立。

其三,受批判者本身的知识结构、价值立场、社会生活和科学实践体验等因素约束,对默顿规范、进而对一般科学规范合法性的前提批判取向的批判,在不同批判者那里未必会形成一致结论和普遍共识。而任何批判者都不能垄断真理,故科学规范及其不同前提批判,须以相互开放、对话的姿态来进行。

其四,对默顿规范、进而对一般科学规范合法性的前提批判取向的批判,无论逻辑上多么严密、理论上多透彻,终究只是一种理论形态的批判,而非实践形态的批判,从而就并非一种终极有效形态的批判。终极有效形态的批判,只能是科学实践、进而是整体社会实践和整体社会历史进程,对默顿规范、进而对一般科学规范合法性状况的批判。

第十一章　科学观：由优位论走向内位论

劳斯等科学实践哲学家主张实践优位的科学观，反对理论优位的传统科学观。对这两种优位论科学观而言，其成为可能的前提都在于理论与实践是相互外在的二元独立变量。但理论与实践本来就相互内在，是一个不可分割的有机整体。这决定了若主张理论优位，在逻辑上也就意味着同时主张了实践优位；反之，亦然。这意味着上述两种优位论科学观都不能成立。然而，学界迄今仍主要专注于对实践优位科学观替代理论优位科学观合法性的诠解和论证，尚不具有超越优位论科学观清醒自觉的问题意识。因此，阐发走出优位论科学观的缘由，探索科学观新的合法形态，已成为科学观研究必须面对的课题。

一　理论与实践优位的科学观

（一）理论优位的科学观

科学实践哲学派别认为，"理论优位的科学观"[①] 具有如下属性：其一，"在科学研究的实践中……赋予理论以无上的地位"。其二，认为"实验与观察只有在理论的情境中才有意义"。其三，判定"理论引导实验的建构和操作，提供观察得以解释的范畴，是研究成果转移和应用的中介"。例如波普尔认为理论支配着整个实验过程[②]，实验是理论的婢女，实验除解答理论提出的问题或为理论提供例证、依据外无任何价值，故

---

① [美] 约瑟夫·劳斯：《知识与权力——走向科学的政治哲学》，盛晓明等译，北京大学出版社2004年版，第27页。
② [英] 波普尔：《科学发现的逻辑》，查汝强、邱仁宗译，中国美术学院出版社2008年版，第168页。

无必要予以专门研究。"最后,理论是研究的最终成果;科学的目标是提出更好的理论"①。"然而,这种理论优位的科学观还有更深的涵义":其一,其研究问题视角有特定取向:"'理论'所代表的那种理解与我们对世界的实践性介入无关。……理论性理解旨在获得非参与性的视角。我们并不试图把事物仅仅理解成它们作用于我们的那个样子,或者认为事物与我们追求的目标相关,而是要在我们的目标、欲望和活动的直接视域之外如其所是地把握它们。"② 这意味着其理解科学的视角是外在于实践的纯逻辑性视角。其二,"理论性理解是非视角性的,因而认为时空中的所有位置理论上都是等同的。同样,它从所有特定的社会情境中抽离出来;这一特点是理论知识和修辞学之间最经典的区别"③。这意味着其对科学的理解是超时空、非情境的。其三,"理论知识从而不涉及特定的认知者。……这种理论知识的主体是抽象的,无躯体的"④。可见,其理解的认知主体无特定人格,认知活动也无具身性。其四,认为"对科学进行理论性思考,重要的不是科学发现和辩护的真实情景,而是对它们的'合理性的重构'"⑤。这意味着其理解的科学使命,在于按照某种既定标准,建构起合理形态的科学,从而把合理性视作科学的根本特质。最后,"从理论优位角度看,知识毕竟组成一个前后一致的、连贯的整体。在某些特定的情况下,我们的日常实践随意使用一些与其他事物不相一致的信念和实践。这种不一致本身不会妨碍我们努力达到某种实践效果。但从理论角度看,这毕竟证明了我们的知识存在缺陷。下述观念对理论优位的科学观来说具有本质意义,即科学领域必定具有统一的理论性理解,至少在其内部一致性这一有限的意义上是如此"⑥。这就是说,认为科学理论具有系统性、连贯性、统一性和普遍性。

可见,这种理论优位的科学观,把科学既理解为以普遍理论为前提

---

① [美]约瑟夫·劳斯:《知识与权力——走向科学的政治哲学》,盛晓明等译,北京大学出版社2004年版,第74页。
② 同上。
③ 同上书,第74—75页。
④ 同上书,第75页。
⑤ 同上。
⑥ 同上。

和根据的理性思辨的逻辑活动,也理解为以生成具有普遍有效性的如实表征客观对象的理论为目的活动,从而以理论为科学研究的最终成果,呈现为一种非视角性非参与性的外在表征取向的科学,呈现为一种以理论思考和逻辑性探索理解为核心规定性的活动。显然,该科学观把科学理解为理论主导着的活动,赋予理论在科学中以霸权地位,从而使其呈现出显著的理论拜物教取向。

(二) 实践优位的科学观

科学实践哲学反对理论优位的科学观,主张如下"实践优位"① 的科学观:其一,把科学的本质规定为实践。劳斯指出:"科学不仅为我们生活的世界制造出更新、更好的表象,它还以深刻的方式改造着世界和我们自身。"② 应"将科学视为实践领域而不是陈述之网"③。这种观点,意味着判定实践主宰着科学。其二,把作为实践的科学的本质,理解为对世界的"操作、介入"和对"世界的形构"。劳斯指出:"科学首先不是表象和观察世界的方式,而是操作、介入世界的一种或多种方式。科学家是实践者,而不是观察者。"④ 他认为:"实践不仅仅是行动者的活动,而是世界的形构,在这个形构当中,这些活动才是有意义的。"⑤ 这种理解,赋予了科学实践地支配、操作和形构世界的属性。其三,以实践支配科学发展和评价。劳斯指出:"实践性考虑自始至终支配着科学研究的发展和评价,因为科学家更关心推进他们的研究工作,而不是积累独立于研究活动的社会情境的科学成果。"⑥ 这就是说,取得更有效的实践效应,是科学发展及其评价的支配力量。其四,科学是实践诠释学而非理论诠释学。劳斯指出,理论解释学"是关于下述问题的理论,即我们如

---

① [美] 约瑟夫·劳斯:《知识与权力——走向科学的政治哲学》,盛晓明等译,北京大学出版社2004年版,第27页。
② 同上书,第1页。
③ 同上书,第27页。
④ 同上书,第39页。
⑤ Joseph Rouse, *Engaging Science: How to Understand its Practices Philosophically*. Ithaca and London: Cornell University Press, 1996: p. 133.
⑥ [美] 约瑟夫·劳斯:《知识与权力——走向科学的政治哲学》,盛晓明等译,北京大学出版社2004年版,第129页。

何获得关于世界的最好的理论表象,并且它本身就是那种最好的理论的一部分"①。"解释的目标是真理,是对事实的精确表象。"② 可见,理论解释学是表象或表征主义取向的解释学。实践解释学"将人类生存本身看作是解释学的。我们在世之存在的方式体现了对世界和对我们自身的解释,这种解释本身可以通过对我们日常实践的解释而得到阐明"。劳斯主张"把科学实践看作是解释学的"③:"解释被认为是在某个情境中敞开可能性,而不是对理论或信念的翻译。"④ "它是事物的塑造和指向,并且首先使得事物作为事物显现出来。"⑤ 这就是说,科学作为实践、作为实践解释学,其使命在于实践地发现和敞开世界的可能性,并在对世界的介入、操作和形构中,把这种可能性转化为现实生活。其五,科学是作用于世界的方式,科学的对象是实践中呈现的东西而非外在于实践的纯存在。劳斯指出:"我把科学看作是作用于世界的方式,而不是观察和描述世界的方式。"⑥ "科学的确关注实在之物;把科学的知识关怀限制在可观察之物中,这是对科学活动和科学目标的严重曲解。……存在什么的确又依赖于我们在实践中能够呈现什么。毫无疑问,有些事物确实是我们所无法直接观察的。但是,不能够将存在什么与我们在活动的情境中能够呈现什么截然割裂开来。存在与呈现之间有着本质的联系。"⑦ "世界是呈现在我们的实践中的东西。"⑧ 这就是说,劳斯认为科学研究的是实践中呈现的超越了主客二分的事物,以至于其"提倡的科学观将能够同时避免实在论和反实在论的核心主张,同时又不会危及我们对大多数当代科学主张的常识性认同"⑨。

---

① [美]约瑟夫·劳斯:《知识与权力——走向科学的政治哲学》,盛晓明等译,北京大学出版社2004年版,第57页。
② 同上书,第58页。
③ 同上书,第61页。
④ 同上书,第51页。
⑤ 同上书,第66—67页。
⑥ 同上书,第138页。
⑦ 同上书,第154页。
⑧ 同上书,第174页。
⑨ 同上书,第138页。

科学实践哲学正是要以如此实践优位的科学观,否定和替代理论优位的传统科学观。

二 科学理论与科学实践释义

(一) 何谓科学理论

科学哲学语境中"理论"的涵义,具体呈现为:其一,理论是对事物普遍属性的抽象说明。有论者指出:"'理论'意味着普遍的和抽象的说明。X 的理论是对 X 的普遍的和抽象的说明。"① 这就是说,理论是对事物普遍属性概念性揭示,不触及事物存在的具体情境。其二,理论是一种其属性只有在对其使用中才能被把握的认识,其确切含义和可理解性依赖于具体实践情境。劳斯指出:"理论是在使用中而不是在与世界的静态相符(或不相符)中得以理解的。"② "理论不可能是完全清楚的;相反,它们体现在对本领域的对象作进一步解释的可能性中。理论也不是从特定事例中抽象出来的,……科学理论关注的是理论'应用'的范例。如果离开范例,那么理论内容就无法得到充分的理解。理论要素不是孤立分散、独立于情境的,相反,它们只有在研究实践的背景下才能得以识别。"③ 可见,理论成立于具体实践情境中,其可理解性在于其情境性实践。其三,理论是可拓展的模型。劳斯指出:"理论不再被看做是相互关联的语句或概念图式之网,而是可拓展的模型。"④ "模型对于理论来说是本质性的。如果没有模型,那么存在的仅仅是抽象的数学结构,……简言之,从相似物的角度看,模型就是关于现象的理论。"⑤ 这种把理论理解为模型的观点,彰显了理论的开放性、尝试性、可改进性,否定了理论普遍有效的属性。其四,理论揭示的不仅是世界是什么,更是人在世

---

① [美] 西奥多·夏兹金等主编:《当代理论的实践转向》,苏州大学出版社 2010 年版,第 4 页。
② [美] 约瑟夫·劳斯:《知识与权力——走向科学的政治哲学》,盛晓明等译,北京大学出版社 2004 年版,第 23 页。
③ 同上书,第 192 页。
④ 同上书,第 88 页。
⑤ 同上书,第 89 页。

界中如何行动的依据。劳斯指出:"理论提供给我们的不是'世界图景',而是范围广泛的表象和操作。科学理论提供的不是我们所相信的那一类事物,而是我们据以行动的多种事物。"① 这就是说,理论是行动的根据,是要向行动转化的东西。其五,理论是要被运用的东西,而不只是要被理解的东西:"理论是人们学着如何去使用的工具,而不是需要人们去猜测其含意的语句。"② 可见,理论呈现于操作运用中,是超乎于语句之上的东西。其六,理论是对事物非系统、非连贯的把握和理解。劳斯认为理论不具有"统一的、系统化演绎结构","理论图景是散乱的模型集合","并不构成一张天衣无缝的信念之网。它们相互重叠,可能会对同一个现象构成做出矛盾的解释。有些现象可能刚好落在我们在某一领域中所拥有的不同理论的缝隙之间,因此任何一个理论都不能恰当地处理它们"。③ 可见,理论并非普遍有效的认识。

整合上述诸层涵义,所谓理论既是对客观事物的基本规定性的揭示,又是人们行动的依据,也是人们解决问题的方案和工具。它只有在解决问题的具体情境中,才能得以被透彻领悟和完整把握。

(二) 何谓科学实践

科学实践哲学所谓"实践"的具体含义如下:其一,实践是由行动者的作为构成的活动过程。劳斯指出:"实践这个术语强烈地暗示了重复发生或者连续发生的活动形式。实践还清楚地包含着作为。"④ 这就是说,实践呈现为行动及其过程。其二,科学实践是作用于世界、与世界打交道和通达世界的方式。劳斯指出:"我把科学看作是作用于世界的方式,而不是观察和描述世界的方式。我对理论解释学的质疑同样削弱了建构论。如果研究的实践有其独立于理论的生命,并以自己的方式揭示世界,

---

① [美]约瑟夫·劳斯:《知识与权力——走向科学的政治哲学》,盛晓明等译,北京大学出版社2004年版,第91页。
② 同上书,第88—89页。
③ 同上书,第90—91页。
④ [美]约瑟夫·劳斯:《涉入科学——如何从哲学上理解科学实践》,戴建平译,苏州大学出版社2010年版,第124页。

第十一章 科学观：由优位论走向内位论

那么我们就必须拒斥这样的主张，即除非通过理论解释，否则我们无法通达世界。"①"实践始终是我们与世界打交道的方式。实践所揭示的本体论性质，只有通过我们与具有这些性质的事物之间的目的性互动，以及与周围其他事物的目的性互动，才能被确定下来。"②"实践可以被确认为与世界不断联系的模式，但这些模式仅仅存在于其重复或连续中。"③ 可见，科学实践既是对世界施加影响的过程和方式，也是通达世界的途径，也是得以与世界联系的方式。其三，实践是世界得以呈现的源泉，是对世界的重组和构造。劳斯指出："世界是呈现在我们的实践中的东西。"④"存在什么，这取决于与事物相交遇的有意义的互动和解释领域。这种实践的塑造使事物能够呈现其自身的方方面面。"⑤"实践不仅仅是行动者的活动，而且是世界的重组。"⑥"实践不仅是行动的模式，而且是对世界的构造。"⑦ 这就是说，实践生成世界，也重组和构造着世界。不过，"构成'世界'的实践也没有决定哪些事物存在以及它们具有何种性质。存在哪些事物，它们有什么性质，处于什么关系中，这些是由事物自身以及它们的'实际情况如何'来决定的"⑧。可见，实践并不能抹杀事物属性的客观性。其四，实践是对抵抗力量的抗拒和统治。劳斯指出："实践因此只在反对抵抗和差别中得到维系并因此总是联系着权力关系；抵抗和差别的构成性角色更进一步地说明了为什么一个实践的同一性从来没有为它的历史所完全固定下来，说明了为什么它的构成性模式不能被一个规

---

① [美]约瑟夫·劳斯：《知识与权力——走向科学的政治哲学》，盛晓明等译，北京大学出版社2004年版，第138页。
② 同上书，第169页。
③ [美]约瑟夫·劳斯：《涉入科学——如何从哲学上理解科学实践》，戴建平译，苏州大学出版社2010年版，第123—124页。
④ [美]约瑟夫·劳斯：《知识与权力——走向科学的政治哲学》，盛晓明等译，北京大学出版社2004年版，第174页。
⑤ 同上书，第169—170页。
⑥ [美]约瑟夫·劳斯：《涉入科学——如何从哲学上理解科学实践》，戴建平译，苏州大学出版社2010年版，第122页。
⑦ 同上书，第123—124页。
⑧ [美]约瑟夫·劳斯：《知识与权力——走向科学的政治哲学》，盛晓明等译，北京大学出版社2004年版，第170页。

则令人信服地固定下来。"① 这就是说，实践作为对世界的重组和构造，势必呈现为超越抵抗力量的活动过程。其五，科学实践是世界得以被理解和认识得以可能的基本条件。劳斯指出："事物只有在我们与之实践性地打交道的过程中才是'可知觉的'，科学的核心效果是使我们能够在实践中考虑这些事物。"② "只有以被建构的实验室世界为中介，对世界的指称才是可能的。"③ 可见，实践是认识的可能性之源。其六，实践是超越主客二分的力量。科学实践哲学家西奥多·夏兹金指出："实践的不同所指有待于当代不同学科的学者去研究。隐藏在许多这类所指之下的是这样的冲动，它们推动着这些学科去超越如今已经陷入困境的二元论思维方式。例如，在哲学上强调实践的思想家维特根斯坦、德雷福斯与泰勒就主张实践同样构成主体和客体的基础，并强调了非命题知识，阐明了可理解性的条件。"④ 这种论断，判定实践既超越主体客体的界限，又构成主体客体的基础。其七，实践是回应情境约束的行动模式，是事物得以绽现的情境背景和事物属性演化的根本规定力量。劳斯指出："我正在把实践更一般地描述为情境化的活动模式。"⑤ "实践是对一个情境进行回应的行动的模式。实践是动态的，因为这些模式只能通过不断地被产生而存在。"⑥ "我把实践看作是事物得以自我显现的情境性背景；我欣然承认，存在什么会随着科学实践的变迁而变迁。"⑦ 可见，实践是指向特定情境的活动，也是对事物的情境性约束。

上述诸层属性显示，科学实践哲学所谓科学实践，是以行动者的情

---

① ［美］约瑟夫·劳斯：《涉入科学——如何从哲学上理解科学实践》，戴建平译，苏州大学出版社 2010 年版，第 123—124 页。
② ［美］约瑟夫·劳斯：《知识与权力——走向科学的政治哲学》，盛晓明等译，北京大学出版社 2004 年版，第 155 页。
③ 同上书，第 106 页。
④ ［美］西奥多·夏兹金等主编：《当代理论的实践转向》，柯文等译，苏州大学出版社 2010 年版，第 1 页。
⑤ ［美］约瑟夫·劳斯：《涉入科学——如何从哲学上理解科学实践》，戴建平译，苏州大学出版社 2010 年版，第 138 页。
⑥ 同上书，第 24 页。
⑦ ［美］约瑟夫·劳斯：《知识与权力——走向科学的政治哲学》，盛晓明等译，北京大学出版社 2004 年版，第 137 页。

境性行动来改变对象的存在状态,以实现行动者认知和价值目的的能动的活动。

三 科学理论与科学实践相互内在关系诠解

科学理论与科学实践上述属性,决定了此二者是一个相互内在不可分割的有机体。

(一) 科学理论内在于科学实践中

其一,科学理论是科学实践内在构成环节之一,二者呈局部与整体关系。劳斯指出:"实践总是包含着做的事和做事者,以及这些事情相关之物。"① 操作着实践的做事者做事的行动不是盲目的,而是自觉、理性的,即总是有一定依据的。这种依据不可能是别的事物,只能是作为认识的理性形态的理论。劳斯指出:"科学理论提供的不是我们所相信的那一类事物,而是我们据以行动的多种事物。"② "我把理论看作是用以操纵和控制现象的模型,而不仅仅是描述和说明的模型。"③ 显然,他明确肯定了理论是操纵、控制等行动的根据。而理论总是内在于行动者的意识中,从而也就势必通过行动者而呈现为实践的内在灵魂和实践的内在自我意识,并因此而作为实践的内在构成环节而内在于实践中,使实践得以可能。既然理论是实践的内在构成环节之一,那就决定了理论与实践具有部分与整体的关系。

其二,科学理论内生于科学实践,二者呈生成与被生成关系。劳斯指出:"事物只有在我们与之实践性地打交道的过程中才是'可知觉的',科学的核心效果是使我们能够在实践中考虑这些事物。"④ "只有以被建构

---

① [美]约瑟夫·劳斯:《涉入科学——如何从哲学上理解科学实践》,戴建平译,苏州大学出版社2010年版,第131—132页。
② [美]约瑟夫·劳斯:《知识与权力——走向科学的政治哲学》,盛晓明等译,北京大学出版社2004年版,第91页。
③ 同上书,第137页。
④ 同上书,第155页。

的实验室世界为中介,对世界的指称才是可能的。"① 这就是说,理论认识事物的可能性,内生于实践中。基于此,他指出:"知识的归因因此更像是对认识者发现自己置身其中的情境的描述,而不是对他们获得的、拥有的、执行的或交换的某种东西的描述。关键是不要拒绝我们谈论认知者的日常方式。把知识归于一个认识者可以是完全合适的,只要我们理解,知识的正确归属依赖于这个认识者如何被情境化于行进的实践之中,而不是仅仅依赖于这个认识者是否'拥有'正确的信仰或技能或者与事实之间保持了合适的因果关系。"② 这就是说,知识源于实践情境,是对该情境的描述,从而内生于实践情境中。

其三,科学理论作为科学实践而存在,以与科学实践同一的形态而内在于实践中。劳斯指出:"我把理论看作是用以操纵和控制现象的模型,而不仅仅是描述和说明的模型。"③ 这就是说,科学实践是按照理论模型进行的,理论模型决定着实践的操纵和控制,从而操纵和控制就呈现为理论模型的存在形式,相应地理论模型也就作为操纵和控制的实践而存在着;再者,理论模型也作为操纵和控制实践的内在制导力量,从而通过构成着操纵和控制,而作为操纵和控制的实践存在着。这意味着科学理论以与科学实践同一的形态,而内在于科学实践中。

(二) 科学实践内在于科学理论中

其一,科学实践内在于科学理论的前提中。劳斯指出:"自然是神圣的还是人格化的,不单单是指自然是否'有'精神或灵魂这样一个已经初步解决了的问题,而是指自然是否具有某种道德身份的问题。我们对这一问题的理解从根本上规定了我们做什么以及我们如何相互对待。它至少与'讨价还价的文化'一样,在我们的世界中起中心的和决定性的

---

① [美]约瑟夫·劳斯:《知识与权力——走向科学的政治哲学》,盛晓明等译,北京大学出版社2004年版,第106页。
② [美]约瑟夫·劳斯:《涉入科学——如何从哲学上理解科学实践》,戴建平译,苏州大学出版社2010年版,第122页。
③ [美]约瑟夫·劳斯:《知识与权力——走向科学的政治哲学》,盛晓明等译,北京大学出版社2004年版,第137页。

作用。"① 该论断的逻辑意味着实践是基于对其前提、根据的理解来展开的，从而意味着实践的状态，统一于人们对实践前提理解和认知的状况。就此而言，实践内在于对其前提的理解和认知的理论中。

其二，科学实践内在于理论解释中。劳斯指出："如果不改变我们对自己是谁的理解，如果不改变我们对生活中关键性问题的理解，那么我们就不可能以这些方式重构可能的行动领域。"② 该论述意味着行动领域依据相关理解和解释而存在和展开，从而其存在和展开的状态就统一于这种理解和解释的状态。就此而言，该领域作为实践领域内在于这种作为理论的理解和解释中。

其三，科学实践内在于理论设计中。安德鲁·皮克林指出："科学活动是基于特定的计划、围绕特定的目标而特别组织起来的。"③ 这决定了科学活动势必统一于特定计划和目标，并在其允许的限度内来展开。由于这种引导科学活动的计划、目标和组织总是依据一定理论而展开的，这就意味着科学活动作为实践，内在于特定理论中，是特定理论的绽开形态和存在形式。

其四，实践以被理论映现的形式内在于理论中。劳斯指出："如果不理解并运用诸多相关的事物，你就不可能为了某种目的而操纵事物。在科学研究的实践情境中显现出来的事物，构成了一张复杂的网络。因此，对某一事物的操纵要求我们相应地考虑到隐含在实践中的其他事物。我们实际所操作的东西，在操作中必须考虑到的东西，激发或引导操作的理论所表象的东西，我们所遇到的障碍以及通过我们的活动所推测到的东西，所有这些东西之间的差别构成了一个连续的统一体。"④ 可见，实践不仅以统一于这种作为理论的理解和考虑的形式且内在于其中，其内容也以被理论映现的形式内在于理论内容中。

---

① [美] 约瑟夫·劳斯：《知识与权力——走向科学的政治哲学》，盛晓明等译，北京大学出版社2004年版，第198页。
② 同上书，第260页。
③ [美] 安德鲁·皮克林：《实践的冲撞——时间、力量与科学》，邢冬梅译，南京大学出版社2004年版，第16页。
④ [美] 约瑟夫·劳斯：《知识与权力——走向科学的政治哲学》，盛晓明等译，北京大学出版社2004年版，第152页。

(三) 科学理论、科学实践相互内在关系的性质

其一，理论承载着组织、指导、评估和调控实践的使命，是实践内在自我意识和内在灵魂，从而是实践内在构成环节。因此，实践内在于、统一于理论，本质上是实践内在于、统一于作为其内在构成环节的理论中，从而实践对理论的这种内在和统一，就不过是实践接受和服膺作为其内在自我意识和内在灵魂的组织和调控，因而这种内在和统一也就不过是实践自我组织自我运行的过程而已。就此而言，实践对理论的这种内在和统一，本质上即实践的自我内在和自我统一。相比较而言，理论对实践的内在和统一，则是理论作为实践内在构成环节，内生、内在和内化于实践整体中的过程；也是源于、内生于实践的理论，统一于生成它的基础、源泉和根据的过程。显然，理论对实践的这种内在和统一关系，实即局部与整体、派生与被派生内容间的内在和统一关系。

其二，实践是智性活动，该智性活动以理论为内在构成环节，并通过理论来组织和驾驭，同时又内在地生成着科学理论。这决定了科学理论与科学实践的相互内在关系，既呈现为部分与整体关系，也呈现为组织与被组织关系，又呈现为构成与被构成关系，同时还呈现为生成和被生成关系。

四 理论优位与实践优位的科学观证伪

(一) 理论优位科学观证伪

劳斯等科学实践哲学家对理论优位科学观的证伪，主要是从科学的实践本质角度进行的，而非从理论与实践关系角度进行的。前一角度的证伪尽管必要，但后一角度的证伪更具有彻底性。理论与实践前述相互内在关系，决定了理论优位的科学观难以具有真理性：其一，理论与实践各构成要素始终处于相互约束中。这使得理论一定程度上呈现为其约束项的间接存在形式，从而它既属于其自身，也间接地属于其约束项。这种逻辑决定了理论因受实践各构成要素的约束，而一定程度上具有实践

各构成要素的属性，一定程度上呈现为实践各构成要素的间接存在形式，从而就不可能作为纯粹的理论而存在。这就使得任何对理论优位的科学观的主张，在逻辑上势必一定程度上主张着实践优位的科学观，从而使该主张因一定程度上走向了自相矛盾和自我否定，而不具有成立的可能性。其二，理论与实践前述相互内在的一体性关系，决定了若主张理论优位的科学观，在逻辑上就意味着同时主张实践优位的科学观，意味着理论优位的科学观内蕴着实践优位的科学观。这一逻辑后果，使得用理论优位的科学观代替实践优位的科学观的努力，因其主张的东西本身包含其所反对的东西，而失去可能性和有效性。其三，理论的内容终究是实践内在属性和要求的表达，终究呈现为实践内在属性和要求的间接表现形式。这样，理论就不过是被领悟理解了的实践内在要求和属性而已。这意味着主张理论优位的科学观也就意味着主张实践优位的科学观。其四，理论作为实践内在构成环节这一角色和地位，决定了一种理论存在的必要性、可能性和意义，是由其解决实践所面对的问题、满足实践的要求的状况决定的。这意味着理论不但是被实践选择和确定的，是实践意志的体现，因而是实践的一种具体存在形式，而且是实践功能整体的一个有机环节和实践功能过程的一个有机组成部分。就此而言，理论活动就是特定的实践活动。二者间的同一性，使得主张理论优位的科学观势必意味着同时主张实践优位的科学观，从而使理论优位的科学观失去可能性。

（二）实践优位科学观证伪

理论与实践前述相互内在的一体关系，决定了实践优位的科学观不具有真理性：其一，理论与实践前述相互内在关系，决定了主张实践优位的科学观势必主张理论优位的科学观，从而因走向了其反面而难以成立。其二，实践通过作为其内在自我意识和内在灵魂的理论而得以可能。劳斯指出："对仪器是否有效运转的判断以及对理解这种运转中进行之事的评价，所涉及的不仅仅是依据观察数据所做的推论。对仪器的实践性把握，对贯穿于仪器的设计和操作之中的理论的实践性把握与我们判断科学实践在经验充分性上所存在的问题有着十分密切的关联。"① 该论断述及的科学实验中的操纵、控制、理解、判断不可能是机械、盲目的，而势必是以理论为依据的。这表明科学实践总是依据其内在理论而存在和展开的。既然如此，若判定实践在科学中居于优位，那就意味着相应地判定了理论在科学中也居于优位。这样，实践优位也就失去了意义。其三，实践优位的科学观得以成立的前提，在于理论与实践相互外在独立。劳斯指出："实验往往不为明确的理论假设所引导，而是为值得研究之物的暗示和对如何开展这样的探索的把握所引导的。这种独立性的主要理由是，有效的实验技术、工具和程序难以被开发、完善，因此它们在引导实验研究中常常扮演主导的角色。"② 这就是说，科学实践独立于外在于理论，也不内蕴理论："实验有其自身的生命，它独立于对它作出指导和解释的理论假设的发展。"③ 然而，问题在于：1. 不受内蕴且不受理论引导的科学实验是否可能？对劳斯所谓"实验往往不为明确的理论假设所引导，而是为值得研究之物的暗示和对如何开展这样的探索的把握所引导的"观点而言，"值得研究之物的暗示"是否需要人的理解？若不需要，这种暗示有何意义？若需要，这种理解是否要借助于理论？若需借助，那就意味着对这种暗示的理解是通过实验者意识中的理论进行的。就此而言，实验即使排斥某种先验的理论预设，但却无法排除一切理论。果若此，那就意味着实验内蕴理论并通过理论来实现。2. 实验是否有外在于理论的生命？上述实验内蕴理论并通过理论来实现的分析结论，决定了实验的生命一定程度上呈现为依赖理论而得以可能、得以生成的生命。这样，即使"实验有其自身的生命"，这种生命也非外在于、独立于理论的生命；实验的生命即使可以"独立于对它作出指导和解释的理论假设的发展"，却无法独立于其他一切理论形态。这意味着科学实践哲学派别的科学哲学家，有理由反对的只能是先验理论优位的科学观，而无理由反对其他形态的理论在科学实践中的内在基础性作用。3. 观察

---

① ［美］约瑟夫·劳斯：《知识与权力——走向科学的政治哲学》，盛晓明等译，北京大学出版社 2004 年版，第 153 页。
② 同上书，第 105 页。
③ 同上书，第 11 页。

是否外在于理论？哈金反对理论优位科学观主张的"观察负载理论"[①] 的观点，认为"存在大量的先于理论的观察陈述"[②]。其实，观察中对感受到内容性质的判断离不开理论依据。否则，判断就是机械的、非智性的，从而也就是非人的过程。判断既然基于理论，而判断既然又内在于观察中，那就意味着观察内蕴着理论，并通过理论而得以可能得以完成。这意味着观察或外在于或先于某先验理论，但不可能外在于或先于一切理论。这些分析既然显示实验内蕴理论、实验没有外在于理论的生命、观察经由内在理论而得以可能，那就意味着理论与实践外在独立关系并不成立，从而以该关系为前提的实践优位科学观也就不成立。

五 科学观：由科学理论与科学实践优位论走向科学理论与科学实践内位论

上述优位论科学观既然已被证伪，那么，能够成立的科学观究竟是怎样的？学界超越优位论科学观的努力，迄今已呈现出如下两种探索：其一为拉图尔行动者网络理论。它把科学视作由行动者"转译"式相互作用构成的实践，而"'行动者'概念包括了科学实践中的一切因素，既可指称人，也可指称非人的存在和力量"，其中包括"科学、技术、自然、社会、精神、知识"[③] 等行动者形态。可见，理论是其所谓科学实践的构成环节，这与上述优位论科学观把理论看作与实践相互外在的观点相异。但该科学观并未自觉基于理论与实践相互内位关系，故不能有效颠覆上述优位论科学观。另一探索主张理论与实践的关系"就像双螺旋一样是相互纠缠而共同发展变化的"[④]，以超越上述优位论科学观。但该观点把理论与实践简单并列了起来，这就背离了二者相互内位的本然关

---

① ［加］伊恩·哈金：《表征与干预——自然科学主题导论》，王巍、孟强译，科学出版社 2011 年版，第 140 页。
② 同上书，第 135 页。
③ 郭俊立：《巴黎学派的行动者网络理论及其哲学意蕴评析》，《自然辩证法研究》2007 年第 2 期。
④ 吴彤：《观察/实验负载理论论题批判》，《清华大学学报》2006 年第 1 期。

系，从而并不能有效超越前述优位论科学观。可见，这种超越还需做新的探索。科学的可能性终究存在于理论与实践关系中。理论与实践前述相互内在关系，决定了能够成立的科学观，或在于如下科学理论与科学实践相互内位的科学观：

其一，科学既是理论又是实践，而非仅是理论或仅是实践。科学具有理论属性，这是包括科学实践哲学学派在内的学界公识。劳斯就此指出："我试图把科学不仅仅理解为自足的思想行为，而且也理解为形塑我们和我们这个世界的强大的力量。"①"思想行为"无疑是理论活动的过程。科学具有实践属性，是一种实践形态。劳斯明确"主张把科学理解为实践活动的领域"②。这一点科学实践哲学已有充分阐发，无须再作论证。可见，科学既非只是理论，也非只是实践，而是具有理论与实践双重属性。任何把科学仅归结为理论或实践的观点，都是片面的。

其二，作为理论的科学，与作为实践的科学的相互内在关系，决定了科学是理论与实践的一体性存在。这种一体性，不是理论与实践外在并列、机械组合所形成的一体性，不是呈现为二者外在式的一体性，而是呈现为二者各自得以可能所内在固有的相互融贯的内在式的有机性一体性。这种内在式一体性，决定了科学的存在和发育状态，取决于理论与实践相互内在关系的发育状况。

其三，科学作为理论与实践上述相互内在关系构成的有机整体，决定了它既是与实践不可分解的理论，又是与理论不可分解的实践。就科学作为与实践不可分解的理论而言，它是一种实践性理论：即这种理论内生、内在于实践中，既构成实践，也根本地统一于实践，同时作为实践的内在意识和灵魂，组织、引导、支撑和调控着实践，并与实践其他环节结合在一起，作为实践而存在着。这决定了作为理论的科学，本来就具有实践属性，呈现为实践性理论，而非只是观念性理论；决定了作为理论的科学在构成实践的同时，也依托并通过实践整体而存在，从而

---

① ［美］约瑟夫·劳斯：《知识与权力——走向科学的政治哲学》，盛晓明等译，北京大学出版社2004年版，第Ⅲ页。
② 同上书，第Ⅴ页。

第十一章　科学观：由优位论走向内位论

对实践有着根本的依赖性、统一性，而其对实践的这种统一性状况，直接决定着其合法性状况。因此，作为理论的科学愈是要发展，就愈是要始终以实践为其基础和根据。就此而言，作为实践的科学，就呈现为作为理论的科学的原初形态或潜在形态，也是作为理论的科学的终极形态或至上形态。就科学作为与理论不可分解的实践而言，它是一种理论性实践：即作为实践的科学内生、内蕴着作为理论的科学，呈现为理论的母体和基础，又由理论作为内在必要构成环节，并以理论作为其自我意识和灵魂，为理论所组织、引导、支撑和调控，从而统一于理论，且作为理论的间接形式存在着。这决定了科学作为实践，本质上是一种具有理论属性的科学实践，即理论性实践。这表明科学固然是一种实践活动，从而固然具有实践的秉性、执行着实践的功能、追求着实践的目标，但这种实践不能外在于理论，不能呈现为一个非理论的过程，而是只能以理论作为其内在自我意识和灵魂，来实现其自我引导、自我组织和自我调控。故作为实践的科学愈是要有效存在和运行，就愈是要充分发挥内在于其中的作为理论的科学的作用，而不是要外在于独立于理论。因此，强调科学的实践性，不但不能否定科学的理论性，而且只有充分肯定和张扬科学的理论性，科学的实践性才具有实现的可能性。就此而言，科学的理论性，是科学的实践性得以可能的内在条件，而科学的实践性则一定程度上呈现为科学的理论性的间接存在形式。

其四，实践性理论，或理论性实践，都体现了科学是理论与实践相互内在的有机体，二者本质上是相通的。它们的差异，体现了把握作为这种有机体的科学的侧重点和着眼点的差异。当着眼于和侧重于理论来理解科学时，作为这种内在有机体的科学，就呈现为实践性理论；当着眼于和侧重于实践来把握作为这种内在有机体的科学时，科学就呈现为理论性实践。就此而言，实践性理论，或理论性实践，本质上不过是同一科学有机体不同侧重点下所呈现出来的两种不同的存在形式。这意味着当劳斯有理由主张"把科学理解为解释性的实践领域"①，也就意味着

---

① ［美］约瑟夫·劳斯：《知识与权力——走向科学的政治哲学》，盛晓明等译，北京大学出版社2004年版，第Ⅵ页。

有理由主张"把科学理解为实践性的理论领域"。当然，这两个不同领域并非代表着两种不同的科学，而是同一科学不同侧重点的不同绽现形式。

其五，作为理论的科学对作为实践的科学的内在性呈现为内生性、内在性和内在构成性、内在性。前者决定了理论在实践中的地位是依从性被动性的，从而使得这种内在性呈现为理论对实践的统一性为内容的内在性；后者则赋予了理论选择和确定实践目标、诠解实践内容、组织引导和调控实践等职能，从而作为实践内在的意识和灵魂而支撑着实践。这使得其在实践中的地位又是能动自主和建设性的。这种地位决定了理论对实践的内在性，呈现为以前者对后者的超越性为内容的内在性。显然，这种内在性的实质，既是理论的实践化，也是实践的理论化，即实践按照作为其内在意识和灵魂的理论的引导，而存在和运动的过程。可见，这两种不同性质的内在性表明，作为理论的科学与作为实践的科学，本来就是相互依赖的，从而无所谓地位尊卑主从的区别。这一结论，其实已内蕴于劳斯的如下论述中："实验室是建构现象之微观世界的场所。对象系统在已知的情境中得以建构，并从其他影响中分离出来，以便操纵、追踪。"[①] 显然，科学实践作为上述建构、操纵、追踪活动，并非任意的、盲目的，势必依据一定理论模型来进行。这无疑绽现了实践对理论的依赖性。然而，"科学家不仅仅满足于让事物在隔离的环境中显现出来……科学家的目标是，通过把事物置于只有在介入才出现的影响和互动之中，从而创造出新的研究领域"[②]。这又彰明了理论是在特定实践条件下才生成的，从而又绽现出理论对实践的依赖性。可见，科学理论与科学实践并无高下之别，也就没有一方主导另一方的可能和必要。因此，明智的科学观，是把科学理解为由科学理论与科学实践相互内在关系所构成的有机体。

其六，科学作为理论与实践相内在的有机体，决定了其具有解释和改造世界的综合属性。解释世界意味着对真理的追求；改造世界则呈现

---

① [美]约瑟夫·劳斯：《知识与权力——走向科学的政治哲学》，盛晓明等译，北京大学出版社2004年版，第106页。
② 同上书，第107页。

为把世界价值化。这样，科学就呈现为求真与求善相互内在的综合性过程：求真的科学构成了求善的科学的真理性基础；求善的科学则构成了求真的科学的价值归宿。这种把科学视作真与善有机体的科学观，显然超越了认为"科学是关于为什么事物的本来面目是这样的知识、关于发现自然界事物的种类的知识以及关于支配这些事物的规律的知识"① 这种求真取向的传统科学观，从而也就消除了科学所陷于其中的事实与价值二分的困境。这种超越显示，科学不仅渗透着劳斯所谓的知识与权力的转换关系，也必然始终贯穿着不同价值力量的角力。这决定了科学观研究不仅要像劳斯主张的那样，因科学中渗透着"知识与权力"，而"走向科学的政治哲学"，也势必因科学中交融着真理与价值，而"走向科学的价值哲学"。这一走向，则意味着科学哲学研究新领域的昭彰新课题的绽现。

其七，宇宙"在每一点上都有一段与它物迥然相异的不连贯的间隙，并不存在断定……紧随其后将出现什么东西的纯粹的逻辑原则"②。然而，连续性和非连续性"这些规定，单独看来都没有真理，唯有它们的统一才有真理"③。因此，作为理论的科学与作为实践的科学，都既具有地方性、特殊性，也具有世界性、普遍性，呈现为二者的统一体。而前述理论与实践相互内在关系，决定了科学终究呈现为由作为地方性与普遍性相统一理论，与作为地方性与普遍性相统一实践的相互内在关系构成的有机体，而非科学实践哲学主张的仅呈现为地方性知识、地方性实践。科学正是作为这样的统一体而存在发展的。

其八，科学理论与科学实践既是部分与整体关系，又是组织与被组织关系，也是生成与被生成关系。这决定了二者既相互内在、相互依赖，又相互是对方的存在形式、相互通过对方来存在、相互具有对方属性。这一切，使得理论对科学的主导同时意味着实践对科学的主导，而实践

---

① [英]亚历山大·伯德：《科学哲学是什么》，贾玉树、荣小雪译，中国人民大学出版社2014年版，第12页。
② [美]阿瑟·Q. 洛夫乔伊：《存在巨链》，张传有、高秉江译，商务印书馆2015年版，第446页。
③ [德]黑格尔：《逻辑学》（上卷），杨一之译，商务印书馆1966年版，第208页。

对科学的支配也同时意味着理论对科学的支配。

聚合上述诸层内涵，所谓科学理论与科学实践相互内位的科学观，即把科学视作科学理论与科学实践相互内在关系构成的有机整体的科学观。该科学观认为，科学理论与科学实践的相互内在关系，使二者相互呈现为对方的存在形式，相互通过对方来存在和发挥作用，从而使作为理论的科学具有实践属性，而作为实践的科学则具有理论属性。这决定了科学的存在发展既不能由实践支配，也不能由理论主导，而是由理论与实践共同支撑和驱动的。科学的本质既在于在理论地解释世界中求真，也在于在实践地改造世界中求善，从而呈现为求真与求善的统一体。

六 结语

其一，理论优位的科学观中的理论，是先验态理论，而非理论唯一形态或仅有形态。先验态理论在科学中的优位地位即使有理由被否定，也并不意味着有理由否定别的理论形态对科学的内在性及其在科学中的基础地位。科学实践哲学学派理论观的狭隘性，使得其把对先验态理论在科学中主导地位的否定，膨胀为对一切理论形态对科学内在性基础性地位的否定，以至于最终把实践和理论置于外在对立的关系境地。这既使科学呈现为一种外在于理论的非智性实践活动，把科学非智化，又完全否定了其他理论形态在科学中存在和发挥作用的可能性，从而也就误解了科学活动，势必阻碍科学健康发展。

其二，从哲学史来看，两种优位论科学观的上述对立，并非哲学演进中两种全新的问题意识和问题视野的对立。这种对立不过是近代唯理论与经验论的对立在新条件下在新论题中的翻版，从而这种对立所触及问题的深度，并未超出唯理论与经验论对立所触及问题的深度。就此而言，这一学术史上既有对立的重演，既是学术时间、学术精力等学术资源的浪费，也表明既有教训并没有有效汲取、该问题上的认知并没有真正进步，从而不能不是学术的悲剧。

其三，科学实践既然内蕴着并依赖着理论，又内在于理论中，从而实践既然是智性的，那就决定了与劳斯有理由提出"作为实践的理论"①命题相对应，完全有理由提出"作为理论的实践"命题。而科学则是作为实践的理论与作为理论的实践的融贯体。

其四，科学观由前述优位论向前述内位论的转换，不仅意味着科学活动范式的根本转型和科学活动格局的根本变革，也势必因科学观本然形态由缺场向在场的转换，有效校正了科学活动的方向、原则和立场，而能有效节约科学活动成本，有效地提升科学活动效率。

---

① ［美］约瑟夫·劳斯：《知识与权力——走向科学的政治哲学》，盛晓明等译，北京大学出版社2004年版，第85页。

第十二章 马克思知识论对知识社会学空间的扩展与品位的提升

知识社会学自20世纪20年代产生以来,形成了以马克斯·舍勒的思想为代表的现象学哲学社会学取向和以卡尔·曼海姆的思想为代表的实证论取向。它们尽管为知识社会学供给和赋予了发展的不同空间和品位,但其所供给的理论空间本质上是凝固和封闭的、所赋予的理论品位本质上是非实践批判的和自然主义的,难以蕴储和供给知识社会学发展的无限可能性和存续的强健活力。马克思知识论与社会生活实践本质的根本统一性、与知识的实践源泉的根本融通性,决定了它内蕴着知识社会学理论空间拓展、理论品位提升的无限可能性。然而,学界迄今为止,关于马克思知识论对知识社会学发展所具有的上述意义仍处于盲视状态,以至于知识社会学的发展迄今仍禁锢于原有格局之中,而不能皈依和依托马克思知识论,实现革命性发展。因此,揭示马克思知识论内蕴的导引知识社会学实现革命性发展的机能,就成为知识论和知识社会学研究无法回避的问题。

一 知识论对知识社会学的前提地位及知识社会学既有知识论前提的合法性

"知识论由希腊文 epistèmè(知识)和 logos(研究、学说)组成,即知识(knowledge)的理论,其主要研究知识的来源、前提、性质、范围、和真实性(精确度、可靠性、有效性)。其提出的问题是知识从何而来?知识如何形成、表达与交流?什么是知识?感觉经验对一切类型的知识都是必要的吗?理性在知识中起什么作用?有从理性推演出来的知识吗?

第十二章 马克思知识论对知识社会学空间的扩展与品位的提升

信仰、知识、意见、事实、实在、错误、观念、真理、可能性、确定性等概念有何区别？"① 知识论研究对象不是凝固的，而是历史的。"在西方哲学中，古代与近代的哲学家们有关知识论的研究主要从人的认识能力的角度进行，把有关认识的研究建立在人的感性和理性的基础上，从而产生了经验主义与理性主义的不同理论主张。这种意义上的认识理论是发生学意义上的，用康德的经典性表述来说，是研究有关认识的'起源、范围及其客观有效性'。它们从研究认识的起源（感性和理性）开始，到探讨认识的有效性（普遍必然性、客观有效性等），并断定认识的范围（是否只是在可见的现象、经验范围之内）。"② "在当代，西方知识论发展的一个明显变化是随着分析哲学作为主流哲学的登场，'形而上学'遭到无情的批判与摒弃。为知识寻求形而上学根据的努力，被斥为无意义的东西。哲学回到经验论，知识论也如此。虽然如此，知识论寻求知识根据的努力依然在进行着，只不过这样的根据不再是'形而上学'的，而是经验的，它们表现为知识的诸种条件，包括真、确证（理由）与信念等，尤其是其中的'确证'这一条件，它构成当代知识论的核心部分。"而知识论研究对象的这种演化，则总是围绕"寻求知识根据"③ 这一主题展开的，总是作为这一主题的不同历史形态而呈现出来的。再者，知识论并不直接研究具体的知识内容，而是不断在新的高度、视野、空间和问题意识中，为知识生成和发展中某环节、某界面问题的解决，探究本体论根据、设定普遍有效的前提、澄明根本适用的方法论。可见，知识论是关于知识的一切经验科学性研究得以可能、据以展开的根本理论支点。

知识社会学是"研究知识或思想产生、发展与社会文化之间联系的一门社会学分支学科"。"知识社会学所涉及的主要问题是知识或思想存在的基础、知识或思想存在的形态和存在的关系。"④ "知识社会学因为对

---

① ［美］彼得·A. 安杰利斯：《哲学辞典》，段德智等译，猫头鹰出版社2004年版，第126页。
② 陈嘉明：《当代知识论：概念、背景与现状》，《哲学研究》2003年第5期。
③ 陈嘉明：《知识论研究的问题与实质》，《文史哲》2004年第2期。
④ 《中国大百科全书·社会学》，中国大百科全书出版社1991年版，第474页。

知识的内容进行社会学的分析而被认为带有浓厚的哲学—形而上学色彩。这在曼海姆以后招致了很多批评，并提出了对知识尤其是对科学知识进行更地道的社会学实证研究的要求。"① 可见，知识社会学属科学而非哲学。

知识论和知识社会学都以知识问题为对象，这使二者相互贯通、转化、约束成为可能；二者学科性质的差别，又使二者相互具有不同功能：前者构成后者终极性前提、根据、基础和方法论支撑；后者则依托、展现、服膺和运用前者设定的终极性前提、根据、基础和方法论支撑，从而构成前者基本精神的具体存在形式。这就是说，前者既规范、引导和支撑着后者，又通过后者来具体地存在和发挥作用。由此不难得出判断：后者合法性状况尽管直接受其本身约束，但归根结底取决于其所皈依的前者的合法性状况。

承前分析可知，西方近代及其以前知识论的根本取向，尚在于解释世界；西方现当代主流知识论，也以非改造世界、而仍是以解释世界为根本取向的知识论。西方这种解释世界取向的知识论，作为西方显性的主流的"在场的"知识论形态，自然构成了西方知识社会学主导性的理论前提和根据，并宰制着其演替趋势、方向和可能性。西方知识社会学知识论前提和根据实践取向的这种匮缺，使其对知识问题的哲学探究，主要呈现为逻辑地解释世界的抽象分析，总体上游离在实践地批判和改造世界的社会历史活动及其内在要求之外，不能把对为真知识的理解与对为善、为美的知识的理解，在实践批判视域中综合、统一起来，使其隔膜于对人的实践解放责任的自觉担当，从而走向偏狭、空疏、遁世和清谈玄理，沦落为远离人间烟火的逻辑游戏。如此知识论支撑下的知识社会学发展的理论空间和理论品位，必然是狭隘的。

二　知识社会学的既有理论空间与品位

孔德着眼于社会发展阶段来理解知识发展阶段的努力，已启动了知

---

① 刘文旋：《知识的社会性：知识社合学概要》，《哲学动态》2002年第1期。

第十二章 马克思知识论对知识社会学空间的扩展与品位的提升

识社会学研究,但知识社会学基本理论空间与品位,却主要是由迪尔凯姆、马克思、韦伯、舍勒、曼海姆等思想家建构与营造的。这些思想家尽管都对知识社会学的生成发展有其特定贡献,但学界无不肯定马克思对知识社会学贡献的奠基性。如有论者认为,知识社会学源自于马克思的基本命题,即"人的意识乃是由他的社会存有所决定的"①。知识社会学家赫克曼认为,马克思为知识社会学给出一条基本原理,即所有知识都是由社会决定的。② 还有论者指出:"马克思所提出的'社会存在决定社会意识',可以看作是最早和最基本的知识社会学命题,在这一基础上,他还提出了一系列知识社会学的基本范畴,如'意识形态''上层建筑和经济基础'。马克思不仅创立了唯物史观把知识加以区分,还研究了知识的社会功能。这对知识社会学的产生和发展产生了积极的影响。马克思既是社会学的创始人,也是知识社会学研究的先行者。"③"马克思主义的这些命题和范畴,构成了以后知识社会学发展的基本理论框架和研究图式,直接影响了舍勒和曼海姆。"④

然而,学界关于马克思对知识社会学贡献的理解,只是局限于认识到马克思提出了"社会存在决定社会意识"命题,并认为该命题"构成了以后知识社会学发展的基本理论框架和研究图式",远未在马克思实践取向的知识论高度,理解和阐发马克思对知识社会学发展的意蕴。这使得学界关于马克思对知识社会学贡献的理解,既不完整,也未理解马克思对知识社会学贡献的首要和根本内容,在于其知识论孕育和昭示的知识社会学发展的实践性取向这一根本和核心。其结果,使得知识社会学的发展,基本上外在于实践取向的理论空间和理论品位。这不难在如下内容中得到印证。

迪尔凯姆知识社会学理论可概括为"概念是集体表象""特殊的分类与概念秩序是由特殊的社会形式导致的""这些分类与概念的秩序,是以

---

① [美]彼得·伯格等:《知识社会学:社会实体的建构》,邹理民译,巨流图书公司1991年版,第12页。
② 崔绪治、浦根祥:《从知识社会学到科学知识社会学》,《教学与研究》1997年第10期。
③ 郭强:《论古典知识社会学理论范式的建构》,《社会学研究》2000年第5期。
④ 郭强:《知识社会学范式的发展历程》,《江海学刊》1999年第5期。

社会的特殊形式为模式的""范畴是具有社会功能的""信仰体系可看作人类宇宙观的一部分""科学中的基本概念都有其宗教根源"等论断。"上述论断，构成了他的'知识的社会学理论'的基本框架和方法论原则。"①迪尔凯姆这种知识社会学思想，虽然具体地诠释了知识的社会约束性，但其这种诠释，显然还是前实践取向的，其发展也就必然局限于前实践取向的理论空间和理论品位中。

马克斯·韦伯把知识划分为经验理性知识和意义性知识两种类型，认为前者有普遍有效性，可传授，但不能提供终极性意义解释；后者无法证明，也无法由前者积累而成，且无普遍有效性，只能是个体信念性的非理性知识，因而是多元的，现代性阶段必然陷入"诸神不和"②状态。基于上述认识，他认为知识活动在认识领域要坚持"价值中立"，在实践领域则要坚持"价值关联"。不过，"价值中立"并非要求放弃价值判断，而是要求弄清"价值关联"的社会条件。科学之外的社会活动，必须进行价值判断。显然，马克斯·韦伯尽管阐发了知识的社会制约性，但毕竟未着眼于实践来理解知识的这种社会制约性，从而使得其知识社会学尚不具有实践取向的理论空间与理论品位。

马克斯·舍勒认为"全部思想、知识、知觉和认识的全部形式具有社会学的特性"，而"所有诉诸因果关系的社会学的最高目标，就是获得关于序列性秩序……的第一法则的知识。"在他看来，知识归根结底是关于社会秩序的知识。而所有社会秩序都是围绕内驱力与抵制力的相互作用展开的："世界的现实是分别由'内驱力'和直接作为现象而存在的世界的'抵制'组成的两极之间、在这两者之间存在的张力之中给定的。"③由上述"张力"引发的知识，则分为实证性、形而上学性和拯救性三大类型。舍勒上述知识社会学思想，尽管与马克思实践取向的知识论的根本精神有一定相通处，但其用来解释知识生成的对象性活动，只

---

① 刘欣：《迪尔凯姆的知识社会学思想》，《四川师范大学学报》（社会科学版）1989年第1期。
② ［德］马克斯·韦伯：《学术与政治》，冯克利译，生活·读书·新知三联书店2004年版，第149页。
③ ［德］马克斯·舍勒：《知识社会学问题》，艾彦译，华夏出版社2000年版，第5页。

是个体性而非唯物史观高度的社会性活动；而其也只是把实证知识、而未像马克思实践取向的知识论那样，把一切知识都看作实践的产物；其所谓改造对象世界，不具有马克思主张的"革命的""实践批判的"高度的追求人根本解放的价值和历史属性。可见，其知识社会学总体上尚是前实践取向的。

知识社会学的集大成者卡尔·曼海姆认为，知识并非按照内在规律合逻辑地发展，它在许多关键方面受各种各样超理论的社会因素的影响。这些因素与纯理论因素相反，可以被称作存在的因素。它们不仅影响到知识的形式和内容，而且决定着我们的经验与观察的范围和强度，即主体的"视角"① 对知识的社会制约性的理解，实质在于把其理解为知识与其社会参量一般性相互作用，远未把其理解为知识的实践约束。这就使其知识社会学发展的理论空间和理论品位，尚不能达到实践对知识的约束所内蕴的可能性高度。

上述分析显示，马克思对知识社会学发展的范导和引领价值，仍只是被看作一般性地揭示了知识的社会约束性，马克思实践取向的知识论开启和内蕴的知识社会学发展的理论空间和理论品位，迄今尚处于被忽视、被逐放状态。这使得知识社会学迄今的发展框架，总体上还只是一种与追求人解放发展的实践批判活动无涉的静观性理论框架；由此框架所规定的知识社会学，自然不可能具有反映历史运动趋势、彰显历史运动根本机理、负载历史运动内在根本价值诉求的理论品位。要从根本上消解知识社会学既有理论空间和理论品位的如此缺陷，就必须向马克思实践取向的知识论汲取资源。

三 马克思知识论的实践取向及其基本意蕴

马克思尽管未直接、专门、系统地提出和阐述过其知识论思想，然而，其论著中却散隐着实践取向的丰富、深刻的知识论内容。

---

① ［德］卡尔·曼海姆：《意识形态与乌托邦》，黎鸣、李书崇译，商务印书馆2000年版，第272页。

前提批判的内在逻辑及其多维展开

第一，终结了理性知识论的统治，开辟了实践取向的知识论时代。马克思揭示了集中体现于黑格尔思想中的理性知识论的基本内容与基本精神："意识的存在方式和某个东西对意识来说的存在方式，这就是知识。知识是意识的唯一的活动。因此，只要意识知道某个东西，那么某个东西对意识来说就产生了。知识是意识的唯一的、对象性的关系。"①马克思所揭示的黑格尔的这种知识论，把知识的对象、内容和来源，都归结为理性，因而本质上不过是一种理性知识论或形而上学的知识论。它从根本上把知识归结为外在于生活实践的东西。马克思则认为，知识等意识形式"在任何时候都只能是被意识到了的存在，而人们的存在就是他们的实际生活过程……思辨终止的地方，即在现实生活面前，正是描述人们的实践活动和实际发展过程的真正实证的科学开始的地方"。因此，知识合法有效的来源、对象和内容，只能是"人们的实践活动和实际发展过程"。只有这样，"关于意识的空话将销声匿迹，它们一定为真正的知识所代替"②。而"真正的知识"既然只能以"人们的实践活动和实际发展过程"为其合法有效的来源、对象和内容，那么，马克思所主张的这种知识论，显然就是一种实践取向的知识论。

第二，揭示了生成、理解和评判知识的根本着眼点与依据的实践规定性，指出："人的思维是否具有客观的真理性，这并不是一个理论的问题，而是一个实践的问题。人应该在实践中证明自己思维的真理性，及自己思维的现实性和力量，亦自己思维的此岸性。关于离开实践的思维是否具有现实性的争论，是一个纯粹经院哲学的问题。"③"社会生活在本质上是实践的。凡是把理论导致神秘主义方面去的神秘东西，都能在人的实践中以及对这个实践的理解中得到合理的解决。"④ 显然，在马克思看来，生成、理解和评判知识的根本合法的着眼点和依据，只能是实践，要立足于改变世界来理解知识的生成、内容、本质和功能。舍此，知识

---

① ［德］马克思：《1844年经济学—哲学手稿》，刘丕坤译，人民出版社1979年版，第123—124页。
② 《马克思恩格斯选集》第1卷，人民出版社1972年版，第30—31页。
③ ［德］马克思、［德］恩格斯：《费尔巴哈》，人民出版社1988年版，第88页。
④ 同上书，第89页。

第十二章 马克思知识论对知识社会学空间的扩展与品位的提升

的生成、理解和评判就只能是神秘的、无意义的和无效的。这表明,马克思的知识论,以改造世界的实践活动,作为透视知识的生成、理解与评判问题的根本着眼点、根本依据和根本框架,从而内在地具有实践取向。

第三,诠释了知识的来源、本质、演替方式等知识的各基本层面的实践约束性。首先,把知识在根本上理解为"社会生产"实践的产物。学界一般认为马克思在《政治经济学批判·序言》中提出"物质生活的生产方式",进而"社会存在决定人们的意识"的命题,是马克思关于知识来源与本质问题的根本观点。这固然有一定道理,但这并非马克思关于该问题的全部的和首要的观点。其这一命题是从它的上位命题逐层推演出来的。它的上位命题是"人们在自己生活的社会生产中发生一定的、必然的、不以他们的意志为转移的关系,即同他们的物质生产力的一定发展阶段相适合的生产关系"①。这里的"生产关系"是从"社会生产中"衍生出来的。这相应地意味着社会意识这样的知识现象,依次经由"社会存在""物质生活的生产方式""生产关系"及其与之相适应的"生产力",最终被"社会生产"这一社会实践活动所决定。可见,"社会生产"实践是知识首要的根本的来源。"生产方式"甚至"社会存在"作为知识的来源,统一、从属和存在于"社会生产"实践这一首要、根本的来源之中,是该来源的构成环节,与该来源是部分与整体的关系,不能离开该来源而独立存在。因此,把知识仅看作是"生产方式"、进而看作"社会存在"的产物和反映,至少是对马克思观点的肢解、片面化和矮化。其次,在"社会生产"实践这一根本来源的框架内,把知识看作是对"生产力""生产关系""生产方式""社会存在"的渐次理解和反映。② 最后,指出知识(以思想上层建筑为例)具有由社会存在的变革、进而由社会实践的演化决定的历史性,而其演替则具有由实践形式决定的可预期的确定性演替形式,和人们能动建构与驾驭的不确定性演替形式两种形式③。上述几个方面显示,马克思知识论关于知识的来源、

---

① 《马克思恩格斯选集》第 2 卷,人民出版社 1995 年版,第 32 页。
② 同上。
③ 同上。

本质、历史性及其演替方式问题的立论，都无不以为根本实践取向。

第四，揭示和论证了知识生产主体和知识生产内容的实践制约性。马克思指出："人们是自己的观念、思想等等的生产者，但这里所说的人们是现实的、从事活动的人们，他们受着自己的生产力和与之相适应的交往的一定发展——直到交往的最遥远的形态——所制约。意识在任何时候都只能是被意识到了的存在，而人们的存在就是他们的现实生活过程。"① 就是说，知识尽管是人的产物，但只有依托生产方式从事生活实践活动的人，才有资质和可能产出知识。而由此所生产出的知识，归根结底，"是被意识到了的"人们的"现实生活过程"。可见，马克思的知识论，从社会生产与其生产方式相结合高度，揭示了知识生产主体、知识生产内容的实践制约性，从而内在地具有实践取向。

第五，阐发了知识根本功能目标及其实现方式的实践约束性。马克思指出，"哲学家们只是用不同的方式解释世界，问题在于改变世界"②。"对实践的唯物主义者，即共产主义者来说，全部问题都在于使现存世界革命化，实际地反对并改变现存的事物。"③ 这就是说，解释世界不是知识的全部性、根本性而只是其部分性功能目标。其根本性、彻底性和完整性功能目标，只能是改变世界。而知识这种以改变世界为基本内容的功能目标的实现，也只能是实践："环境的改变和人的活动的一致，只能被看做是合理地理解为革命的实践。"④ 显然，马克思知识论关于知识功能目标及其实现方式的理解，在根本上也是以实践为其内在取向的。

第六，把知识的根本价值目标理解为通过实践实现人的解放。马克思把知识的功能理解为改造世界，而改造世界的目标，就在于追求人的解放，由"必然王国"走向"作为目的本身的人类能力的发展，真正的自由王国"⑤。这样，马克思在规定知识功能的同时，也就相应地规定了知识价值目标。不过，在马克思看来，由"必然王国"走向"自由王

---

① 《马克思恩格斯选集》第 1 卷，人民出版社 1995 年版，第 72 页。
② ［德］马克思、［德］恩格斯：《费尔巴哈》，人民出版社 1988 年版，第 90 页。
③ 同上书，第 19 页。
④ 同上书，第 88 页。
⑤ 《马克思恩格斯全集》第 25 卷，人民出版社 1975 年版，第 926—927 页。

第十二章 马克思知识论对知识社会学空间的扩展与品位的提升

国"、追求人的解放这一价值目标,只能通过实践才能实现。在马克思看来,"'解放'是一种历史活动,不是思想活动"①。可见,对马克思而言,实践和人的解放是相互内在、相互规定的:人的解放只能是实践中的解放,而实践在本质上也是追求着人的解放的实践。这样,马克思知识论把知识的根本价值目标,也就理解和规定为基于和存在于实践活动的人的解放发展。这表明,马克思知识论关于知识根本价值目标的理解和规定,也以实践为根本取向。

第七,对知识生成和获取的方法论原则进行了实践取向的诠释。强调突破旧知识论仅着眼于"客体的或者直观的形式去理解""对象、现实、感性"的知识获取方式,主张着眼于"主体"的"感性活动"和"实践去理解""对象、现实、感性"②,以生成和获取知识;强调对象是怎样的,从而关于对象所可能获得的知识是怎样的,是一个无法在关于对象的直观、凝固、抽象、封闭的关系中得到回答的问题,而是一个由对象与其主体及其相互作用的环境所共同决定的问题,因而是一个只能根据对象在实践中所呈现的现实状态、所拥有的境遇属性,才能具体、历史、能动、整体地予以回答的问题。可见,马克思昭示和论证了其知识论实践取向的唯物论、能动论、革命性的批判论,及对象性活动论诸环节相统一的丰富而深刻的内涵,警示知识论的发展,既应避免旧唯物论的机械性、卑污的庸俗性的缺陷,也应避免唯心主义能动性的虚幻、抽象缺陷。这表明,马克思知识论关于知识生成和获取的方法论原则的诠释,也内在地具有实践取向。

第八,强调从实践约束知识的角度理解知识的同时,也主张从知识的实践使命角度理解知识。这集中体现在其对哲学知识的论述中。马克思指出:"哲学不是世界之外的遐想",哲学家"是自己的时代、自己的人民的产物,人民最精致、最珍贵和看不见的精髓都集中在哲学思想里"。哲学"不仅从内部即就其内容来说,而且从外部即就其表现来说,都要和自己时代的现实世界接触并相互作用","哲学……是文明的活的

---

① [德]马克思:《资本论》第3卷,人民出版社,2004年版,第929页。
② [德]马克思、[德]恩格斯:《费尔巴哈》,人民出版社1988年版,第87页。

灵魂，哲学已成为世界的哲学，而世界也成为哲学的世界"。① 马克思关于知识对实践的使命和责任的这种论述，把实践对知识的约束，和前述知识对实践的约束结合了起来，从而使其知识论具有了由这两种约束的结合构成的相向互动的实践取向。

第九，把知识论与实践唯物主义的历史观相统一。马克思指出："这种历史观和唯心主义历史观不同，它不是在每个时代中寻找某种范畴，而是始终站在现实历史的基础上，不是从观念出发来解释实践，而是从物质实践出发来解释各种观念形态。"② 马克思在此显然是立足于实践唯物主义的历史观的高度，而不是在一般实践取向层面，来理解和诠释"范畴""观念"等知识形态的。这就使其知识论不仅内在地具有实践取向，而且内在地具有唯物史观取向，从而使其知识论的实践取向上升到了历史观高度，避免了使其知识论的实践取向被低俗化、琐碎化。

上述各层面分析显示，马克思对"社会意识""观念""解释世界""意识形态""哲学"等知识形式的论述，透射着其对知识的根据、合法来源、解释框架、确证机理、使命等知识论问题的深邃思想。不过，马克思所阐发的这种知识论，和前述西方知识论有着质的区别。它不像后者那样离开实践，或抽象孤立地在逻辑层面或在一般相互作用格局中，建构和阐发以解释世界为功能诉求、以求真为宗旨的知识论，而是以实践为根本框架，在社会存在的根本规定性、人解放发展的根本要求和人能动创造活动三者相结合的高度，建构和阐发以改造世界为功能诉求、以追求人的实践解放为宗旨的知识论。这就使得其阐发和建构的知识论，比起前述西方知识论所享有的无关于人解放发展痛痒和执迷于琐碎化、游戏化、经院化和纯逻辑化的理论空间和理论品位而言，更契合现实生活世界健康发展对知识论的内在要求，对现实生活世界的及知识本身发展所遭遇问题的解释力更强劲，更具有内在活力。

---

① 《马克思恩格斯全集》第1卷，人民出版社1956年版，第120—121页。
② 《马克思恩格斯文集》第1卷，人民出版社2009年版，第544页。

第十二章　马克思知识论对知识社会学空间的扩展与品位的提升

四　马克思知识论对知识社会学空间扩展与品位提升可能性的供给

马克思实践取向的知识论，蕴含着知识社会学空间得以拓展、品位得以根本提升的丰富可能性。

第一，既有知识社会学只在知识与社会一般相互作用意义上，立足于非实践批判的自然主义理论框架，直观、静态地理解知识的社会约束性，未把这种约束性理解为实践约束性。马克斯·舍勒的论述典型地体现了这一点："处于主导地位的各利益集团的社会视角的基础上的，对各种知识对象的选择过程"，具有"不容置疑的""社会学本质"。"人们用来获得知识的各种心理活动'形式'，从社会学角度看都必然始终受到社会结构的共同制约。""无论就知识的所有各种基本形式而言，还是对于社会发展的所有各种层次来说，这些结构性相关状态都是有效的。"① 其在此把知识的社会约束性，具体地理解为知识的利益约束性和社会结构约束性。可见，其所看到的只是知识社会约束性的实然形态、自然形态；其用来理解知识社会约束性的框架，只不过是功利主义框架和结构功能主义框架的混合体；其考察这种社会约束性的视角，只是经验归纳性和静观描述性的自然主义视角。这表明，既有知识社会学并不具有基于实践批判的理论框架，来理解知识社会性的研究范式和问题意识。就此而言，马克思实践取向的知识论，无疑为知识社会学，把其理解知识社会约束性的前实践形态的直观、静态、非批判的素朴自然主义的既有理论框架，扩展为集考察知识社会约束的实然形态、应然形态和可能形态于一体的实践批判的理论框架，提供了理论性前提、根据和基础，孕育着知识社会学以社会实践为根本规定性的全新理论空间和理论品位。

第二，知识社会学既有理论空间与品位的根本规定性，在于追求科学真理而非人解放发展。卡尔·曼海姆建构知识社会学的宗旨，就在于在自然科学已解决了关于"客观事实"的"知识的客观性"的背景下，

---

① ［德］马克斯·舍勒：《知识社会学问题》，艾颜译，华夏出版社2000年版，第66页。

解决如何确证关于"主观事实"即"社会知识的客观性",以论证社会科学研究的合法性问题。"早期关于知识客观性的讨论强调要消除个人和集团的倾向性。"① 卡尔·曼海姆则认为,"在社会生活中,我们如果无视价值和行动的目的,就会遗漏有关事实的许多意义。"因此,"物体可以完全从外部认知,而精神的和社会的过程只能从内部来认识"②。由此所得出结论:主观事实中主观参量的存在,与社会知识的客观性并不冲突,社会知识的客观性恰在于其揭示了主观事实中主观参量的存在与意义。而知识社会学的使命,就在于揭示和论证社会知识客观性的机理与条件。可见,知识社会学理论空间与品位的这种科学真理性取向,并不具有明确、自觉的追求人解放发展的规定性。马克思实践取向的知识论,把知识的科学真理性,统一和定位于追求人解放发展的高度来理解和诠释,使其获得了以追求人解放发展为内容的价值底蕴和价值归宿。这就为知识社会学把既有的纯科学真理性取向的理论空间和理论品位,扩展和提升到内蕴有以追求人解放发展为价值底蕴的科学真理性取向的新的理论空间和理论品位中,提供了可能。

第三,既有知识社会学未自觉把知识的社会约束,理解为实践活动整体系统的约束,而是理解为社会要素对知识孤立、分散的约束,从而把对知识社会约束的理解简单化、破碎化和狭隘化了。马克思实践取向的知识论,把知识的社会约束,理解为由社会实践活动整体系统及其运动形成的时代整体,对知识的约束。马克思指出:"每一个时代的理论思维,从而我们时代的理论思维,都是一种历史的产物,它在不同的时代具有完全不同的形式,同时具有完全不同的内容。"③ 马克思实践取向的知识论,对知识的社会约束的这种理解,为知识社会学扩展、提升关于知识社会约束研究的空间与品位,提供了根据和思路。

第四,既有知识社会学已经具有了由乔治·赫伯特·米德所阐发的社会情境主义的知识社会学思想:一切社会知识活动都离不开一定的社

---

① [德]卡尔·曼海姆:《意识形态与乌托邦》,序言,黎鸣、李书崇译,商务印书馆2000年版,第10页。
② 同上书,第13页。
③ 《马克思恩格斯选集》第4卷,人民出版社1995年版,第284页。

第十二章 马克思知识论对知识社会学空间的扩展与品位的提升

会情境,社会情境而非其他任何因素决定了个体意识以及与个体意识相关的一切知识活动。① 这种认识虽然把知识的社会约束,具体化为知识的情境约束,但其对知识的这种情景约束的理解,是就事论事、直观、朴素的,未能揭示知识情景约束的实践性本质、主题与基础,从而把这种情景约束庸俗化、狭隘化、简单化了。马克思实践取向的知识论,把情景理解为实践中的情景,把知识的情景约束的本质理解为实践性情景约束,这就澄明了情景约束的社会历史内涵,从而为知识社会学把其关于知识情景约束研究的空间和品位,由局限于实践视域之外的情景约束,向实践视域中的情景约束扩展和提升,提供了思想基础。

第五,马克斯·舍勒指出:"所有知识,尤其是关于同一些对象的一般知识,都以某种方式决定社会——就其可能具有的所有方面而言——的本性。最后,反过来说,所有知识也是由这个社会及其特有的结构共同决定的。"② 可见,既有知识社会学在马克斯·舍勒那里,尽管已经具有了知识与社会相互作用的理论视野,但这种视野尚是抽象、无特定价值指向和前实践视野的。马克思实践取向的知识论,则把社会对知识的施动,理解为以人解放为价值指向的社会实践活动对知识的约束;而把知识对社会的施动,则理解为知识通过实践来追求人解放的过程,从而知识与社会的互动,就呈现为以实践为基本取向和规定性的过程。这就为知识社会学关于知识与社会互动问题研究的理论空间与品位,由局限于关于知识与社会一般性相互作用问题研究的理论空间和品位,向关于知识与社会以实践为取向的互动问题研究的理论空间和品位扩展提升,提供了理论支撑。

第六,知识社会学"认为所有思想都是由现存的(即社会的)状况决定,因而不能声称为真的论点自己却声称是真的"③ 的主张,使其陷入了迄今尚未得到有效化解的自我驳斥及相对主义双重困境。马克思实践取向的知识论认为:"物质生活的生产方式制约着整个社会生活、政治生

---

① [美]乔治·赫伯特·米德:《心灵、自我与社会》,霍桂恒译,华夏出版社2003年版,第78—79页。
② [德]马克斯·舍勒:《知识社会学问题》,艾颜译,华夏出版社2000年版,第58页。
③ [美]拉里·劳丹:《进步及其问题》,方在庆译,上海译文出版社1991年版,第215页。

活和精神生活的过程。不是人们的意识决定人们的存在,相反,是人们的社会存在决定人们的意识。"① "无论哪一个社会形态,在它所能容纳的全部生产力发挥出来以前,是决不会灭亡的;而新的更高的生产关系,在它的物质存在条件在旧社会的胎胞里成熟以前,是决不会出现的。所以人类始终只提出自己能够解决的任务,因为只要仔细考察就可以发现,任务本身,只有在解决它的物质条件已经存在或者至少是在生成过程中的时候,才会产生。"② 所以,知识的社会参量尽管是变化、多样的,但一方面,其终究不过是特定社会存在的构成环节,对特定社会存在有根本统一性,从而其意涵及社会效应也必须统一于特定社会存在来理解;另一方面,社会存在的历史演进,也有其阶段的稳定性,从而也使变化不定的知识参量有了内在的统一性。这样,马克思实践取向的知识论把知识的不同约束参量,在根本上统一了起来。这为消融知识社会学自我反驳和相对主义困境,提供了理论出路,使其理论空间的扩展与品位的提升成为可能。

第七,默顿曾把知识社会学既有研究范式综合和归纳为:A. 以"社会基础与文化基础"为内容的知识的存在基础。但这种对基础的理解,并未把实践作为其基本内容,也未从社会实践角度理解知识的基础。B. 以各种理论关注的焦点、抽象化程度、概念基本内容、验证方式、思维活动的对象等为视点,对知识类型做了不同划分。不过,既有划分未着眼于实践来理解知识类型的划分问题,其所理解和划分的知识类型,还只是解释世界而非改造世界的知识类型。C. 着眼于符号性、有机性和意义性视野,把知识生产与存在基础的关系,理解为因果关系或功能关系。这种对知识生产与存在基础关系的理解和规定,并不具有实践取向和实践视野中的问题意识。D. 以意识形态和社会整合意识,理解知识的功能。③ 这种对知识功能的理解,并未自觉着眼于实践来理解知识功能,也未揭示知识以实现人解放为内容的彻底实践功能。可见,默顿所揭示

---

① 《马克思恩格斯选集》第 2 卷,人民出版社 1995 年版,第 32 页。
② 同上书,第 33 页。
③ [美] R. K. 默顿:《科学社会学》,鲁旭东、林聚任译,商务印书馆 2003 年版,第 15 页。

的知识社会学既有范式，尚是一种解释世界、而非改造世界的范式；且其对世界的解释，也是前实践取向的。马克思实践取向的知识论，对既有知识社会学由解释世界的范式，扩展和提升为解释与改造世界相统一的范式，开启了理论可能性。

总之，马克思实践取向的知识论，不仅为既有知识社会学范式由解释世界向改造世界转换，提供了理论根据和基础，而且为这种改造世界范式的知识社会学的发展，提供了以社会存在为内容的根本视点、以人的实践解放为取向的价值归宿，从而为既有知识社会学拓展其理论空间、提升其理论品位，提供了充分的可能性和全面的理论支撑。

五　结语

马克思指出，"对实践的唯物主义者即共产主义者来说，全部问题都在于使现存世界革命化，实际地反对并改变现存的事物"[1] 知识社会学家未必都有意成为"实践的唯物主义者即共产主义者"，但都无理由拒绝其知识社会学思想"具有客观的真理性"。然而，"人的思维是否具有客观的真理性，这并不是一个理论的问题，而是一个实践的问题。人应该在实践中证明自己思维的真理性，即自己思维的现实性和力量，自己思维的此岸性。关于思维——离开实践的思维——的现实性或非现实性的争论，是一个纯粹经院哲学的问题。"[2] 知识社会学既然无法拒绝对其思想真理性的追求，而对思想"真理性"即"现实性"的追求和验证，一旦离开实践既然难免不陷入经院哲学，那么，知识社会学就无理由拒绝在马克思实践取向的知识论所内蕴的拓展其理论空间、提升其理论品位的广阔可能性中，来发展其自身。

---

[1] 《马克思恩格斯选集》第1卷，人民出版社1995年版，第75页。
[2] 同上书，第55页。

第四编

伦理实践的唯物史观透视

第十三章　道德冷漠感与制度性道德关怀

道德行为本质上是一种基于人的内在要求的自觉自愿的自律性活动。这决定了道德建设的一切措施，只有当其能普遍地促成人自觉自愿地遵守道德规范时，才是充分有效的。那些与道德行为的这种自律本性不相适应的所谓道德建设措施，对社会道德不相适应的所谓道德建设措施，对社会道德水准的提高而言，也许是必要的，但终究不能从根本上拯救一个社会普遍沦丧了的道德。目前社会上普遍存在的道德冷漠现象，就是道德建设措施偏离道德行为的自律本性，无视个体人生存的现实困惑，一味地以种种外在教化的方式，要求人升华为纯粹的道德人的必然结果。笔者认为，只有以一种"关怀人""给予人"的方式，而不只是纯粹"要求于人"的方式，才能使人自觉自愿地履行道德义务，才能从根本上彻底克服目前普遍存在的道德冷漠感现象。

一　道德冷漠感及其表现形式

所谓道德冷漠感，指人们道德感麻木和冷漠的现象。它本质上是人们一种特定的畸变状态的道德心理和道德行为，在日常生活中，具体表现为人们怀疑、漠视道德行为等对道德的冷漠感情，以及拒斥、推卸道德义务等消极性道德态度和道德行为。它作为目前道德危机在社会心理层面的集中表现，有几种不同的具体类型。其一，指人们道德受助期望感冷漠。人们在现实生活中遭遇困境时，客观上本来需要道德力量的关怀和帮助，潜意识中也渴望得到道德的力量关怀和帮助，但在显意识中，却往往理智地拒绝和放弃自觉地、迫切地期望与谋求外来道德力量的关怀、帮助的特定主观道德态度。现实中消极的道德生活阅历的不断积累，潜移默化地使人们觉得渴望享受道德力量的关怀和帮助，在现实生活中往往是虚幻的、不切实际的。不实际的东西，即使意向中很美好，客观上很需要，人们也会理智地予以克制，施以漠视。"现在竟然还会有这样的好人！"——道德受助者事后这种十分耳熟的感慨和惊诧，就是人们道德受助期望冷漠和几近泯灭状态的生动表述。其二，指人们对道德行为的尊严和信誉的蔑视心态和怀疑感。现实生活中，借行善以售其奸的现象，使人们担心道德关助行为背后会不会是深不见底的陷阱，以至于道德受助者对施助者道德行为的直接反应，往往不是感激和赞扬，而是对施助者动机的怀疑，对施助行为的困惑与警惕。只有当确证施助者动机的纯正性后，才会感激致谢。其三，指人们对道德义务的冷漠感和麻木感。履行道德义务，本来是极为崇高、神圣且能够唤起人们道德热情和奉献精神的事情。若因种种原因未能履行应尽的道德义务，人们往往会感到良心的不安和灵魂深处的愧疚。但现实生活中行善而被反诬陷入种种困境现象的屡屡发生，道德心理阴暗者的嘲讽，持以德谋利心态的人对行善者动机的类推误解，逐渐给人们履行道德义务造成沉重的心理压力和严重的障碍，人们履行道德义务的热情和神圣感，自然会被冷漠和麻木感所取代。其四，指人们对道德关怀对象的道义感冷漠。在正常的道德生活中，人们对身处困境者本应产生同情感，并基于内心深处的道德文化素养，本能地涌起对其施以道德关怀的内在冲动，进而把这种冲动转化为现实的道德救助行动。但处在目前日益深刻的社会分化、日益发达的社会流动中的人们，在超经济的泛化了的等价交换原则的支配下，在不正常的道德生活的影响下，人与人之间传统的情感链条日渐蚀朽，人们之间的关系出现了严重的淡漠化、物化和形式化的倾向。现实生活的消极阅历，使人们切身体验到，社会不过是只有外在联系的原子式个人的集合，他人的悲苦欢乐，与己毫无关系。面对身处困境者，人们在情感上往往表现得极端麻木和冷漠，仿佛他们是另一个世界中的异类，其不幸已难以激起人们道德上的同情感和良心上的震颤感。媒体中不时可闻的在他人面临生命之危时，从容不迫地谈救人价码的现象，不正是这种对道德救助对象的道义感冷漠的典型表现吗？

二 克服道德冷漠感的传统思路的缺陷及其启示

消解道德冷漠感现象的传统思路是：既然个体是一切道德活动最基本、最普遍的主体，是道德责任最直接的承担者，那么，消解道德冷漠感现象的着眼点，就应当直接定位于对个体的道德心理和道德意识的改造之上。而改造个体道德心理和道德意识的根本办法，就在于心理和意识的道德教化。这一思路的特点在于：其一，着眼点的个体取向；其二，着力点的意识教化定位。显然，这是一种孤立的个体主义、原子主义的道德观。由于个体毕竟是道德活动最直接、最基本的主体，其道德状况又毕竟是受其道德意识调控的，所以，这种思路似乎是恰当的，针对性很强。但仔细分析，它却有着严重缺陷。首先，个体固然是道德活动的自由主体，但他本质上却是社会性的，其一切道德活动都是社会框架内的活动。孤立地强调个体主体性对其道德行为的塑造作用是片面的。社会力量对个体道德行为的定位和塑造往往具有更为根本的作用。其次，个体道德行为固然是直接受其道德意识支配的，但个体道德意识却来源于社会环境的力量。如果说思想教化对个体道德意识、道德行为具有影响力，那么社会环境所具有的影响力则更根本。因此，孤立地通过对个体意识的道德教化来改善个体道德意识和道德行为是不可靠的。

传统思路的上述缺陷昭示着这样一个朴素的道理：必须把个体道德意识、道德行为与宏观社会力量结合起来，把其置于宏观社会力量的统摄之下，通过发掘、建构其进入最佳道德状况的社会力量前提，来统驭个体主体的道德意识，才是消解道德冷漠感现象的根本出路。对此，英国学者格林（T. H. Green）已有一定程度的论述，他指出，"每人必得在自己的岗位上尽责任"，在生活中作为"发挥道德作用的主动者"，努力去追求"他的道德上的完满"。但这一切都是以人的"道德的能力"为前提的。而"不管先要假定什么道德的能力，这能力只有通过习惯、制度及法律才成为实际的"[1]，在格林看来，个人的道德能力，必须通过作为

---

[1] 《西方伦理学名著选辑》（下卷），商务印书馆1996年版，第606页。

社会和国家意志之体现的"习惯,制度及法律"等宏观性社会力量来培育和养成。

宏观社会力量包括宏观社会结构、宏观社会过程。宏观社会结构和宏观社会过程则包括自然性结构、自然性过程和规范性结构、规范性过程。自然性结构、自然性过程是指构成社会有机体所必需的基本要素间的相互关系及其展开的必然过程,它是不以人的意志为转移的。例如,经济生活就必然由生产、流通、交换、消费间的相互关系及其展开过程所构成。由于它们是依其本性生成的、不以人的意志为转移的,对任何价值形态的社会而言,它们都是必然要出现的,故它们在本质上是价值中立的。正是基于这一意义,才谓之曰"自然性结构""自然性过程"。显然,它们不属于体现着人的意志的制度性范畴。规范性结构、规范性过程是指体现一个社会基本价值取向的各种制度的结构及其相互关系展开的过程。由于它们是对人的价值选择的结构性确定和展开,故属于体现着人的意志的制度性范畴。例如,资本主义和社会主义的基本价值取向是不同的,反映体现着这两种社会不同价值取向的各种制度的结构及其相互关系展开的过程的概念,就是规范性结构、规范性过程。由于前一种结构和过程只是后一种结构和过程进行价值规导的对象和社会价值体系的载体,它本质上是价值中立的,所以,真正具有善恶属性的宏观社会力量,则只有后一种结构和过程这种社会的基本制度体系,这决定了只有社会基本的制度体系,才真正构成个体道德意识、道德行为的基本前提、基本环境。因此,所谓在个体道德意识、道德行为层面上来发掘消解道德冷漠感现象的根本出路,也就意味着把社会基本的制度体系当作消解道德冷漠感现象的根本出路来开发运用。事实上,西方经济学的制度学派在把制度当作制约经济过程的基本力量的同时,早已注意到制度的伦理效应问题。近年来,制度问题也逐渐成为国内理论界探讨消解道德危机的出路的新的理论热点。

制度经济学派早期代表人物康芒斯在其《制度经济学》中指出,"制度是集体行为对个体行为的控制";新制度经济学派的著名代表人物诺斯认为,制度是一个社会的游戏规则,是为了决定人们的相互关系而设定的一些制约。它由一系列社会认可的非正式约束(由风俗习惯和惯例构

第十三章　道德冷漠感与制度性道德关怀

成)、国家规定的正式制度及实施机制所构成。我国也有学者认为，制度"告诉并强制规定人们可以做什么、不可以做什么，从而限定了人们活动的范围，在制度规定的范围内，人的活动具有选择自由，超出这一范围就会受到惩罚"①。总之，迄今为止，人们所理解的制度，本质上不过是对人们行为进行约束、激励的规则和机制，它以给人颁布抽象准则、对人提出普遍性要求、给人施加约束行为的压力从而使人就范为本质特征。它的目标指向在于对人们自发的盲目的内在冲动进行逆向校正和抑制，而不是对人合理的内在需要的满足进行顺向扶持和帮助。因此，这种意义上的制度总是以训令式姿态面对人，可称之为约束训令型或压力型制度（以下通称"压力型制度"）。它反映了社会、国家对人的个体性所具有的强制性和超越性地位。这种类型的制度，只要是合理的，就能显著地抑制恶的发生，为善的发生提供必要的前提，因而它不仅内蕴着深刻的伦理属性，而且有着比一般道德规范更为深刻的积极伦理效应。因此，对道德冷漠感现象的消解，在着眼于一般道德规范运用的同时，还应大力开发压力型制度这种更为优越的道德资源的潜能。

然而，从道德建设的角度来看，这种压力型制度又有着深刻的局限性，并不能普遍有效地消解道德冷漠感现象。压力型制度的直接使命只在于向人们提出要求，它只规定人们应当做什么、不应当做什么，像康德那样，把抽象的道德律令、道德义务颁布给人们，并以一定的强制力量来支撑和保障其制度要求的落实和执行，至于人们是否有能力来执行制度指令，人们在执行制度指令过程中有什么困难，有着怎样的遭遇，制度指令的执行对个体而言有着怎样的影响，个体的生存和发展所必需的那些非其力所能及的基本条件如何创造等问题，则不是这种压力型制度直接关注的对象。对这种制度而言，个人的生活遭遇，只是个人本身的事，与个人之外的制度规范的责任和使命无涉。由于这种制度只颁布和推行人们的行为规则，却不直接去关注人们执行该规则过程中所遭遇到的具体问题，故就此而言，它是一种静止的、抽象的伦理力量，它发挥其道德效应的方式和姿态是僵死的、保守的，甚至是冷漠的，与人现

---

① 鲁鹏：《制度的伦理学效应》，《哲学研究》1998 年第 9 期。

实生活的复杂性、多样性和个人生活能力、道德责任能力的差异性、有限性之间，存在着严重的隔膜、脱节现象。

三　道德冷漠感消亡的根本制度前提

压力型制度的这种缺陷，决定了它不能积极地对每一平凡个体的挫折性遭遇都及时施以有效的个别性关怀和帮助。生活中具体的关怀性、救助性道德力量，仍只是个体自发的、分散的、不确定的微观道德行为。而压力型制度的职能是专门性的，不能泛化，这正是社会公平、正义及健康社会秩序前提性的制度保证。故如不在该制度之外进行伦理制度的创新，日常生活中就不可能出现一种可以确定预期、可以普遍加以依靠的直接指向平凡个体的救助性、关怀性和道德性力量，从而人能否在生活中享受到道德力量的关怀，仍只能全靠不确定的几近神秘的机遇和运气，救助性道德力量仍然是生活中的稀缺资源，是并非人人都可期盼的奢侈品。这决定了人们在现实生活中必然放弃对道德关怀的浪漫期待，而采取现实的态度，埋头和专注于自我保护和自我救助。其结果自然是人与人之间的关系日趋原子化、冷漠化。同时，这就不能不使人对作为整体性道德主体的社会和国家的道德形象感到遗憾与失望，不能不使人们对社会和国家作为道德力量的终极后盾与终极性支撑力量的角色的信赖感、期望感、崇拜感产生动摇，甚至崩塌。这必然在终极层面上动摇人们的道德信念，吹灭人们的道德期望，陷入彻底的道德悲观主义情绪之中，把对道德力量的期待视为道德浪漫主义的幻想，这也就为形形色色的反道德主义观念的滋生和流行提供了充分的可能性。其结果，必然使道德冷漠感现象雪上加霜，日益恶化。看来，要彻底消解道德冷漠感现象，就必须在扬弃既有的道德建设资源的前提下，通过伦理制度的创新，在制度性层面，把救助性、关怀性道德行为和道德力量制度化、体系化，使之真正成为可以普遍而有效地预期和依赖的强大而稳定的道德资源。显然，这样的伦理制度创新，其基本思路就只能是，在压力型制度建构的社会正义的框架下，建立起普遍关怀和救助每一个平凡个体的制度体系，通过它的正常运作，释放出普遍的源源不断的关怀人、救助人的制度性行为，从而使每一个平凡个体的生活挫折和生活困境都能因此而得到消解与克服。由于所要创建的这种伦理制度，本质上不同于压力型制度，而是以对平凡个体的日常生活进行关怀和帮助为根本宗旨与根本价值取向的，故可称之为"救助型制度"。

救助型制度的建构，包括相互呼应、相互依托两个层次。其一，非正式救助型制度的建构。即在民间社会逐渐培育、建立起救助型风俗习惯和救助型惯例。中华民族有着以"仁"和"义"为核心的深厚悠久的传统道德文化。这种文化在民间的风俗习惯中有着深久的积淀和丰富的蕴藏。在现代性生存竞争压力日趋严峻和人的独立性增强、人的孤独性日益深刻的历史条件下，对潜涵于社会传统风尚层面的这种道德资源加以开发，使"仁"和"义"的行为不再仅仅是个别人的偶然的冲动，而是光大升华为关怀和救助他人的普遍性的社会风俗习惯和严格的社会惯例，使任何平凡个体的生存困境都能无一例外地得到这种风俗习惯的关注和化解，这必将对道德冷漠感现象的消解产生积极的效果。其二，正式救助型制度的建构。即在国家各级管理部门和各种社会组织层面，建立起严格有效的救助型制度体系，专门对人的日常生活予以具体的关怀和扶持，对受挫折者及时施以救助，使其摆脱困境。社会主义制度是以全心全意为人民服务为其根本宗旨的，它本身就是一种最根本的正式救助型制度。建构正式救助型制度，本质上不过是对社会主义基本制度的具体落实和进一步展开。目前，市场经济秩序的建立，是社会主义制度为了更好地贯彻和落实为人民服务这一根本宗旨所进行的一次创新，但它所孵化出来的以个人利益和个人人格的独立性为根本特征、以平等契约和等价交换为基本机制的市民社会这种全新的社会力量，却也为把社会主义基本制度具体化为可供准确操作的救助型制度，既提出了严峻的挑战，也使之显得更为迫切、更为必要。如果放弃对这种挑战的积极回应，如果漠视、淡化这种迫切性、必要性，道德冷漠感现象就会愈益严重。这决定了在市场经济条件下，各级政府和各级组织的基本任务，绝不仅仅是为经济活动创造宏观经济条件，更为根本的是，要站在为人民服务这一根本宗旨的高度上，把社会主义的基本制度创造性地转化为具体的救助型制度，使之在日常生活的各个层面，真正地表现为以组织性、制度性行为关怀、救助每一个平凡个体的普遍性的现实力量。无疑，这一点是目前政府机构改革的一个基本坐标，是目前政府制度和政府行为创新的一个根本性着力点。从这样的视角来看，目前的政府机构改革和政府职能转变，就不仅仅是一个政府机构和政府职能从与计划经济相适应的状态，向与市场经济相适应的状态转化的一般的组织技术、组织职责、组织效率转变的过程，而且也是一个把为人民服务这一根本宗旨，通过政府制度的创新和拓展，在政府机构和政府职能层面，具体化为救助型制度的过程，是把社会主义的基本原则具体化为制度规范和制度行为层面的系统性的道德力量的过程。

对非正式救助型制度和正式救助型制度而言，后者的建构，对前者的建构具有感召、范导和基础性的支撑作用，离开后者的建构，前者的建构难度将会增大，生命力将会减弱。相应地，前者的建构对后者也具有补充、配合和强化作用。这两个层面的救助型制度的结合所形成的一体化的救助型制度体系将从根本上改变我国目前伦理制度类型单一、伦理力量薄弱的被动局面，使我国的伦理制度在创新中得以完善和发展，使现实生活中的伦理力量在伦理制度层面的高度上得到普遍地强化和壮大，从而将为道德冷漠感现象积聚起高效能的、有针对性的消解力量。

四 救助型制度对道德冷漠感的消解功能

救助型制度的普遍建立，必将在多方面有效地抑制和消解道德冷漠感现象。

首先，救助型制度的普遍建立，将从根本上改善道德主体结构，使道德主体力量得到结构性强化和整体性提升，形成完整、健全的道德主体阵容，从而为道德冷漠感现象的消解，提供多层次的、全方位的主体前提。从理论上讲，道德主体既包括个体主体，也包括社会组织和国家形态的群体性、整体性主体。但在救助型制度体系缺位的情况下，压力型制度体系作为社会组织和国家的群体性、整体性意志的体现，也有着内在的伦理属性，固然也扮演着道德的群体性、整体性主体的角色，但它的伦理属性和它作为道德的主体，只是在塑造社会正义的训令式规范这种有限的功能范围内存在着,其任务只是在于提出一种静态的、刚性的命令和要求,而不能以积极、主动的道德主体姿态,去直接关怀和救助遭遇困境的平凡个体。这就使得生活中直接从事道德救助活动的只是道德的个体主体,而群体性、整体性主体则处于缺位状态。再就道德个体主体而言,只有当其在事实上客观地从事道德活动时,他才是道德现实的个体主体。而个体的道德活动,本质上是一种自觉自愿的活动,故并非一切个体都会普遍必然地成为道德的现实个体主体。这就决定了现实中道德的个体主体队伍本身也是不稳定的、偶在性的。道德主体力量的这种状况,当然不可能产生持续的、普遍必然的积极伦理效应,来有效地消解道德冷漠感现象。

救助型制度作为社会组织和国家意志的体现,它的普遍建立,就使得道德的现实主体由不确定性、偶在性状态,升华和扩张到确定性、普遍性状态,形成个体主体与群体主体、整体主体相互呼应的有机体系,从而不但使现实中的道德活动具有普遍性、连续性,成为一种可以信赖、可以确定预期的可靠道德力量,而且使现实中的道德活动有社会组织和国家意志的直接支撑,成为一种强大的、不可抗拒的权威性力量,使人足以崇尚和信从。在这种新的道德主体结构及其效应面前,道德冷漠感现象势必得到有效消解。

其次,救助型制度的普遍建立,将使道德教化的方式发生革命性变革,使道德教化效率得到根本性提高,使道德教化成本大幅度降低,从而为消解道德冷漠感现象提供了方法论的和技术基础的有效保障。现实中人们还普遍运用的是言教和身教这两种传统的教化方式来消解道德冷漠感现象。这固然仍是必要的,但其缺陷十分明显。第一,言教就是通过以理服人、以情动人,使人接受和服从道德规范。它仍只是要求人奉献于他人和社会,却并不同时对人的现实利益予以直接关注和维护,从而就使得个人的道德义务和其个体利益处于直接冲突之中。然而,在现代性条件下,个体利益的独立性、完整性的合理性已不容置疑,禁欲主义在现代性条件下,也已失去了其合理性和昔日的权威。言教对个体道德义务神圣性的张扬,已无法抹去个人现实利益诉求的合理性。在回避和搁置人们对利益要求合理性的前提下,言教的效果不可能是普遍的、持久的，而其成本却必然是昂贵的。第二，身教就是通过榜样的力量来张扬和灌输道德规范。身教的道德感化、激励作用无疑是显著的。但在大规模的社会时空尺度中，真正深刻而持久地制约着社会道德状况的力量，不是任何形式的道德榜样，而是维护人间正义、关心民生疾苦的普遍的制度性力量。20世纪50年代曾被誉为中国道德状况的"黄金时代"，其根本原因就在于当时道德力量的生长发育，具有当时各级政府、各级干部兢兢业业、全心全意为人民服务的制度性行为、制度性过程春风化雨般的培育，而绝不仅仅是当时道德榜样的力量感化的结果。身教的作用之所以是有限的、浅层次的，根本原因在于，它仍然只是在"义"与"利"二元分裂、脱节的框架中诲道授德，而不能在感召人行善的同时，积极地化解和关怀人的疾苦与利益，有效地消除人行善的后顾之忧。在身教所预断的道德效应的发生机制中，要求张三向李四学习，王五就会向张三学习，这样，依此类推，每个人就都会处于爱和被爱的逻辑可能性中。从理论上讲，这种可能性无疑是存在的。然而，由于这种可能性的始点和根基是建立在孤立地对人的利他性的抽象要求之上的，但现实中的每一个人却不只是道德义务的责任者，而是同时也为其内在需要即利益制约着，内在需要的满足程度、利益的获得水平，不能不制约着人履行道德义务的能力、心境、机会和水平，甚至成为人履行道德义务的前提。所以，向道德榜样学习，绝不是绝对自由的过程，因而也就绝不可能是一种普遍必然的社会行为。这表明，通过身教来建立所谓爱和被爱的道德网络，只能是一种基于片面依据的抽象理想，身教绝不可能具有充分有效的积极的道德感召效应。救助型制度的普遍建立和正常运作，则通过对人日常生活的关照，对人困苦生活的解救，对人在履行道德义务、追求道德理想过程中个人现实利益的维护，切实地解除了人们现实利益的后顾之忧，从而不但为人们追求道德理想创造了现实条件，使人们无任何负担地去履行道德义务，而且以其同人们现实利益直接的事实上的具体的同一性，赢得人们对这种救助型制度所张扬的道德秩序和道德理想普遍的认同和归属。这样，救助型制度就通过对人们求义、求仁条件的改善，能有效地促进和推动人们去从善。这种制度性的道德教化的效果，自然就优于传统的教化方式，而其成本却比传统的教化方式小

第十三章 道德冷漠感与制度性道德关怀

得多,从而能更有效地消解道德冷漠感现象。

再次,救助型制度的普遍建立,使善的发生和恶的抑制机制发生了根本性的变革,为道德冷漠感现象的消解提供了基本的社会体制性前提。善发生的传统机制一是教化;二是压力型制度的强制性约束。由于善和恶的价值向度是相反的,善的发生过程,也就是恶的抑制过程,故恶的抑制机制,除包括压力型制度的惩罚机制和社会舆论的抨击机制外,还间接地包括善的发生机制。善的发生和恶的抑制的传统机制的特点在于,它们是一种功能的或然性、有限性机制。当善的发生通过教化机制而实现时,善的这种发生必然是或然性的;当善的发生通过压力型制度的强制性约束而实现时,善则只能发生在压力型制度的框架内,在该框架外,则未必发生,故其发生的范围必然是有限的。当恶的抑制通过社会舆论的抨击机制而实现时,由于舆论的抨击不必然意味着恶的消失,故这种抑制必然是或然性的;当恶的抑制通过压力型制度的惩罚机制而实现时,这种抑制则必然只能局限于压力型制度框架内,在该框架外则未必能实现。故这种抑制有效的作用范围只能是有限的,且即使在压力型制度框架内,也未必会确定必然地实现,严酷的刑法从来都只是恶得以抑制的必要条件。总之,善的发生和恶的抑制的这种传统机制的上述特征,一方面决定了善不可能普遍必然的发生;另一方面决定了恶不可能得到普遍必然的抑制。这样善与恶的力量对比就不但未必处于优势,而且很难保证不出现丑恶现象泛滥的局面。这意味着道德冷漠感现象不可能得到有效消解。救助型制度的普遍建立,不但为善的普遍发生提供了基本的制度性前提,而且也为恶的广泛而有效抑制创造了普遍的制度性条件,这必将使善对恶的力量对比取得绝对优势,使善在社会中成为普遍的值得信赖的权威性力量,从而使道德冷漠感现象随着其赖以发生的恶这种基础性力量的消逝而逐渐得到消解。

最后,救助型制度的普遍建立,将从根本上改变社会形象的民众评价值,在体制性、制度性层面上塑造出社会圆满的善的形象,从而提高社会的凝聚力和整合度,为道德冷漠感现象的消解提供整体性、终极性的现实社会力量前提。一般来说,任何社会都存在着善和恶。故对一个社会的善恶评价而言,问题不在于该社会是否存在着善,而在于从根本性、整体性尺度来看,该社会善的水平是否绝对地高于恶的水平;同时,对一个社会的善恶评价而言,问题不仅仅在于该社会的基本制度在根本上是否具有潜在的善的资源和善的可能性,而且同时更在于该社会的基本制度所潜涵的善的资源,是否得到了现实的、充分的有效开发和运用,使之变成一种现实的善。一个虽然存在着善的力量但同时恶行却肆意妄为的社会是不可能赢得高水平的善的评价值的,是不可能有着牢固的凝聚力的;一个其基本制度潜涵着无限的善的资源和善的可能性,但这种资源和可能性并未实际的转化为现实的善的社会,同样是不可能塑造出社会圆满的善的形象,不可能具有牢固的凝聚力的,因而道德冷漠感现象的消解,就不可能得到强大的社会整体性的善的力量的支撑。救助型制度的普遍建立,不但把善的力量源源不断地注入社会,使现实中善的力量得到强化,而且使现实中善的力量绝对地超过恶的力量;不但使社会主义基本制度现实地释放出来的力量得到肯定和维护,而且使其所潜涵的善的力量得到充分的开发和有效的运用,使社会善的力量形成一个交织于社会生活各个层面、各个领域的连续性、整体性的有机体系,使恶的力量极小化,从而在社会整体性高度上,塑造出社会圆满的善的现实形象,使善真正成为具有不容挑战的权威性客观力量,使人们对善产生由衷的信赖感,进而为提高社会的凝聚力和整合度创造强有力的纽带,从而为道德冷漠感现象的普遍消解,提供广泛的社会心理前提。

当然,对制度性道德关怀问题的张扬,并不意味着否定个人对其生活的责任。制度性道德关怀,绝非约翰·密尔在《论自由》中所抨击的那种剥夺个人自由权利的家长主义式的关怀。实际上,它的作用范围是有限制的,即以那些陷入了超出了个人能力所能克服的困境中的人为救助对象。它本质上不过是对个人主体性在特殊前提下的一种制度性扶持和充实,以对个人主体性的尊重、保护和开发为根本前提。另外,它既不意味着否定传统的道德教化方式和个人道德修养在道德建设中的重要性,也不意味着拒斥压力型制度抑恶扬善的积极道德功能的发挥,更不意味着弱化和开脱个人的道德义务。道德冷漠感的消解,本质上是一个以制度性道德关怀为核心的系统社会工程,任何把其赖以实现的某种措施极端化的做法,都是没有出路的。

第十四章　走出困境的抉择：协调性道德的转换与提升

行贿受贿、假冒伪劣、坑蒙拐骗、欺世盗名等现象冲决道德规范长期泛滥的现实表明，道德规范已陷入效力低弱困境中。学界迄今对该困境根源与化解路径问题的研究尽管汗牛充栋，但既有研究都是在认同既有道德形态及其规范合理性的前提下，把这种困境的根源归结为既有道德形态及其规范本身之外的人或制度方面的原因，认为既有道德形态及其规范未被人有效内化、人道德修养不足，以及人对道德规范的尊奉缺乏有效督察机制等因素是这种困境的根源，因而都主张通过探究既有道德形态及其规范被人有效内化和尊奉所需条件与机制的路径来化解该困境，尚无从既有道德形态及其规范合理性角度，来反思这种困境根源、探究消除这种困境有效路径的问题意识。然而，基于上述传统问题意识、依赖上述传统路径化解该困境的理论和实践的长期努力，与该困境依然严重存在的现实间的强烈反差表明，对既有道德形态规范效力低弱困境成因及其化解出路问题的研究，必须突破上述传统问题意识，摆脱对上述传统路径的依赖，在反思既有道德资源合理性、提升既有道德形态文明程度这种新的问题意识中，来追寻破解道德规范效力低弱困境的有效路径。

一　传统道德的协调性本质及其内在缺陷

一般认为，"道德与利益的关系"构成伦理学的基本问题。[①] 该问题

---

① 孙正聿：《哲学导论》，中国人民大学出版社2003年版，第33页。

由利益与道德能否统一、协调及如何统一、协调两个层面构成①。相应的，道德的"基本特征在于：第一，它是个体自觉意识的行动、作为和态度。第二，由于它常常是相悖于个体生存的利益或快乐，因而是不顾因果利害而如此行为动作的。由于它不屈服于利害因果的现象世界，所以说它是'自由意志'"②可见，一般意义上的道德的本质，就在于要求人立足于自由意志，通过自我牺牲所进行的利益横向无偿让渡，来化解他人生存发展困境、协调利益关系、实现道德目的。这种意义的道德，是迄今为人所清醒认识和普遍认同的道德的唯一形态。既然该道德目的在于化解人生存发展困境、协调利益关系，而其用以实现该目的的根本方式，也仅为人与人间利益的横向无偿让渡、调配的方式，故可把该道德概括为以利益横向无偿让渡为特性的"协调性道德"。由于该道德要求人通过强化自由意志、实现意志自律，以自我牺牲这种利益横向无偿让渡方式，来化解他人生存发展困境，满足"人是目的"这一根本价值宗旨的要求，把人自利诉求即"意志他律"过程，不是看作人生存发展困境赖以化解、道德目的实现可资利用的积极力量加以开发，而是看作阻滞人生存发展困境化解和道德目的实现的消极性力量而着意加以摈除，完全否定了自利追求即"意志他律"过程，对道德目的的实现所可能具有的积极意义，所以，这种"协调性道德"本质上也就是一种"意志自律型道德"。

由于"协调性道德"仅满足于通过意志自律所执行的利益横向无偿让渡来化解人生存发展困境，漠视和容忍这种困境得以生成的根源，不具有提供人生存发展困境赖以普遍避免和有效化解，所必需的财富资源最大限度创生所要求的特定道德力量的基本功能，这就决定了它不但易诱使人普遍产生，而且还在客观地支撑和强化人把化解困境的希望寄托于他人通过自我牺牲施与救助这样的依附性、寄生性道德期待心理，却并不能启迪和诱导受助期待者反思自己对避免和化解自身生存发展困境，负有什么道德责任的内在潜质，必然使人无法在道德视野中看到依靠自

---

① 朱贻庭主编：《伦理学大辞典》，上海辞书出版社2002年版，第13页。
② 李泽厚：《历史本体论·己卯五说》，生活·读书·新知三联书店2003年版，第249页。

第十四章 走出困境的抉择：协调性道德的转换与提升

身力量根本避免和有效化解自身生存发展困境的根本希望，从而也必然使人把能否获得和在何种程度上获得这种救助，看作评价作为被期待对象的个人、社群和时代道德文明程度的根本依据和根本尺度。可见，"协调性道德"不但不能引导和激励人生成生存发展困境根源得以根本消除所必需的进取创新精神，而且还因为对人外向依附、寄生意识的诱发，而在客观上销蚀、绞杀这种精神，最终必然进一步地引发、强化和加剧人生存发展困境。显然，它在致力于化解人生存发展困境的同时，又在把人置入这种困境，并不断强化、加剧这种困境。显然，它已无法自拔地陷入了既解救人又绞杀人的"道德悖论"中了。

"协调性道德"既然不但不具有批判、否定和克服人对他人依附性、寄生性意识和人格的内在本质，反而在直接或间接地诱发、支撑和强化着这种依附性、寄生性意识和人格，在具有一定程度上解救人走出生存发展困境、协调社会关系的积极属性的同时，也客观地具有放纵人陷入生存发展困境、诱导人与人之间形成依附与被依附的扭曲性社会关系的消极属性，可见，"协调性道德"也就客观地具有依附性道德属性。就此而言，可把其称之为"依附性道德"。

对这种由康德所倡导的仅强调"意志自由"的道德价值、忽视"意志他律"的道德潜能的传统协调性道德观，"黑格尔在最深层次上"进行了"抨击"："他认为，康德的自由观是，我们的自由使我们超拔于我们的人类本性（我们的嗜好和需要）的所有偶然性之上并超拔于我们的社会及其历史的所有偶然性之上"。"黑格尔将否认人的自由能够脱离适当的社会条件而得到充分的实现。只有在一个理性的（合理的）社会里，在一个其制度结构保证着我们的自由的社会里，我们才能过上一种充分地理性而善良的生活。"[①] 这表明黑格尔已看到了道德意志自由的实现所具有的他律性，但他并未把这种他律性看作道德目的实现可资开发运用的资源，更未看到他律意志对道德目的的实现所具有的积极功能的根本有效开发，只能通过他律意志主体依靠自身力量，把他律意志转换为客

[①] ［美］约翰·罗尔斯：《道德哲学史讲义》，张国清译，上海三联书店2003年版，第448页。

观上追求道德目的的力量的方式来实现，而只是把道德意志的他律性，看作道德目的实现所必须面对的消极力量，并试图通过"适当的社会条件"、特定"制度结构"等外在社会条件，把其引导到道德秩序的框架内。黑格尔之后，尼采对这种"协调性道德"忽视人能动性、独立性的缺陷，进行了迄今最尖刻的批判，但他把这种道德的缺陷极端化、夸大化了，以至于把"同情、仁慈、助人为乐、热心肠、容忍、勤奋、谦卑和友好"等"协调性道德"品性，贬称为"奴隶道德"① 而加以完全否弃，从而也彻底否定了人基本属性的社会依赖性一面对塑造和规定道德形态的一定程度的合法性，这显然是不足取的。当然，前人对"协调性道德"的批判无论有着怎样的不足，都无不在警示我们，不能再沉迷于对"协调性道德"的盲目膜拜和信仰之中了，必须在肯定其合理性的同时，创造性地超越它。

二 协调性道德规范效力低弱困境的成因

人是能动性与受动性的统一体。利他行为是人"自由意志"的表达，体现了人能动性；自利行为则是意志他律的表现，体现了人受动性。"协调性道德"及其规范所主张的利他这一意志自律过程，始终要求人抑制、牺牲和超越自利这一意志他律过程；但由于这种抑制、牺牲和超越赖以可能的保障力量，只是人有待获得却未必能普遍有效获得的"自由意志"这种高远的精神力量；加之负载着抑制、牺牲和超越自利这一意志他律过程责任的人本身，本来就处于意志他律过程这一人无法完全剥离的约束中，因此，"协调性道德"及其规范所期待的对意志他律过程的抑制、牺牲和超越，也就并不能普遍有效地实现。

"利他"和"自利""意志自由"与"意志他律"各自的作用形式和各自赖以实现的保障力量的上述显著差别，从如下诸方面构成了"协调性道德"规范效力低弱困境的重要根源：

其一，人独立对其生存发展负有无可替代的根本责任，这决定了自

---

① ［德］尼采：《善恶之彼岸》，程志民译，华夏出版社2000年版，第189页、第188页。

第十四章 走出困境的抉择：协调性道德的转换与提升

利作为人根本无法完全超越的行为取向，不能不深刻地约束着协调性道德规范的效力状况。先哲有言："如果各人都对自己处境感到满意，可以使人类处于一种比较平和的境地。"① 那就是说，如果自利需求不能得到有效满足，平和有序生活就难以保障，道德规范效力就面临挑战。其二，人始终处于生存发展压力约束中，协调性道德规范不能为有效应对这种压力提供直接有效的力量支撑，这就使得人不顾自身利益自觉遵奉协调性道德规范的可能性始终处于挑战中。其三，人生存发展困境的根源，在于人生存发展需要的无限性与这种需要赖以满足所必需的财富资源的稀缺性间的矛盾，"协调性道德"不能在任何意义上化解这种矛盾，人自然也就缺乏尊奉其规范的积极性。其四，"协调性道德"和自利追求对人行为约束的性质、地位是不同的：前者是一种有条件的应然性、非强制性约束，是一种直接要求人付出现实功利的牺牲却无现实功利收益的非平衡性约束。后者是一种实然性、强制性约束，是一种虽必然付出成本却有可预期收益的平衡性约束。两种约束影响力的如此差别，决定了"协调性道德"规范效力必然是有限的。

协调性道德规范效力低弱困境的上述根源，在约翰·杜威如下论述中得到了精辟概括："人类的男女老少实际所过的生活、他们所遭遇到的机会、他们所能享受到的价值、他们的教育、他们在一切艺术和科学事物中所分享到的东西等主要是受经济条件所决定的。所以，一个忽视经济条件的道德体系只能是一个遥远空洞的道德体系。"② 因此，必须破除对这种把意志他律，仅看作阻碍道德目的实现的消极力量的协调性道德的盲目迷信和膜拜，探索、建构能更有效地实现道德目的的新的道德类型。

三 道德目的新实现方式的彰显与道德形态的拓展

化解人生存发展困境、满足"人是目的"这一根本价值宗旨的要求，无疑是道德永恒的基本目的。自古迄今，在人们看来，这一目的似乎只能

---

① ［德］托马斯·阿奎那：《阿奎那政治著作选》，马清槐译，商务印书馆1963年版，第141页。
② ［美］约翰·杜威：《确定性的寻求》，傅统先译，上海人民出版社2004年版，第285页。

通过"协调性道德"所主张的由人的自我牺牲所进行的利益的横向无偿让渡这一古老方式来实现。其实，对这一道德目的实现条件理性地做以考察，就不难发现，该目的的实现，其实还存在着另外一种必要的方式。

人生存发展需求无限性与满足这种需求的财富资源的有限性的矛盾，作为人生存发展困境和道德需求的终极根源，尽管不能得到一劳永逸的克服，从而人生存发展困境和社会对道德的需求，决不能得到绝对的消解和满足，但却可以通过提高人生存发展需求借以满足的财富资源供给绩效的方式，而得到相对的消解和满足。财富资源供给绩效越高，人生存发展需求满足水平就越高，陷入生存发展困境的人就越少，社会对道德的需求就越低，道德目的实现水平就越高。可见，提高人生存发展需求借以满足的财富资源供给绩效，也为道德目的的实现所必需，因而是实现道德目的一种新的必要的方式。

财富资源供给绩效要能得以根本有效的提升，人就必须具有进取创新精神，积极探索和创造性地运用人与人、人与自然关系的内在规律，最大限度地创造人生存发展需求的满足所必需的财富资源。可见，进取创新的生存发展方式，比起"协调性道德"所要求的通过自我牺牲来救助他人的方式来，是支撑人走出生存发展困境、降低社会对道德的需求、实现道德目的的更为有效的方式。这表明，自我牺牲以救助他人这种利益横向无偿让渡的方式，客观上并非实现道德目的的唯一方式，道德目的可在一定程度上，避免通过牺牲一些人的生存发展，来化解另一些人生存发展困境这种支付人道代价的方式、转而主要通过进取创新的生存发展方式这种符合现代性精神的方式来实现。

道德目的这一新的实现方式的彰显，召唤着一种新的道德形态。复杂性理论认为："凡在出现生命的各种组织层次上的系统，对于要在周围环境中无限期地存在下去而言，……只有能进化出一种复制或再生产自身结构的能力才行。使用 H. 马图拉纳在六十年代引入的一个术语，我们可以把这类相对高组织层次上的系统，称作是'自创生的'（'autopoietic'，来自希腊文，意思是'自我创造、生产、形成'）。确实，细胞、器官、生物体，以及生物体组成的群体和社会都是自创生系统：它们自己更新自己，自己修复自己，并且自己复制自己或自己生产自己……自创

第十四章 走出困境的抉择：协调性道德的转换与提升

生的模型是对现实世界的系统中复杂的复制过程的简化的动态解释。"①上述进取创新的生存发展方式，正是人通过自身创造性地自我生产和再生产的方式、而不是通过外向期待和外向依赖，来化解自身生存发展困境、来实现自身生存发展的，所以，上述进取创新的生存发展方式中，与复杂性理论所揭示的"相对高组织层次上的系统"的存续方式，本质上是相通的，因此，可借鉴复杂性理论所揭示的这一自创生原理，把上述进取创新的生存发展方式的根本精神取向，概括为以进取创新为内容的"自创生取向"。

既然这种进取创新取向不但能更有效地化解人生存发展困境、更有效地协调利益关系和实现道德目的，而且可以在一定程度上避免人无偿救助他人所必须支付的阻碍救助者自身生存发展这样的人道代价；而人的协调品性和"自创生取向"既然都是化解人生存发展困境、实现利益关系协调和道德目的基本力量，那么，前者既然是道德品性，那就无法否定后者同样也具有道德属性，也是一种必须加以肯定和倡导的道德品性。基于此，可以把人这种以进取创新为内容的"自创生取向"，称为"自创生性道德"。"自创生性道德"的"出场"，标志着道德形态由原来仅有的协调性道德，已拓展到新的层面。

省视伦理思想史，不难发现，"自创生性道德"这一概念尽管尚未被提出来，但相应观念已在一定程度上萌生了。王夫之"多识而力行之，皆可据之以为德"②的观点，显然在主张多识并对其加以践行这种为"自创生取向"所要求的品性，与德是相通的，可以转化为德。梁启超则已直接把"自创生取向"所要求的进取冒险精神，看作"新民"③必须具备的道德品质。斯宾塞等所倡导的进化论伦理学，则较系统地提出和论证了这种"自创生性道德"的根本精神："所有的恶都是由于对环境的不适应性所引起的。"④"任何有助于后代或个体保存的行为，我们把它视作

---

① [美] E. 拉兹洛：《进化——广义综合理论》，闵家胤译，社会科学文献出版社 1988 年版，第 45 页。
② 王夫之：《读四书大全说》（下册），中华书局 1975 年版，第 429 页。
③ 梁启超：《论进取冒险》，《新民丛报》1902 年 4 月 8 日，第 5 号。
④ [英] 赫伯特·斯宾塞：《社会静力学》，张雄武译，商务印书馆 1996 年版，第 27 页。

相对于物种而言的善的行为,反之否然。"① 被进化论伦理学视作"善"的"适应环境"和"生存斗争",当然需要去奋斗、去应对各种挑战,而不是被动依附于外在力量。故这种"善"与上述"自创生性道德"显然有相通之处。不过,前者只是指称通过被动适应环境来求得种族或个体生存的活动;后者则指称的是既适应环境又能动地改造环境这二者相统一意义上的行为。因此,二者又有本质区别。此外,马克斯·韦伯所概括的新教伦理中,"艰苦劳动精神,积极进取精神"② "极大地提高了效率的自制力和节俭心"③ "认为这种劳动是一种天职,是最善的" "通过人自身的能力和主动性去合乎理性地、合法地获利"④ 等内容,显然与"自创生性道德"根本取向是统一的,因而也是"自创生性道德"的重要思想资源。不过,与前人相比,尼采对"自创生性道德"的论述最为系统、集中,但他却非常情绪化地把张扬人的能动性和独立性、追求发挥个人生命力、创造性和自强人格等"自创生性道德"品性,褒称为"主人道德"⑤ 以完全替代被他贬称为"奴隶道德"的"协调性道德",根本不去反省这种所谓"主人道德"的缺陷,完全否定了人基本属性的受动性、社会依赖性一面所要求和支撑的道德形态的任何合法性。

前人的思想尽管已在一定程度上蕴涵着和论述了"自创生性道德"的观念,但都对其持完全肯定和张扬的态度,而忽视对其缺陷的检视,这无疑是片面的。

四 道德形态的提升与"依附性道德"的终结、"道德悖论"的破解、道德评价准则的转变

道德既然是人的道德,人既然是主体性与受动性的矛盾统一体,同

---

① 转引自万俊人《现代西方伦理学史》上卷,北京大学出版社1990年版,第112页。
② [德] 马克斯·韦伯:《新教伦理与资本主义精神》,于晓、陈维纲等译,生活·读书·新知三联书店1987年版,第30页。
③ 同上书,第45页。
④ 同上书,第140页。
⑤ [德] 尼采:《善恶之彼岸》,程志民译,华夏出版社2000年版,第189页。

第十四章 走出困境的抉择：协调性道德的转换与提升

时为意志自由与意志他律过程所规定，那就不难断定，只有那种实现了主体性与受动性、意志自由与意志他律矛盾统一的道德形态，才能独立地普遍有效地化解人生存发展困境、实现道德目的，才能具有作为完整、自足、普遍有效的道德形态的基本属性。协调性道德只是体现了意志自律的要求，它通过对人自由意志的激发，为避免他律意志的盲目扩张所可能造成的对他人、社会利益的损害，提供着超越世俗功利的自由精神的保障，但由于它忽视道德意志他律性这一事实，从而并不能、也未能把人自利行为普遍有效地提升到利他行为层面；自创生性道德只是体现了意志他律的要求，它通过对人创造性地驾驭规律的能力与活力的激发，为人生存发展需求的充分满足和他律意志的必要舒展，进而为避免因协调性道德观对他律意志的过分压抑，所可能引发的自由意志萎缩、尊奉协调性道德规范的积极性被挫伤局面的出现，提供着尽可能充分的现实财富资源的保障，但它并不能确保人普遍具有自觉追求利他的自由意志。毕竟，"技术的发展，对善和恶都带来无限可能性。"可见，自创生性、协调性道德，都不能普遍有效地独立化解人生存发展困境、实现道德目的。它们都不能离开对方普遍有效地存在和发挥作用，只能通过相互补充、相互支撑、相向渗透并分别内化为对方的基本组成环节和基本原则，结合为矛盾统一的整体，才能形成完整自足、普遍有效的道德系统。

协调性、自创生性道德上述意义上的结合，在坚持协调性道德固有原则的同时，把自创生性道德作为协调性道德规范效力得以根本提升的前提，融入协调性道德之中。这样，人生存发展困境有效化解有着来自协调性道德利他行为的保障，而且这种困境的化解所必需的财富资源的供给，也必然能够通过人的进取创新活动而获得可靠保障；在坚持自创生性道德固有原则的同时，把协调性道德作为防止和杜绝自创生性道德诱发为富不仁现象的前提，融入自创生性道德之中。这就不但必然能有效避免为富不仁现象的普遍发生，而且能把一切受他律意志约束的最大限度创生财富资源的活动，普遍地提升为追求道德目的实现的积极力量，从而使道德目的能够在更高层面、更普遍规模上得到更为有效的实现。两种道德的这种相互融通，必然把二者提升到一种新的综合性的道德形态之中。由此所生成的这种新的综合性道德，可以称之为"自创生协调性道德"。这种综合性的新的道德形态，以人主体性与受动性的矛盾统一体而不是仅以该统一体中某一方面为根本生长点发育而成，与人根本规定性的整体完全契合，该综合性道德比起上述两种单一道德形态来，能够更有效地化解人生存发展困境、实现道德目的。

其实，"自创生协调性道德"观念，在伦理思想史中已有所萌发。在马克斯·韦伯所概括的新教伦理中，"集中精神的能力""严格计算高收入可能性的经济观""极大地提高了效率的自制力和节俭心""以劳动为自身目的和视劳动为天职的观念"等"自创生性道德"内容，与"绝对重要的忠于职守的责任感"这一"协调性道德"内容，"最经常地结合在一起。这就为对资本主义来说是必不可少的那种以劳动为自身目的和视劳动为天职的观念提供了最有利的基础。"[①] 可见，在新教伦理中，"自创生性道德"与"协调性道德"本来就是作为一种不能分割的整体道德形态而存在的。美国制度经济学家布罗姆利认为"发明、创新和勤奋以及对别人的信赖并与别人进行合作……去从事生产性活动，以及长期保持清醒的头脑来进行经济决策"[②] 等行为品性，对具有这种品性的人有益，也"对整个社会有益"。因此，"任何一个经济体制的基本任务就是对个人行为形成一个激励集"，"由此鼓励"人生成和强化这样的行为品性。显然，布罗姆利所张扬的这些品性的生成、积聚和发挥作用，正是人生存困境化解、道德目的有效实现所必需的财富资源最大限度创生所必需的人格品性。既然这些品性能像其他已知道德品性一样，化解人生存困境、实现道德目的，那在逻辑上自然也就属于道德品性。不难看出，上述品性中，"发明、创新和勤奋""从事生产性活动""保持清醒的头脑来进行经济决策"等"自创生性道德"品性，与"对别人的信赖并与别人进行合作"等"协调性道德"品性，被布罗姆利未加区分地作为一个整体来阐述的，这表明他已具有"自创生协调性道德"意识。可见，上述"自创生协调性道德"，不过是思想史内孕观念的继承性阐发而已。

---

① [德]马克斯·韦伯：《新教伦理与资本主义精神》，于晓、陈维纲等译，生活·读书·新知三联书店1987年版，第45页。
② [美]丹尼尔·W. 布罗姆利：《经济利益与经济制度》，陈郁等译，上海三联书店1996年版，第1页。

第十四章 走出困境的抉择：协调性道德的转换与提升

"自创生协调性道德"尽管在一定程度上由"协调性道德"衍生而来，但它内在具有的张扬和激励人通过进取创新，最大限度地创造生存发展困境有效避免所必需的财富资源的精神，必然促使人应对生存发展困境的立足点，由原来协调性道德所规定的外向期待、外向依附性立足点，转向通过进取创新最大限度地创生财富资源这一新的立足点，从而必然对"协调性道德"所诱使、容忍的人的依附性、寄生性意识和人格，具有客观的否定、排解作用；必然对"协调性道德"所具有的依附性道德属性具有杀灭作用，"协调性道德"曾陷于其中的既解救人又绞杀人的"道德悖论"，也必然随之被彻底破解。

"自创生协调性道德"的创立，内在地要求相应地转变迄今依然表达、体现"协调性道德"根本精神、基本诉求的道德既有评价标准。既有评价准则依然仅以是否"舍己为人"或是否"损人利己"这种"协调性道德"的基本准则，来判定人行为道德属性的是非、荣辱、正邪、善恶：凡"舍己为人"的行为，就是正确、光荣、正义、善的；凡"损人利己"的行为，就是错误、耻辱、阴邪、丑恶的。除过这种"协调性道德"准则之外，没有任何理由按照任何别的准则来判定人行为的道德属性。"自创生协调性道德"不仅要求舍己为人，不仅要求以进取创新精神艰苦创业，最大限度地创生人生存发展困境得以根本避免所必需的财富资源，为人生存发展创生充分的财富资源基础，而且要求把这二者结合贯通起来。这就意味着"舍己为人"作为道德评价的准则尽管仍然具有必要性，但已不具有充分合理性；"舍己为人"必须与"进取创新、最大限度地创生财富资源"的准则结合起来，必须符合"进取创新、最大限度地创生财富资源"准则的要求，必须以"进取创新、最大限度地创生财富资源"的方式来进行；同样，"进取创新、最大限度地创生财富资源"作为道德评价准则尽管具有必要性和合理性，但也不具有充分的合理性；它必须与"舍己为人"准则结合起来，必须符合"舍己为人"的要求。可见，道德评价具有根本合理性的准则，自然就只能是"舍己为人"与"进取创新、最大限度地创生财富资源"相结合、相统一的准则。因此，"舍己为人"这一传统的评价准则，必须向"舍己为人"与"进取创新、最大限度地创生财富资源"相结合、相统一的准则转换、提升。

从这一新的准则来看,"损人利己"固然在道德上是不正当的、耻辱的、恶的,但不进取创新以最大限度地创生财富资源在道德上同样是不正当的、耻辱的、恶的。在道德上充分合理的行为,只能是既"舍己为人"又进取创新、最大限度地创生财富资源的行为。

五 道德目的实现方式的整合与道德规范效力低弱困境的根本化解

前文分析虽然表明,"协调性道德"所主张的自我牺牲以救助他人的方式,以及"自创生性道德"所主张的进取创新、以最大限度地提高财富资源供给绩效的方式,都是实现道德目的的必要方式,然而,这两种方式并不能在相互外在、相互独立状态中,促成道德目的的充分实现。

"协调性道德"对化解人生存发展困境、实现道德目的所具有的功能,在于他人陷入生存发展困境后,倡导人通过自我牺牲这种利益横向无偿让渡方式,来化解这种困境、实现道德目的。可见,这种实现道德目的方式,显然是一种"事后解困型方式"。该方式既然是通过化解人生存发展困境这一结果而不是通过消解这一困境的成因,来实现道德目的,因而也是一种结果指向型方式。该方式尽管力求通过人的自我牺牲解救他人走出生存发展困境,来实现道德目的,但由于下述原因,其化解人生存发展困境、实现道德目的的能力必然是低弱的:其一,它不能为化解他人生存发展困境所必需财富资源的供给提供有效保障,从而使这种利他行为无力实施。其二,它不具有根本有效地改善人财富资源生产和拥有状况的内在功能,不具有提升人抗御生存发展竞争压力的能力的功能,无法使人在承受不断提升的生存发展竞争压力的同时,普遍有效地尊奉协调性道德规范;其三,只强调道德意志自律,忽视和回避道德意志他律对人生存发展所具有的刚性约束,从而因不能自觉回应道德意志他律的客观要求,而降低了超越道德意志他律的可能性和有效性,相应地,不能使道德意志自律水平和道德规范效力得到有效提升。

"自创生性道德"具有直接激励人进取创新、以最大限度地创生人生存发展所必需财富资源的功能,能促进人提高财富资源的创生能力和拥

第十四章 走出困境的抉择：协调性道德的转换与提升

有水平，这就能有效避免人陷入生存发展困境，有效促成道德目的的实现。这种实现道德目的的方式，不在于被动地、无所作为地容忍人陷于生存发展困境，然后再不得已地、被动地去解困，而在于激励人能动地创造条件，来不但从根本上预防、避免人陷入生存发展困境，而且最大限度地提升人生存质量，从而更有效地实现道德目的。所以，该方式可称为"困境根源预先消除型方式"。该方式既然是通过预先消除人生存发展困境原因而不是化解人生存发展困境这一结果，来实现道德目的的，因而也是一种原因指向型方式。该方式不但能使人最大限度地免于陷入生存发展困境；不但使道德目的无须通过人自我牺牲、利益横向无偿让渡就能直接得以实现，从而最大限度地降低甚至避免了道德目的的实现的人道代价；而且因为根本有效地提升了人创生财富资源的能力和对财富资源的拥有水平，从而使人具有了通过自我牺牲化解他人生存发展困境所必需的能力和条件。可见，"自创生性道德"这种"困境根源预先消除型方式"或原因指向型方式，对实现道德目的具有独特优势。当然，也应看到，这种方式的功能仅在于创造使人免于陷入生存发展困境所必需的资源条件，并不具有直接规范人去自觉救助他人脱离生存发展困境的功能，因而，对实现道德目的而言，其功能也是片面的。

上述两种方式尽管都不足以独立实现道德目的，但二者若能结合、统一起来，有机整合在一起，那么，"事后解困型方式"就能够弥补"困境根源预先消除型方式"不具有保障人生成救助他人的自觉性的缺陷，而"困境根源预先消除型方式"也就能够弥补"事后解困型方式"不具有供给人生存发展困境的化解所必需的财富资源的缺陷，二者各自的优劣之处恰好契合互补，道德目的实现所必需的财富资源，以及化解他人生存发展困境的自觉性就能够同时具备，这样，道德目的就能够在两种方式各自孤立起作用的情况下，得到更普遍、充分、有效的实现。

由于上述两种实现方式分别统属于"协调性道德"和"自创生性道德"，所以，它们要有机整合在一起，"协调性道德"和"自创生性道德"就必须首先整合为一体。前文所分析的这两种道德形态向"自创生协调性道德"形态的上述转换提升，恰好顺应了这一要求。这样，道德目的实现方式由上述两种方式相互外在、游离状态，向上述两种方式相结合的形态转，也就必然随着"协调性道德"和"自创生性道德"的转换提升，而同时完成了。可见，道德形态的上述转换提升，既是道德形态走向完善的客观要求，也构成了道德目的实现方式整合统一的前提条件。

道德目的实现方式的这种整合统一，为最大限度地降低社会对协调性道德救助的需求，同时使人更自觉地去化解他人生存发展困境，提供了可靠保障，使得道德目的仅通过"协调性道德"的"事后解困型方式"实现的情况下，始终无法有效化解的道德规范效力低弱困境，能够得到根本有效的化解。

六　结语

人的基本属性始终是能动性与受动性、独立性与社会依赖性的矛盾统一体。道德作为人特有的生存方式，必然始终为人这一基本属性所约束。反思批判既有道德形态的合法性、探寻和建构合理道德形态，必须始终立足于人这一基本属性。任何忽视人基本属性的完整性、仅立足于人片面属性的道德设计和道德形态，都必然缺乏充分的合法性、自足性和规范效力，都决不能充分有效地化解人生存发展困境、实现道德目的。"协调性道德"正是由于仅立足于人的能动性而忽视人的受动性、仅强调人的社会依赖性而忽视人的独立性，才陷入规范效力低弱困境的。"自创生协调性道德"既体现了人的能动性、独立性，也体现了人的受动性、社会依赖性，有着完整的人性基础，能使人既具备追求道德的自觉性，又具备追求道德的能力，从而能有效化解他律意志对人的约束，因而能从根本上提高道德规范效力，其结果也必然能够更有效地实现道德目的。可见，立足于人完整的基本属性，把"协调性道德"向"自创生协调性道德"转换提升，既是人类道德理性矛盾运动进程中一个无法回避的环节，也是"协调性道德"走向完善的必由之路。

第十五章 人本与物本的融通

——资源节约型社会的合法形态

伽达默尔指出,"我们生活于其中的世界所具备的可能性是有限的。如果世界按现状继续发展,这个世界就会完蛋。"① 正是基于这种近乎共识的观点,人们迄今对资源节约型社会的理解,仍处于以应对资源的稀缺性、开发利用的成本性、内在均衡的不可抗拒性等客观特性为原则,以追求资源最小消耗最大收益和经济社会在资源可永续开发利用意义上的可持续发展这样的物质性目标为根本取向的境地,使得所理解的资源节约型社会成为一种物本取向或物本型社会。这种理解尽管因体现了资源特性对人活动的约束而有一定合法性,却忽视了着眼于人生存发展内在要求的满足这一资源开发利用的根本必要性、根本价值视角来理解问题,从而使所理解的资源节约型社会,因亏欠"以人为本"的价值向度而处于合法性匮缺状态。因此,探究资源节约型社会合法形态,是不容回避的理论课题。

一 资源节约型社会既有形态的物本取向、内在逻辑与生成根源

国外迄今尽管尚无关于"资源节约型社会"的直接专门研究,但较早提出了建立"循环经济"② 和"可持续发展"等有一定相关性的理论。

---

① [德] 伽达默尔:《赞美理论——伽达默选集》,上海三联书店1988年版,第96页。
② Kenneth E. Boulding, *The Economics of the Coming Spaceship Earth*, in Henry Jarreet (ed.) Envi ron – mental Quality in a Growing Economy, Baltimore MD: Resources for t he Future Johns Hopkins university Press, 1996.

但这些相关理论都仅着眼于资源的稀缺性等特性对经济社会发展的约束、而忽视了着眼于人生存发展内在要求的满足，来理解资源开发利用的正当模式，因而不具有充分合理性。国内既有观点则主要有：其一，对资源节约型社会目的的理解尽管有一定差异，但都把"实现可持续发展"作为根本目的。典型观点如认为其目的是"追求更少资源消耗、尽可能实现好的经济效益和社会效益，实现可持续发展的社会"①。其二，把节约的本质或理解为降低资源消耗提高资源开发收益，以"保持资源供给与需求平衡"②；或理解为"生产成本和交易成本的节约的统一"③。显然，上述观点有如下特征：第一，离开人与人关系，仅在人与资源关系中，把资源节约型社会理解为基于资源特性、而非同时基于人与人关系的社会，从而使其成为仅围绕资源物质特性而展开、受资源物质特性主导的社会。可见，无论其据以研究资源节约型社会的基本框架，还是其所理解的资源节约型社会的基本构成框架，都具有"以物为本"规定性；第二，仅以资源稀缺性等特性对经济社会发展的约束为着眼点，使所理解的资源节约型社会，仅以应对这种约束为主题，从而仅具有以物为本；第三，所确定的资源节约型社会追求"经济社会可持续发展"这一目的，本质上是追求资源可永续利用意义上的、按照资源物质特性的逻辑来展开和运行的可持续发展，因而是一种物本取向的目的。

上述特征表明，既有研究所理解的资源节约型社会，具有"以物为本"特性，是一种物本型资源节约型社会。其不同层级的内在逻辑，完全依循"以物为本"取向展开和运演。首先，实现可持续发展，是它追求的根本目的。这决定了它是按照满足特定功用要求的逻辑来组织和运行的。由于它所贯穿的这种功用性逻辑，不是基于人自由全面发展内在要求的满足、通过具体历史地规导降低资源消耗和提升资源利用率，而是通过抽象地降低资源消耗和提升资源利用率，来生成、展开和运行的，因而是一种仅追求应对和开发利用资源客观特性这一物质性目的的"物

---

① 陈德敏：《节约型社会法律保障论》，人民出版社 2008 年版，第 36 页。
② 李艳芳：《系统化建构中的循环经济立法》，《中国人民大学学报》2006 年第 3 期。
③ 皮建才：《节约型社会的经济学含义》，《人民日报》2005 年 3 月 7 日。

本导向的功用逻辑"。其次,它所追求的上述目的,必须通过提高资源利用率降低资源消耗,以化解资源稀缺等特性的阻障性压力的约束来实现。这决定了它必然贯穿着"消解资源约束压力的逻辑"。由于该逻辑未着眼于人自由全面发展要求的满足来展开,因而只能是一种游离在人本向度之外、按照资源物质特性而展开的抽象的物本取向的逻辑。再次,与上述内容相统一,它必然仅围绕人与资源关系、而未围绕人与人关系来生成和展开,从而必然只贯穿着以应对物的特性为主题的"生产力逻辑",而非贯穿着反映人与人关系的"生产关系逻辑"。复次,其"生产力逻辑"内在要求的满足,在市场经济条件下,必然通过资本来实现,从而必然转化为"资本导向性逻辑",资源节约活动必然随之转化为追求资源最低消耗和最大收益的活动,最终使资源节约型社会被物化的同时也被资本化。最后,其"资本导向性逻辑"的展开和运行,存在着把其负外部性强加给资源环境、导致其被浪费甚至破坏的道德风险;也存在着强化劳动强度提升资源开发利用效率却不给劳动者提高工资、使资源节约失去正义属性的机会主义倾向;还必然导致两极分化,使资本占有者拥有大量超出其生活需要的资源,而穷人占有的资源则不足以满足生活需要,以至于出现资源闲置或奢侈消费与基本需求不能被满足并存的现象,最终陷入既节约又浪费资源的矛盾境地。

物本型资源节约型社会的呈现有多重根源:其一,生产力水平的局限。生产力不足以满足人基本生存需求时,人们往往会仅着眼于应对资源稀缺等特性对人生存的约束、而往往无迫切动力着眼于人自由全面发展内在要求的满足,来理解资源节约型社会。毕竟,"人们是自己的观念,思想等等的生产者,但这里所说的人们是现实的,从事活动的人们,他们受自己的生产力和与之相适应的交往的一定发展……所制约"①。其二:市场利润法则的胁迫。市场经济中节约必然以追求利润最大化为前提,从而使资源节约型社会具有物本取向。其三:人本观念发育尚未成熟。人的有限性决定了人易迷信和膜拜无限自然力,使人易着眼于资源特性而非人自由全面发展内在要求的满足,来理解资源节约型社会,从

---

① 《马克思恩格斯选集》第 1 卷,人民出版社 1995 年版,第 72 页。

而使对问题的理解,难免不具有物本取向。

二 资源节约型社会合法性评析的根本准则与评析框架

资源节约型社会基于人与自然资源关系而生成。如何理解这一关系,是理解该社会必须回答的基本问题。马克思指出:"人把整个自然界——首先作为人的直接的生活资料;其次作为人的生命活动的材料、对象和工具——变成人的无机的身体。""人靠自然界生活。这就是说,自然是人为了不致死亡而必须与之不断交往的、人的身体。"① 这表明,自然界并非外在于人,而是人内在构成环节;自然界对人的意义,就在于满足人生存发展的内在需要;离开人生存发展内在要求的满足来认识自然界、来与自然界发生关系,就失去了价值合法性。二者间这种关系,构成了确定资源节约型社会合法性评析准则的基本依据。

人自由全面发展即"人类能力的发展,真正的自由王国"② 是人至上、根本性目的。追求这样的目的,是"人类本性"。所以,如马克思所言,必须基于这样的目的和"人类本性"来开发利用资源:"社会化的人,联合起来的生产者,将合理地调节他们和自然之间的物质变换,把它置于他们的共同控制之下,而不让它作为盲目的力量来统治自己;靠消耗最小的力量,在最无愧于和最适合于他们的人类本性的条件下来进行这种物质变换。"③ 不过,"人类能力的发展,真正的自由王国""只有建立在必然王国的基础上,才能繁荣起来。工作日的缩短是根本条件"④。工作日缩短的实质,是获取"自由时间":"所有自由时间都是供自由发展的时间。"⑤ 基于如此认识,马克思指出:"社会的发展、社会享用和社会活

---

① 《马克思恩格斯全集》第42卷,人民出版社1979年版,第95页。
② [德] 马克思:《资本论》第3卷,人民出版社1975年版,第926页。
③ 《马克思恩格斯全集》第25卷(下册),人民出版社1974年版,第926—927页。
④ [德] 马克思:《资本论》第3卷,人民出版社1975年版,第927页。
⑤ 《马克思恩格斯全集》第31卷,人民出版社1972年版,第23页。

动的全面性,都取决于时间的节省。一切节约,归根到底都是时间的节约。"① 可见,马克思也是着眼于人自由全面发展,来理解节约本质、来规定节约评判标准的。因此,资源节约型社会是否统一于人自由全面发展,既是它对人是否有存在价值的根本判定标准,也是它是否具有合法性的根本判定标准之一。由于该标准衡量的是资源节约型社会价值目的是否正当的问题,故称为"价值目的合法性评判标准"。

人自由全面发展须开发利用资源。但资源总具有稀缺性等特性。这决定了是否能有效纾解资源稀缺性等特性对人自由全面发展的阻障压力,为其提供安全的资源保障,就构成了评判资源节约型社会是否合法的又一根本标准。由于该标准衡量的是资源节约型社会满足前述至上价值目的的功能合法性状况,故称为"功能合法性评判标准"。

此外,仅着眼于部分人的发展来开发利用资源,即使实现了节约,也必然因使资源因游离于另一部分人的发展之外而被闲置,从而使资源节约失去彻底性、逻辑统一性,陷入既节约又浪费的悖论中。毕竟,"实物是为人的存在,是人的实物的存在,同时也就是人为他人的定在,是他对他人的关系,是人对人的社会关系"②。因此,是否着眼于全体公民自由全面发展内在要求的均衡满足这一特定人与人关系,来降低资源消耗提升资源利用率,是评判资源节约型社会合法性的另一基本标准。由于该标准衡量的是资源节约型社会对前述至上价值目的满足的社会普遍性状况,故称为"价值分配合法性评判标准"。当下的拆迁所节约的土地,往往因不能使当事方正当利益诉求得到均衡满足,而相对闲置,导致新的浪费。

资源节约型社会毕竟是追求特定目的的人,通过特定人与人关系,围绕人与资源特定关系所构成的社会。因此,其合法性的评价标准,就表现为上述三条标准的统一体。

资源节约型社会合法性状况必然体现于其内在构成环节之中。因此,其内在构成环节就呈现为评析其合法性状况可资依凭的基本框架。"全部

---

① 《马克思恩格斯全集》第46卷(上),人民出版社1979年版,第120页。
② 《马克思恩格斯全集》第2卷,人民出版社1957年版,第52页。

社会生活在本质上是实践的。凡是把理论引向神秘主义的神秘东西，都能在人的实践中以及对这个实践的理解中得到合理的解决。"① 从实践视角来看，资源节约型社会是实践主体所建构和承载的社会，当然有其属人的目的。因此，目的取向无疑是其基本构成环节之一。其目的必然要依赖作为实践对象的资源来实现。而实践主体对资源稀缺性等客观特性的应对，本质上是人与资源间相互作用关系展开的过程，因而人与资源间这种相互作用关系，也就是资源节约型社会又一基本构成环节。而实践中"人同自然界的关系直接地包含着人与人之间的关系，而人与人之间的关系直接地就是人同自然界的关系，就是他自己的自然的规定"②。可见，资源节约型社会既然表现为人与资源间的关系，那么，人与人关系也就必然是其一个基本构成环节。资源节约这种实践活动既必须依凭一定工具系统来进行，也必然受其主体资源节约意识约束和制导，因此，工具系统、主体资源节约意识状况，自然也分别是资源节约型社会两个基本构成环节。

总之，具有一定资源节约意识的主体，运用一定工具系统，通过一定人与人关系开发利用资源、以满足特定目的的资源节约实践活动，就构成了资源节约型社会的基本系统。该系统上述各基本环节相互结合，共同构成直接反映资源节约型社会基本规定性及其合法性状况的基本关系框架。该框架自然就是分析其合法性可资依凭的基本框架。

三 物本型资源节约型社会的合法性评价

运用前述标准，依托前述评析框架，可对物本型资源节约型社会合法性状况作如下评析：

目的构成的合法性评判。如前述，应对资源稀缺性等特性的约束，以实现经济社会的可持续发展，是其根本目的。显然，该目的的本质，

---

① 《马克思恩格斯文集》第1卷，人民出版社2009年版，第501页。
② ［德］马克思：《1844年经济学—哲学手稿》，刘丕坤译，人民出版社1979年版，第72页。

不过是追求经济社会在资源可永续利用意义上的可持续发展。而这种可永续利用的目的、内容并非确定、唯一的：既可追求 GDP 或利润最大化或官员政绩等物质功利性目的，也可追求人自由全面发展。物本型资源节约型社会所追求的，显然是前者。追求这样的目的即使节约的资源再多、持续发展的可能性再大，都与前述"价值目的合法性评判标准"脱节，并不具有充分合理性。

人与资源关系的合法性评判。如前述，其人与资源关系是着眼于应对资源稀缺等特性对人的约束、而非着眼于人自由全面发展内在要求的满足而生成的关系，因而主要受应对资源特性的技术规范约束，可能具备有效化解资源稀缺等特性对经济社会压力的功能合法性，但并不具有前述价值目的的合法性。此外，其人与资源关系，也因游离于人与人权利义务关系约束之外，使节约无法通过权利义务关系转化为人持久行动，难免不出现为了个人利益可能会节约、但却以"搭便车"姿态对待公共资源、使其陷入"公地悲剧"的现象，因而不具有社会合法性。

人与人关系的合法性评判。马克思指出，自然界仅在具有特定历史合法性的社会关系即共产主义社会中，其"属人的本质""才是存在的"，"才是属人的现实的生命要素"。[①] 然而，物本型资源节约型社会，忽视基于人与人关系及其合法形态的内在要求来开发利用资源，以至于使其中的人与人关系，仅表现为人与人之间的交换关系，完全屈从市场利润逻辑约束，难免不导致如下恶果：其一，走向机会主义：被解节约的往往只是能带来利润的资源。其二，必然陷入"节约悖论"：人与人关系的市场化，必然诱发贫富分化。其结果，少量富人占有了资源消耗的降低和利用效率的提高带来的财富的大部分，却使其或被闲置或被奢侈消费；大量穷人在资本逻辑驱使下成为资源节约主体，但其节约带来的利润因不归其所有而外在于其自由全面发展要求的满足，从而也就难以自觉节约资源。可见，物本型资源节约型社会中的人与人关系，不满足前述价值目的合法性、功能合法性和价值分配合法性准则的要求，不具有合

---

① ［德］马克思：《1844 年经济学—哲学手稿》，刘丕坤译，人民出版社 1979 年版，第 75 页。

法性。

工具系统的合法性评判。其工具系统由应对人与资源关系的技术性和应对人与人关系的组织性两部分子系统组成。其前者据以被设计、运用的着眼点，仅在于抽象、纯粹地降低资源消耗提升资源开发利用绩效，而非人自由全面发展内在要求的满足；其后者据以设计、运用的着眼点，也仅在于顺应人与人之间市场交换关系的规则，以求得用资源开发最小成本获得最大利润收益，而非人自由全面发展内在要求的满足。可见，二者都只部分地符合前述功能合法性评判准则，仅具有片面合法性。

主体资源节约观念的合法性评判。其主体节约观念的本质，在于仅着眼于资源稀缺等特性对经济社会发展的约束，把节约仅理解为资源消耗的降低和利用率的提升，与人自由全面发展内在要求的满足无涉。因此，从前述准则看，仅具有片面合理性。

物本型资源节约型社会基本框架各环节既然仅具有片面合法性，其整体合法性也就不可能是充分的。

四　资源节约型社会的合法形态

从前述合法性评析标准、评析框架来看，资源节约型社会合法形态由如下层面内容构成：

目的构成的合法形态。前述价值合法性评判准则，决定了资源节约型社会合法形态的目的构成，只能是追求人自由全面发展。离开这一目的，资源消耗无论降低到怎样程度、利用率无论提高到怎样程度、甚至经济社会可持续发展程度无论多高，资源节约型社会都不具有充分合法性。

人与资源关系的合法形态。人与资源的关系既具有价值属性，也具有功能属性。因此，从前述价值合法性和功能合法性评判准则看，其合法形态只能是能为人自由全面发展提供充分资源保障的关系形态。对此，马克思有过经典论述："自然界的人的本质只有对社会的人来说才是存在的；因为只有在社会中，自然界对人来说才是人与人联系的纽带，才是他为别人的存在和别人为他的存在，只有在社会中，自然界才是人自己的合乎人性的存在的基础，才是人的现实的生活要素。只有在社会中，人的自然的存在对他来说才是人的合乎人性的存在，并且自然界对他来说才成为人。因此，社会是人同自然界的完成了的本质的统一，是自然界的真正复活，是人的实现了的自然主义和自然界的实现了的人本主义。"① 人与资源的关系，由资源对人的关系，和人对资源的关系这两个向度的过程构成。按照马克思这一论断，其要具有合法性，就必须满足"人的实现了的自然主义和自然界的实现了的人本主义"这一条件。对这一条件的满足，就具体表现为上述两个向度的过程对这一条件的满足。

其前一向度的过程必须追求"自然界实现了人本主义"：其一，自然界不再外在于人，不再阻障、压迫人自由全面发展；其二，自然转化为人自由全面发展的支撑力量，实现全面人化。显然，这种"自然界实现了人本主义"的本质，就在于使自然界统一于人自由全面发展这一价值目的。可见，马克思所强调的这一向度的条件，正是前述价值合法性评判准则所要求的资源对人关系必须具有的特性。而要使自然界实现这种人本主义，就必须使其后一向度的过程，追求"人实现了自然主义"：其一，人生存发展活动要顺应自然客观特性；其二，人自由全面发展必须建立在对资源潜含的一切可能性开发利用的基础之上，充分实现人的自然化。显然，人实现自然主义的过程，也即自然界实现人本主义的过程。不难看出，这种"人实现了自然主义"的本质，就是要有效开发资源对人自由全面发展这一价值目的的支撑功能。可见，马克思所强调的这一向度条件，正是前述功能合法性评判准则所要求的人对资源关系必须具有的特性。把上述这两个向度的过程、两个向度的条件结合起来，就决定了人与资源关系的合法形态，只能是以追求"自然界实现了人本主义与人实现了自然主义相统一"为根本取向的关系形态。

人与人关系的合法形态。前述价值合法性评判准则，要求人与人关系必须追求人自由全面发展；而前述价值分配合法性评判准则，则要求人自由全面发展在全体公民中得到均衡的实现；前述功能合法性评判准则要求人与人关系必须对全体公民自由全面发展具有根本促进功能。上

---

① 《马克思恩格斯文集》第 1 卷，人民出版社 2009 年版，第 187 页。

述三重评判准则的基本要求，决定了人与人关系的合法形态，只能是能使全体公民自由全面发展内在要求的均衡满足，与能有效消解资源稀缺性等特性对该均衡满足阻障性压力这二者相统一的关系形态。

工具系统的合法形态。从唯物史观高度看，上述合法价值目的的实现，离不开人与资源关系框架中的技术性即生产力性质的工具系统，更离不开人与人关系框架中的组织性即生产关系性质的工具系统。众所周知的实践和理论都表明，社会主义公有制能对全体公民自由全面发展内在要求的均衡满足提供充分资源保障，其工具系统的合法形态，只能是社会主义公有制这种特定生产方式高度的综合性工具系统。

主体资源节约观念的合法形态。前述三重合法性评判准则，要求着眼于全体公民自由全面发展内在要求的均衡满足，与化解资源稀缺性等客观特性对人发展的阻障性压力的统一，来理解节约的本质，来选择和设计节约的具体对象、方案。这决定了资源节约观念合法形态，只能是在人与资源及由此引起的人与人关系框架中、进而在生产方式高度，把节约理解为化解资源稀缺性等特性对人发展的阻障性压力，与资源开发利用均衡满足全体公民自由全面发展要求这二者相统一的过程及结果的观念。

综上所述，资源节约型社会合法形态，即在社会主义生产方式高度建构和运用技术性与组织性相统一的工具系统，来化解资源稀缺性等客观特性对公民自由全面发展的阻障性压力，使对资源的开发利用能均衡地满足全体公民自由全面发展内在要求的社会形态。

五 人本与物本诉求相融通：资源节约型社会合法形态的根本向度

资源节约型社会合法形态，既然着眼于人自由全面发展内在要求的均衡满足来开发利用资源，那就决定了追求人自由全面发展内在要求的均衡满足，是其内在价值取向。该取向的这种特定内容，决定了它本质上是一种人本取向，也构成了资源节约型社会合法形态的价值目的。然而，该取向的现实满足，始终受资源稀缺性等特性的阻障性约束。不纾

第十五章 人本与物本的融通

解这一约束，该取向就仅是一种主观价值期待。这决定了对资源节约型社会合法形态而言，纾解资源稀缺性等特性对人自由全面发展内在要求均衡满足的阻障性压力，也必然是其又一内在取向。由于其这一取向的本质，是顺应和应对物质资源对人的约束，因此，它既是一种体现其科学属性的物本取向，也是其运行所必须服从的主题。

其上述两种取向分别规定了其运行的目的、主题，而其一切内容都是围绕并服从、服务于其目的、主题展开的，因而，其上述两种取向就是其两种最根本取向。显然，这两种取向的关系并非并列或外在的，而是内在统一的：人本取向规定了物本取向的目的和价值基础，物本取向提供了人本取向赖以实现的技术尺度、技术路径、技术依托和可能性基础。它们相互规定、相互依赖、相互贯通，共同融合为其内在统一的综合取向即人本与物本、价值追求与科学追求相融通性取向，并内蕴、渗透于其各构成环节中：

首先，其目的构成环节，本来就把全体公民自由全面发展内在要求的均衡满足，作为开发利用资源的根本目的，作为理解、选择和确定资源开发利用具体对象与内容的根本依据。因为，对其而言，资源最终不过是"人的直接的生活资料"，是"人的无机的身体"[①]，必须"在最无愧于和最适合于""人类本性的条件下"来与资源"进行这种物质变换"[②] 即开发利用资源。可见，其目的构成环节本来就具有规定开发利用资源价值目的的人本取向。当然，它并未孤立、抽象、封闭、自足地坚执这一取向，而是通过纾解资源稀缺性等特性对全体公民自由全面发展内在要求的均衡满足的阻障性压力，来满足这一取向的内在要求的。这表明，其目的构成环节，也具有服务于其人本取向的物本取向。可见，其目的构成环节，渗透着人本与物本相融通的取向。其次，其人与资源关系环节，是围绕全体公民自由全面发展内在要求的均衡满足这一根本目的、进而围绕纾解资源稀缺性等特性对这一目的的实现的阻障性压力这一主题而展开的，因而，也内蕴着人本与物本相融通取向。再次，其

---

① 《马克思恩格斯全集》第42卷，人民出版社1979年版，第95页。
② 《马克思恩格斯全集》第25卷（下），人民出版社1974年版，第926—927页。

人与人关系环节，不但是围绕纾解资源稀缺性等特性对人自由全面发展内在要求的满足的阻障性压力这一主题而生成的，也是围绕使对资源的开发利用服务于实现全体公民、而非部分人自由全面发展内在要求的均衡满足这一彻底的人本目的而展开的，从而具有如此特性：它使人成为"社会化的人，联合起来的生产者，将合理地调节他们和自然之间的物质变换，把它置于他们的共同控制之下，而不让它作为盲目的力量来统治自己；靠消耗最小的力量，在最无愧于和最适合于他们的人类本性的条件下来进行这种物质变换"[①]。可见，其人与人关系环节，同样内蕴着人本与物本相融通取向。复次，其工具系统，是围绕有效纾解资源稀缺性等特性对全体公民自由全面发展内在要求的均衡满足的阻障性压力这一主题，而设计和确定的，因而也直接间接地内蕴着人本与物本相融通的取向。最后，其主体资源节约观念，也是围绕全体公民自由全面发展内在要求均衡满足、进而围绕纾解资源稀缺性等特性对这种满足的阻障性压力这一主题，生成关于节约对象、内容、本质、方式、途径、评判尺度等核心问题的基本理念的，因而也内在地渗透、贯穿着人本与物本相融通的取向。

其各基本环节既然都内在地贯穿、渗透着人本与物本相融通取向，那么，该取向自然就规定着其基本属性，使其本质上呈现为一种人本与物本相融通型的资源节约型社会。

六　结语：人本取向与物本取向的融通——资源危机有效破解的根本出路

资源节约型社会所要解决的根本问题，就是化解人对资源需求的无限性与资源稀缺性等特性间的矛盾。但这一矛盾的化解，并不只是一个技术性问题、也不是一个可以通过有限技术性路径而被有效化解的问题，而是一个技术性与社会性相贯通的复杂的综合性社会问题。这是因为，人对资源的需求不但本来就具有无限性，在现代性条件下，如丹尼尔·

---

① 《马克思恩格斯全集》第25卷（下），人民出版社1974年版，第926—927页。

贝尔所言，更已演变为"在本质上就是漫无限度和无法满足的""欲求"①；加之资本以最小成本攫取最大利润的运行逻辑，难免不导致对资源的掠夺性开发；再者，在资源开发利用收益的社会分配不公存在的境况下，分配收益少的一方必然无节约积极性，分配收益多的一方，因所获收益并非来自对资源的节约，而主要来自特定社会关系对其的庇护，从而也不必然具有节约的积极性。

因此，解决问题的关键就在于，如何使人具有降低资源消耗提升资源利用率的持久积极性，并自觉能动地探求资源节约的技术路径。要做到这一点，就必须在特定社会框架内，使对资源的开发利用，能均衡地满足全体公民自由全面发展的要求，从而使自然资源成为"人的直接的生活资料"、成为"人的无机的身体"② 这一基本条件。而要满足该条件，就必须使资源的开发利用具有前述人本取向，实现自然的人化即马克思所说的"自然界的实现了的人本主义"③。

当然，具有降低资源消耗提升资源利用率的积极性，并不等于消耗的有效降低利用率的有效提升本身。因此，问题的解决就还需要在技术性、规律性层面，实现人的自然化即马克思所说的"人的实现了的自然主义"④。而满足这一要求的本质，就是使在特定社会框架内对资源的开发利用，在具有前述人本取向的同时具有前述物本取向，并使这两种取向结合、贯通起来，形成相互融通的综合取向。

可见，人与资源的矛盾得以有效化解的根本出路，就在于资源节约型社会，内在地具有人本与物本相贯通的综合性取向。

---

① ［美］丹尼尔·贝尔：《资本主义文化矛盾》，赵一凡等译，生活·读书·新知三联书店1989年版，第280页。
② 《马克思恩格斯全集》第42卷，人民出版社1979年版，第95页。
③ ［美］马克思：《1844年经济学—哲学手稿》，刘丕坤译，人民出版社1979年版，第75页。
④ 同上。

第十六章　道德他律合理性的确证与道德建设路径的创新

"修己以安人""为仁由己""何必曰利"等由原始儒家所倡扬的命题，无疑是中国道德自律论的经典语式；而康德所谓"人是目的""普遍的立法形式""意志自律"等命题，则无疑是西方道德自律论的精髓。在这种由来已久且中西相通的自律论道德理念看来，德性是自为拥有和自律实践的，德性义务的践履排斥任何功利的计较。一个人陷入道德困境，根源就在于其德性修养欠缺，与其德性环境无关；相应地，道德建设路径的选择，必须且也只能以自律取向为其根本归宿。笔者以为，这种道德自律论尽管有着深刻的合理性，但其内在逻辑是自相矛盾的，严重地背离了道德生活内在规律，不但使个体所背负的道德责任严重超载，而且使道德建设路径过于偏狭，严重地阻碍着道德建设绩效的根本提升。要消除道德建设投入高、绩效差的困境，就必须顺应道德生活内在规律，正视道德他律的合理性，在自律与他律的结合中实现道德建设路径的创新。本文以更具代表性的康德的道德自律论为对话分析框架，展开和论证所持上述观点，对其他思想家自律论的道德理念，则不予涉及。

一　康德道德自律论的基本精神与对后人误读的化解

1. 康德对所谓道德意志"自律""他律"内涵的规定

康德基于如下理由，把"人是目的"设定为其自律论道德哲学的终极根基：其一，"人是目的""适用于一切理性存在物（对他们命令才能发布），只是由于这个原因它也才是全部人类意志的规律"。因而，它是

第十六章 道德他律合理性的确证与道德建设路径的创新

"普遍的立法形式"各种具体内容的基础、根据和最高形态①。其二,"人是目的"是反映生活内在必然联系的"客观原则",它并"不是无中生有地强加于我们的戒律,它也不是我们的感觉本性强加于我们的;它是指示给我们的规律,或者,更正确地说,是由我们自己的理性启示给我们的……因为,理性乃是最高的立法者"②。基于这种逻辑,他以"我是目的"为路径依托,创构了坚斥"意志他律"的自律论道德体系。

康德对"意志自律"规定如下:其一,它"是一切道德法则以及合乎这些法则的职责的独一无二的原则"③。其二,它独立于"欲求的客体",超越了一切感性的要求:"德性的唯一原则就在于它对于法则的一切质料(亦即欲求的客体)的独立性。"④ 其三,它本质上是"纯粹的并且本身实践的理性的自己立法,则是积极意义上的自由"⑤。其四,它使道德的"一切准则"与"人是目的"这一"最高实践法则符合一致":"这种自律本身就是一切准则的形式的条件,唯有在这个条件下,一切准则才能与最高实践法则符合一致。"⑥ 其五,它即理性"去践行"自己所立之"法":"纯粹理性是实践的……它通过一个事实做到这一点,……这个事实就是理性借以决定意志去践行的德性原理之中的自律。"⑦ 其六,通过"无条件地自我牺牲"以捍卫"人是目的":"德行仍然仅仅因为它付出多大而有多大的价值,而不是因为它带来某种东西而有价值。"⑧ 其七,它是整个道德的基点和最高原则:"自律是一切有理性者相互之间的道德价值的基础。"⑨ "意志自律作为道德的最高原则","每个理性存在物的意志必然作为条件受制于它"⑩。综上所述,康德"意志自律"本质

---

① [德]康德:《实践理性批判》,韩水法译,商务印书馆1999年版,第88页。
② 《康德文集》,刘克苏等译,改革出版社1997年版,第46—47页。
③ [德]康德:《实践理性批判》,韩水法译,商务印书馆1999年版,第34页。
④ 同上。
⑤ 同上书,第34—35页。
⑥ 同上书,第35页。
⑦ 同上书,第44页。
⑧ 同上书,第170页。
⑨ [德]康德:《道德的形而上学基础》,转引自周辅成《西方伦理学名著选辑》(下卷),商务印书馆1996年版,第374页。
⑩ 《康德文集》,刘克苏等译,改革出版社1997年版,第103页。

上不过是人类理性自觉顺应生活内在普遍必然联系，以"人是目的"为根据来建构并自觉遵奉道德规范的过程。它是道德的特有本质。

康德对道德"意志他律"的阐释则与此截然对立：其一，它追求的是人感性的特殊的要求："一般理性存在者的感性自然就是在以经验为条件的法则之下的实存，因而这种感性自然对于理性而言便是他律"①。其二，它使人成为自身内在盲目冲动的奴隶，而不具有对自身感性要求的自由和尊严："我们会不由自主地被冲动和欲望左右，原本是自然法则的东西，反而成为我们赖以决定行为意志的根据了。"其三，他律的内容是感性把握的对象，而自律的内容则是只能通过知性、理性才能把握到。其四，基于以上理由，他律"意志给予自己的就是法则，而只是合理地依从种种本能法则的规矩；但是，准则在这种方式之下决不能在自身之中包含普遍的—立法的形式"②。其五，它意味着人要么必须具有无限理性，从而有能力在各种感性冲动的矛盾中，有效地把握住其根本命运；要么就必然陷入"真正经久的利益"不确定性危机之中："在以意愿他律为先决条件的情形下该做何事，这是难以把握的，就需要万事通晓。"③其六，"它非但并能以这种方式引起义务，而且甚至与纯粹实践理性的原则，因而也与德性意向正相反对，即便发源于它的行为是合乎法则的"④。综括上述各点，不难看出"意志他律"本质上不是基于实践的客观规律和对一切人都有效的客观原则，而是根据个人主观目的和功利计较，来设定并遵奉行为准则的过程。它背离了"人是目的"的法则，不具有普遍立法意义，从而拒斥基于生活内在必然联系的义务和职责，具有反道德性，必然导致人根本利益的丧失。

2. 康德所谓"自律""他律"区别的实质与对其误读的辨析

（1）自由——"自律"与"他律"的根本分水岭

比照康德关于"自律""他律"的上述认识不难看出，他所谓的"意志自律""意志他律"虽然有说明由"谁"去"律"之意，但核心则

---

① ［德］康德：《实践理性批判》，韩水法译，商务印书馆1999年版，第45页。
② 同上书，第35页。
③ 同上书，第39页。
④ 同上书，第35页。

第十六章 道德他律合理性的确证与道德建设路径的创新

在于强调依"何"而"律"。"依何而律"构成"由谁来律"的前提和基础。这就是说康德创制"自律""他律"的角度,并不主要是"律"的"主体"类型,而主要是"律"的内容、性质、对人的意义、顺应"律"的自觉性状况。在"律"被用来表达生活内在必然联系的前提下,人认识到这种必然联系并自觉据此来追求生活的自由时,即"自律";反之,抗拒生活内在必然联系,仅追求个人感性欲求的满足,从而为生活所奴役,就是他律。所以,自由正是康德所设定的区分自律与他律的终极标准;追寻自由,正是康德自律论道德哲学的根本精神。这一点,康德本人有十分明确的论断:"自由概念是解释意志自律的关键"①;"意志自律的原则只有以自由观念为前提才能被适当地说明"②。

(2)康德"自律"论的不彻底性及其补充

不过,康德这种自由取向的自律论有其一定的狭隘性。其实,当"依何而律"被作了上述规定后,"由谁来律"的可能性有三:其一,"法由己出且自觉遵守所立之法"。此即康德意义上的"自律";其二,法由他出,但守法、执法自主。即守法人所自觉遵从的道德规范不是由自己而是由社会力量设定的,但该规范顺应着生活内在规律,不违背"人是目的"法则,使社会和个人都成为生活的主人;其三,无论法由己出或法由他出,只有当一定外在条件具备时才去守法。无疑,只要这种对外在条件的诉求不违背"人是目的"法则,那就仍是人求得自由的必要途径,因而仍是合理的。由于后两种情形并未违背"自律"追求自由这一基本精神,因而康德完全没有理由把它们排除在"自律"之外。

由上可知,"由谁来律"对决定"律"在本质上是"自"律还是"他"律,并无实质的意义。只要"依何而律"被做了上述规定,那么,由谁来颁定、确立上述之"律"都不能改变违背了"人是目的"法则的实质,因而自然也就不能改变他律的本质。其根本原因就在于所立之法本来就偏离了生活必由之路,本来就必然导致人被奴役的命运。而人在生活中被奴役,这不正是最深刻的道德"他律"状态吗?

---

① 《康德文集》,刘克苏等译,改革出版社1997年版,第108页。
② 同上书,第111页。

(3) 时论关于"自律""他律"的曲解

时下对康德所创制的这两个概念，存在着仅从字面上去意会的不严肃做法。就"自律"而言，时论只是指出自律理性的先验性、内在性、自主性，没有指出其合规律性、是主体理性对"客观目的"的认识和能动顺应，从而没有把自律看作是主体理性与客观规律的统一。这就使自律失去了实践的客观依据，仅成为理性的内在意志，从而也就贬低了其内在价值①。就"他律"而言，时论主要在与实践规律无涉的意义上，把其仅看作受外在于主体意志的东西制约而不是受内在意志的驱使，来遵从道德规范的认知和行为的过程。然按康德本意，"他律"的本质并不主要在于是否由主体自己来立法，也主要不在于所立之法是否外在于主体的要求，而主要在于所立之法和所从之法，是否反映了生活内在规律，从而是否具有普遍的有效性：理性所立、所守之法如果合乎生活规律，具有普遍的有效性，那么，这时的理性就进入了自由状态，因而也就是自律的；反之，就必然导致主体被奴役和支配的不自由状态，而这才是原本意义上的最基本、最深刻的他律状态。本文对"自律""他律"的理解和使用，则限定在康德所原创的自由论的范围内。

二 自律论道德体系的内在矛盾与其现实性的贫困

1. 自律论道德体系的内在矛盾

"人是目的"是道德自律论的根本立足点。当德行主体基于此无条件牺牲切身利益来救助他人时，虽然保障了他人作为"目的"的神圣性，但却使其自身沦为工具，失去了做为目的的尊严。然而，这种道德自律论并没有清醒、自觉地确立什么准则，来挽回人们因救助他人而沦落了的作为目的的属性，只是一味张扬德行牺牲的神圣性和无条件性。这表明，康德所说的"要把不管是你自身的还是任何其他人的人性都永远当

---

① 强以华：《经济伦理学》，湖北人民出版社2001年版，第126页；陈新权：《他律、自律问题札记》，《金融时报》2001年9月15日。

第十六章 道德他律合理性的确证与道德建设路径的创新

作目的,永远不能只当作工具",具有无法抹去的虚伪性一面。当然,康德也许会辩白说,"人是目的"不可能同时落实于救助者和被救助者。其有效性不能在共时性框架内来理解,而应把其所张扬的救助和被救助关系的展开,看作一个接力循环的过程:一个人这次因救助他人而付出了代价,而当他陷于困境时,别人也会无条件地来救助他,这样他在未来某个时刻,就会由原来的"工具"上升到"目的"地位。但这种辩白并不能自圆其说:其一,德行主体毕竟有一段时间只被作为工具而失去了作为目的的属性。这与自律论强调人"永远""总是"目的的准则是相矛盾的;其二,即使他未来有可能被别人当作目的来救助,但对他而言,只是潜在性、可能性意义上的目的,而不是现实的、实现了的目的;其三,人生是一次性的、不可逆的,一个人因救助他人所付出的代价若不能及时补偿,那他失去了的机会、资源可能永远不会回归,他作为人就总是不完整的。可见,康德道德自律论虽然以"人是目的"为起点和基础,但其内在逻辑的深度展开,却最终把该体系引向使一部分人在事实上只能作为工具这一相反结局中。

2. 自律论道德理念现实性的贫困

道德自律论从"人是目的"是理性基于生活内在规律的要求,颁布给人的至上法则出发,要求人都应通过"意志自律"来救助他人。显然,这种道德自律论是用理性"善的""自律意志",来作为道德有效性的根本保障的。然而,"善的意志"并不是被人先验地均匀分有的东西,实践的差异决定了"善的意志"的生成,决不自发地具有普遍性。而且,拥有"善的意志"和自觉地运用"善的意志"去规范自己的行为并不是一回事。竞争对人生存全过程的普遍介入,已使得生活远不能仅仅归结为受纯粹的"善的意志"支配的过程,利益的计较已成为制约生活的根本性力量之一。尽管利他不是不可能的,但受以排他性、独占性为基本特征、以自利为根本价值追求的生存竞争的支配,利他往往更普遍地表现为利益交换的过程,未必具有美德的属性。故在生存这一最根本的强制性压力面前,道德自律论若不能有效保障为生存的有限性深深束缚着的个人在德行中的正当权益,就必然会落空。

三 道德自律论内在矛盾化解的前提与其现实性得以根本提升的关键条件

1. 道德自律论内在矛盾化解的前提

道德自律论上述内在矛盾的实质既然集中表现为德行主体作为道德活动的"工具",与作为道德活动的"目的"的尖锐对立,那么,要化解该矛盾,就必须尊重德行主体作为"目的"的地位,避免使其因自律执法所不得不付出的牺牲而沦落为纯粹工具的弊端。个人是德行最基本的主体。其力量的有限性决定了其自律执法所遭遇的牺牲往往难以自我补偿,而主要必须通过具有普遍有效制约力的社会整体意志来进行。这决定了社会肯定和维护德行主体作为道德活动的目的的必要组成环节的地位,使"人是目的"是通过在德行主体和德行救助对象间得到全面落实,是彻底化解道德自律论的内在矛盾的前提。由于该前提的实质就在于肯定和维护德行主体的世俗权益,即为康德所说的感性的、偶然的、特殊的利益或主观目的这一"主观原则"在道德自律论体系中争得其合理地位,而不是仅仅肯定和维护被救助对象这一目的,故用康德的话来说,该前提就具有以维护德行主体正当世俗利益为基本限制条件的"他律"的属性。

2. 道德自律论现实有效性得以根本提升的关键条件及其得以落实的保障

同理,道德自律论上述现实性匮乏困境的消解、其现实性的根本提升,也离不开对德行主体正当权益的肯定和维护。现代市场竞争使得任何人的生存发展只能通过自身的不懈努力来实现。于是,在遵奉道德律令与追求自身生存发展双重力量夹击中,人顺应自身生存发展的需求这种刚性的直接现实性力量的驱迫,相应地放弃对道德规范的自为遵奉,就往往成为人们自发的选择。故无视德行主体"生存发展"的正当权益,对其任何道德自律要求的有效性只能是低下的。这决定了肯定德行主体是道德活动内在固有目的,补偿其德行代价,满足其正当的他律要求,既是道德自律论前述内在矛盾得以化解的前提,也是它现实性匮乏困境

第十六章　道德他律合理性的确证与道德建设路径的创新

得以消解、现实有效性得以根本提升的关键条件。

这一关键条件要落到实处，就必须在全社会范围内建构起德行代价的正式补偿制度。此外，人的行为总是受关于行为的功能与人利益一致性程度的预期状况的制约，道德有效性状况总受人关于道德与人生存发展一致性实现的可靠性、普遍性的信念状况的制约；总受人关于道德弘扬人性的现实功能的平等性、普遍性的现实信用状况的制约。这种限制与被限制关系，正是道德他律性的表现形式。故提升道德的社会信用，强化人们的道德信念，就成为上述关键条件真正落到实处的又一基本保障。不过，道德个体主体活动的自发性、分散性，特别是其力量的有限性，决定了其尽管不能推卸掉提升社会道德信用、强化社会道德信念的责任，但毕竟不具有确保这种信用和信念得以根本提升的内在必然力量。而社会整体的意志则具有普遍性权威，因此它必须担负起提升社会道德信用、强化社会道德信念的主要责任。

四　道德建设路径的整合性创新：从单向路径到异向路径的整合统一

1. 自律论道德建设路径观合理性批判

道德自律论认为人遵奉道德规范的能动性及道德规范绩效既然只是由人自己来负责的，那么道德建设路径的选择，就必须完全着眼于对人内在道德潜能、素养的开发和培育来进行。由此而成的路径无疑有助于为社会道德水平的提高提供合格的主体前提，但它全然没有把德行主体正当权益作为道德活动内生变量的问题意识，进而也没有把社会整体意志看作道德活动正常进行不可或缺的中介环节，看作对德行主体正当权益的维护负有关键责任的力量，以至于使德行的个体主体陷入了额外沉重的道德责任与其自身践履道德规范的有限能力的深刻矛盾中。这不但使其道德责任意识因责任超载而钝化、麻木、冷漠，而且还使一些人产生了践履道德责任的严重恐惧症，极大地挫伤了其践履道德责任的积极性。这决定了纯自律取向路径的实践效果，自然就像现实所彰显的那样，十分有限。

2. 道德建设路径他律取向的基本要求及其合理性限度

"意志他律"作为追求"人是目的"的道德生活健康发展的内在必要环节，决定了道德建设路径必须以顺应"意志他律"作为其基本取向：首先，基于德行主体对其正当权益的追求是制约道德生活正常进行的内生变量这一事实，把尊重和呵护德行主体正当权益作为保障道德建设有效进行的基本手段。其次，德行主体正当权益的保障无法通过该主体有限力量来实现，必须诉诸普遍性社会力量。故保障德行主体正当权益的相应制度安排，必须作为道德建设有效进行不可或缺的基本手段被建构起来。最后，道德建设的基本任务在于通过对德行主体正当权益的维护和拓展，来打消其践履道德义务的后顾之忧，彻底超越那种把道德活动看作纯精神活动的旧理路。当然，他律取向路径虽具有维护德行主体正当权益这一合理性，但毕竟游离于"意志自律"之外，这自然是不足取的。

3. 超越片面的合理性：在异向度路径整合中实现路径转换与创新

要实现道德建设路径创新，从根本上提升道德建设绩效，就必须既超越仅以"意志自律"为依据来建构纯自律取向的建设路径的传统做法，也必须超越仅立足于上文所确证了的"意志他律"所具有的合理性，来建构纯他律取向的建设路径的做法，而只有把"自律""他律"向度，通过如下具体形式有机结合起来才是可能的：

其一，把"他律取向"确定为道德建设路径必要的本质维度之一，打破那种仅把建设路径限定在自律取向格局中的传统做法，充分发掘两种向度的路径在"人是目的"法则落实过程中的相互补充关系，使其结合为一个内在统一的有机整体。如前述，两种取向的路径都是追求"人是目的"的道德生活健康发展所必需的。不过，两种路径尽管在"人是目的"这一根本点上是相通的，却都不能独立做到完整地实现"人是目的"，而只能分别做到以德行主体或被救助对象中某一方为"目的"。然而，它们若结合、融汇为一体，从而着力于关怀德行主体权益的他律向度的过程，被置于着力于关怀被救助对象的自律向度的过程的规约之下，这就避免了他律路径走向非道德、反道德的可能；相应地，他律路径的介入，也化解了自律路径无法克服的德行主体正当权益无偿牺牲的困境，从而有力地保障了德行主体的积极性，为自律路径的有效落实消除了关键性障碍。两种路径在本质上既都统一于"人是目的",在功能上对"人是目的"的彻底落实又相互具有不可分割的互补关系,这决定了它们能够结合为一个内在统一的有机整体。

其二,道德需求往往具有紧迫、严格的时效性。故在两种路径的结合中必须赋予自律取向的建设路径以逻辑、时间和价值地位上绝对的先行性、主导性;相应地,他律取向的建设路径的必要性、合理性,只能以对自律取向的建设路径的必要性、合理性的认同为前提。故后一路径固然是道德建设通效路径不可缺少的内在基本环节,但只有在它与前一路径相联系,且从属、服务于该路径的前提下,这一点才成立。这决定了两种路径的所谓统一、整合,只能是一种有重心的非平衡意义上的统一、整合,而不是二者的简单相加和机械并列。前一路径必然是整个建设路径的核心和主干,后一路径必然处于呼应、补充、完善前者的从属地位,促使"人是目的"法则得到全面、彻底的实现和道德绩效的普遍有效提高。

不难看出,由两种极端路径的融合所建构成的新的整合性路径的根本精神就在于:以全面、彻底落实"人是目的"为根本出发点,在把自律、他律作为道德建设路径内在基本维度的前提下,把前一维度作为整个路径的核心和基础,来主导、匡引后一维度;相应地,以后一维度来补充、完善、提升前一维度,从而使二者在这种相互依赖关系中作为一个不可分割的有机整体,保障道德建设取得普遍绩效。这一整合性路径,既为道德建设取得普遍绩效提供了自律力量,又为道德建设绩效的普遍提升导入了源自道德他律层面的现实动力,从而突破了原来那种认为道德建设根本出路仅在于通过教育提高人道德自律水平的传统观念。这既是对自律取向的传统建设路径的继承,又是对它的完善和超越,从而为全面、彻底落实"人是目的"提供了必要的系统性保障。

五 "意志他律"层级的提升与道德建设整合路径社会化向度的创构

生活中不计较个人利害得失的德行义举并非绝无仅有。理性决定了人决不会做与自身存在相对抗的事。忘"我"甚至无"我"的德行必然包含着这样一个基本的动机：认为自身存在的价值与被救助对象存在的价值是不可分割的、统一的，护助被救助对象，也就是在护助自己。这表明，那些忘"我"、无"我"的德行主体已超越了封闭、孤立、极端个人主义的自我意识，把自我放大、融汇到客体对象之中，实现了"我"的对象化和对象的"我"化，使客体对象成为与自然的、单个的、原生的"我"——这里简作"本我"，合成为不可分割、有机统一的"客我"，建构起了对象化的自我意识。这种由"本我"和"客我"所构成的新的自我的生成，意味着德行与自我价值的提升结合了起来，使德行既成为"人是目的"实现的有效保障，又成为自我价值提升的必要形式；既是利他的必要条件，又是自利的最高形式之一。这样，不仅"自我"的结构发生了重大变化，从原来仅由"本我"构成的单一结构，发展成为由"本我"与"客我"有机统一的复合结构，而且在"自我"这种新型结构中，"本我"与"客我"相互向对方渗透、转化着，并相互捍卫着对方的安全。

可见，所谓忘"我"、无"我"的德行，本质上不过是忘却、牺牲"本我"，救助、成全"客我"，因而不过是一种比追求"本我"要抽象、高级的自利追求。故它所体现的"自我意识"比追求"本我"所体现的"自我意识"更具历史性和普遍的社会性，更深邃、成熟。所以，比照康德关于"意志他律"总是以自我计较为德行依据的思想，这种忘我、无我的德行，就仍然具有"意志他律"的属性。当然，从人的社会性和人类理性所具有的自我超越、自我完善的本质来看，这样的"意志他律"，比原来那种把德行抉择置于"本我"的世俗权益观照下的"意志他律"，在文明程度上要高级、成熟。

德行实践既然内在地为这种高一级的"意志他律"追求所制约，那么，就必须抛弃那种无视人对象化自我意识和人对自我价值更高层面提升、更大化实现的追求，仅把人当作满足社会道德需求的工具来加以教化，从而不能使人的德行与其自我价值的实现相统一的道德建设的传统路径，而必须以这种高一级的"意志他律"与"意志自律"的结合，作为必要依据，来选择道德建设路径，实现以如下社会化取向为内容的路径创新：其一，自我意识结构由单一的"本我"意识向"本我"与"客我"有机统一的复合结构的转变和提升，只能是"本我"与"客我"有机统一的实践的产物。而二者有机统一的现实，则只能通过日益发达的社会交往、程度不断提升的社会开放、社会整合来实现。其二，"本我"与"客我"高度的、普遍的有机统一，从而复合性自我的广泛生成，只有在和谐、正义、进步的社会中才是可能的。其三，高一级的"意志他律"追求，毕竟要以关于"本我"与"客我"有机统一的新的自我意识的生成为前提。而拓展人关于自我的视野，提高人精神境界，培养人超越有限追求无限的意识，孕育人对立统一的历史观、人生观，则是这种意识普遍生成的社会认识条件。显然，这些不同取向不仅已超出了道德建设路径那种以教化为内容的传统取向，而且也超出了那种把建设路径仅仅局限在道德领域内的传统路向，使道德建设不再成为与社会生活其他领域无涉的孤立的专门性过程，从而使道德建设成为社会生活各层面、各领域普遍的共同课题，使社会生活每一环节都成为道德建设的内生变量而具有道德建设的意义和功能。这就实现了道德建设路径的社会化，丰富、拓宽了道德建设路径的内涵和空间，构筑起了道德建设整合性路径的社会化、历史性向度。

六 "自律""他律"层级的差别与道德建设整合性创新路径的内在层次性

人的构成是复杂的，人对"自我"的理解及"自我"生存的境界是有差别的、历史的。当人把"自我"仅仅理解为"本我"时，"意志他律"必然相应地表现为维护"本我"世俗功利的内在要求对德行的制约。这决定了只有切实维护"本我"的世俗权益，"意志自律"才是有效的。当人把"自我"理解为基于"本我"又超越了"本我"而与"客我"结合在一起，从而把"自我"理解为"本我"与"客我"的统一，且"本我"与"客我"的地位被看作是平等的时，"意志他律"必然相应地表现为考量"本我"世俗功利与考量"客我"价值的双重要求的矛盾统一对德行的制约，也即所谓"老吾老，以及人之老；幼吾幼，以及人之幼"

的过程。这种情况下"本我"与"客我"的区别仍是存在的,从而"本我"世俗权益的社会尊重程度,对"意志自律"有效性的意义尽管未必一定是决定性的,但它至少始终是"意志自律"有效性的重要制约力量之一。当人把"自我"理解为"本我"与"客我"的统一,但进而还认为"自我"应不受"本我"的羁绊而去捍卫"客我"价值时,"意志他律"就相应地表现为舍弃对"本我"世俗功利的考量,而追求"客我"价值的要求对德行的制约,即无偿地牺牲"本我"以救助"客我"的过程。需要明确的是,该情形下的"无偿牺牲",尽管在形式上类似于传统的纯粹"意志自律"所要求的"无偿牺牲",但二者本质上是根本不同的:前者是以"自我"的绝对付出或完全寂灭为根本特征的;而后者虽也包含着"本我"的付出,却捍卫了"客我"的价值,保障了"自我"的存在。这种情况下,"本我"与"客我"已高度融通、高度同一化,其差别的意义几近消失,从而"本我"世俗功利已基本上不再成为"意志自律"有效性的必要限制条件。这意味着"意志他律"与"意志自律"已高度同一化了。当然,这决不意味着"意志他律"的逸出和消失,而只是表明它与"意志自律"具有同样的内容,或者说它是以"意志自律"形式存在着的"意志他律"。

"意志他律"既然具有如此不同的层级;相应地,"意志自律"的有效性既然是受"意志他律"制约的,且这种有效性程度是随着"意志他律"层级的变化而变化的,那么,真正有效的道德建设路径,不但必然表现为由自律、他律取向的有机统一所构成的整合性路径,且这种整合性路径也必然不是单层面的,而必然是由不同层级、不同向度的路径相互契合所构成的开放系统。具体来说,把培育、激发和强化人们德行自律意志与维护德行主体"本我"的世俗功利结合起来,是该整合性建设路径不可或缺的基础性向度,是道德建设低层次的任务;而通过对德行榜样感化力量的开发和对德性文明的积极人生意义的张扬等道德层面的措施,以及通过对社会交往、社会开放特别是社会整合程度的普遍提升,对社会和谐、正义、进步的促进,对以有限与无限对立统一为内容的人生意义观的普及等广阔的社会化层面的措施,来提升德行自律意志和德行意志他律的层级,从而把德行主体由单一"本我"提升到"本我"与

"客我"有机统一状态，实现"本我"的对象化放大和升华，并确保其有机统一状态的健康发展，则是该整合性建设路径必须具备的社会化综合性向度，是道德建设高层级的任务；在此基础上，通过进一步提高人与人、社会、自然的整合性程度，来强化人对人、社会、自然的对象化依赖、对象化统一意识，实现德行建树与人生存价值提升的统一，从而促使德行主体在"本我"与"客我"有机统一中，超越"本我"的羁绊，无条件地服务于"客我"，以满足社会的道德需求，则是该整合性建设路径社会化综合性向度的进一步拓展，是道德建设最高层级的任务。

后　记

　　哲学的一项重要使命，就是通过解析、探索和批判思想所依赖的最终前提，在为思想的确当性提供保障的同时，开掘思想创新的可能性。《前提批判的内在逻辑及其多维展开》就是践履哲学这一使命的粗浅尝试。这种尝试作为展开于一定思想跨度中的过程，覆盖了几个不同的思想领域，但其共同的根本的精神则在于通过具体的概念解析、逻辑推理、科学论证和实践审视，以对当代实践中涌动于我们思想内的无法绕开的深层问题的化解，提供参考性思路或探索性答案，从而为使我们的思想和行动有踏实感、自信感提供可能的支援。拙作编辑出版过程中，中国社会科学出版社的朱华彬老师，以近乎严苛的严谨和高度的敬业精神，给予了很多指导和支持，令人深为敬佩和感动。陕西师范大学哲学与政府管理学院提供了经费保障，在此，深表感谢！

肖士英